棘洪滩街道志

LOCAL RECORDS OF JIHONGTAN SUB-DISTRICT

山东省青岛市城阳区棘洪滩街道志编纂委员会　编

图书在版编目（CIP）数据

棘洪滩街道志 / 山东省青岛市城阳区棘洪滩街道志编纂委员会编. -- 北京：方志出版社，2018.11
（中国名镇志丛书）
ISBN 978-7-5144-3387-6

Ⅰ. ①棘… Ⅱ. ①山… Ⅲ. ①区（城市）—地方志—青岛 Ⅳ. ① K295.25

中国版本图书馆 CIP 数据核字（2018）第 254097 号

·中国名镇志丛书·

棘洪滩街道志

编　　者：山东省青岛市城阳区棘洪滩街道志编纂委员会
责任编辑：顾　洁

出 版 人：冀祥德
出 版 者：方志出版社
地址　北京市朝阳区潘家园东里 9 号（国家方志馆 4 层）
邮编　100021
网址　http://www.fzph.org
发　　行：方志出版社图书经销中心
电话　（010）67110500
经　　销：各地新华书店
排　　版：北京纺印图文设计制作有限公司
印　　刷：北京中科印刷有限公司

开　　本：787×1092　1/16
印　　张：19.25
字　　数：364 千字
版　　次：2018 年 11 月第 1 版　2018 年 11 月第 1 次印刷

ISBN 978-7-5144-3387-6　定价：155.00 元

序一

习近平总书记指出："不忘历史才能开辟未来，善于继承才能善于创新……只有坚持从历史走向未来，从延续民族文化血脉中开拓前进，我们才能做好今天的事业。"中国优秀传统文化是在漫长的历史长河中历经无数次涤荡和沉淀而形成的思想精髓，蕴藏着无穷的宝藏和无尽的力量。发掘和继承优秀传统文化，是延续中华文明"根"与"魂"的必由之路。与时俱进，推动传统文化不断开拓创新，是中华文明常葆勃勃生机的重要保证。

"国有史，邑有志。"编修地方志是中国特有的文化现象，是中华民族的优秀文化传统。数千年来，连绵不断的志书编修为保护中华民族根脉，传承中华文明发挥了不可替代的作用。中国现存古志有 8000 余种，占现存古籍的十分之一。中华人民共和国成立以来，编修完成数万种省、市、县三级综合性行政区域志、部门志、行业志、专志等，编纂数万种地方综合年鉴、行业年鉴和专门年鉴等，整理出版数千种历代方志及相关研究成果，发表相当数量的方志理论与年鉴理论研究成果。这既是对我国国情、地情持续开展的大规模普遍调查，也是对各地自然与社会发展状况进行的综合研究，其成果构成了一座丰富的文化资源宝藏，为各级领导科学决策提供了重要参考，为推动经济社会发展和文化建设发挥了重要作用。

当前，中国特色社会主义进入新时代，全国地方志事业也进入新时代。如今的地方志事业围绕党和国家利益、经济社会发展，以人民为中心开拓创新，志、鉴、馆、史"四驾马车"并驾齐驱，志、鉴、馆、网、库、用、会、刊、研、史"十业并举"，加快实现在全国范围内全面推进地方志从一项工作向一项事业转型升级。在党中央、国务院的亲切关怀和各级地方志工作者的共同努力下，一批紧密结合社会发展需求、具有独特创造性的工作逐步开展，涵盖中国名镇志、中国名村志、中国名山志、中国名水志、中国名街志等"名志"系列文化工程是其中代表。作为首个"名志"系列文化工程的中国名镇志文化工程，启动于 2015 年，至今已是第三个年头。中国名镇志丛书在记述主体上，选择中国历史文化名镇、经济强镇、特色镇等在全国具有影响力和代表性的乡镇，旨在全面展示中国名镇的文化精髓；在内容题材选择上，重在突出不同名镇的“名”和“特”，力求集中体现不同名镇最精彩的部分，增强可读性；在志书编纂程序设置方面，志书申报、篇目设计、专家审读、专家组验收等流程环环相扣，紧密结合，力争把每一部志书都打造成精品佳志。

习近平总书记指出：“历史和现实都表明，一个抛弃了或者背叛了自己历史文化的民族，不仅不可能发展起来，而且很可能上演一场历史悲剧。”2018 年是改革开放 40 周年，40 年来中华大地发生了翻天覆地的变化，乡镇发生了极为深刻的改变，从粗茶淡饭到有机食品，从粗布衣裙到精美时装，从土屋平房到高楼大厦，人民生活水平大大提高，城乡差距不断缩小。然而，在感受辉煌成就的同时，我们也应该看到，许多精巧的古建、精湛的工艺、亲切的乡音、独特的乡俗也在快节奏的发展中与我们渐行渐远，曾经的家乡正逐渐变为记忆中的故园。

党的十九大报告提出乡村振兴战略，此后党中央、国务院又推出一系列重大举措。实施乡村振兴战略，必须全面加强乡村文化建设，培养乡村文化自信，培植文化之“根”，铸牢文化之“魂”。没有乡村文化的高度自信，没有乡村文化的繁荣发展，就难以实现乡村振兴的伟大使命。振兴乡村文化，既要塑形，更要铸魂，必须遵循乡村发展的客观规律，在发展中把文化的精髓保留下来，把乡土味道、乡村风貌的“魂”传承下去。在保留优秀乡村文化内核的基础上，用现代表现方式，把反映时代精神、先进理念的内容通过群众喜闻乐见的文化产品表达出来，才能够让乡土文化具有更强大的生命力。用创新性的模式书写乡镇志，传承和抢救乡土历史文化，激发爱国爱乡情怀，为探索中国特色新型城镇化发展经验、发展模式、发展道路提供历史智慧和现实借鉴，正是实施中国名镇志文化工程的目的和意义所在。

“月是故乡明”。中国人素有“家国情怀”，家乡的山水是最为美丽的，家乡的风俗是充满温暖的，一声亲切的乡音，一口熟悉的家乡菜，都能拨动游子的心弦，让其魂牵梦萦。中国名镇志丛书是一套全面梳理中国名镇历史人文，挖掘文化特色，突出“名”和“特”的镇志。它能让人民群众深刻感受到本土本乡自然的优美、历史的醇厚、人物的杰出、艺文的风雅等，有助于培养人民群众对家乡文化的自信，激发起人民群众浓烈的爱乡爱国情怀，助力国家新型城镇化建设和乡村振兴战略的实施。

是为序。

中国社会科学院院长
中国地方志指导小组组长　谢伏瞻

序二

连绵不断地编修地方志是我国特有的文化传统，为传承中华文明作出了巨大的贡献。在党中央、国务院的高度重视和支持下，这一古老的文化传统焕发勃勃生机，展现新的活力，成为保存、继承、发扬光大中华优秀传统文化的重要依托，培育和践行社会主义核心价值观的重要媒介，社会主义先进文化建设的重要组成部分，发展中国特色社会主义，增强道路自信、制度自信、理论自信的重要载体，在实现“两个一百年”奋斗目标和中华民族伟大复兴中国梦进程中具有不可替代的地位和作用。

事物总是在不断发展中前进。经过改革开放以来30余年的发展，中国特色地方志事业与传统的编修地方志已不可同日而语，形成了志（志书）、鉴（年鉴）、库（地情数据库）、馆（方志馆）、网（地情网站）、刊（期刊）、会（学会）、研（理论研究）、用（开发利用）等多业并举的新格局。截至2015年10月底，全国编纂完成首轮、二轮省、市、县志书8000多种，编修部门志、行业志、专业志、乡镇村志27000多种，编纂地方综合年鉴2300多种，累计整理旧志2500多种，还编纂出版了大量的地情书，字数以百亿计，形成以反映国情、地情为主要内容，全面系统、持续不断、卷帙浩繁的社会科学成果群。另外，还开通了27个省级网站、230个市级网站、816个县级网站；建成国家方志馆1个、省级方志馆16个、市级方志馆86个、县级方志馆近300个。这些成果，成为国家极为重要的文化资源，是国家文化软实力和公共文化服务体系的重要组成部分。

最近几年，地方志工作的触角在不断延伸，部门志、行业志、专业志、特色志、乡镇村志编纂方兴未艾，成为当前地方志事业发展新的增长点和亮点。特别是乡镇志，兴起了编纂热潮，从自发的民间行为逐渐过渡为政府组织的文化行为，有的省份以政府令形式将其纳入地方志编修范畴，像河南省还以省政府办公厅名义要求全省普修乡镇志。乡镇志并不是一个新生事物，据现有资料可考，宋代常棠所撰《澉水志》是现存最早的一部乡镇志。与省、市、县三级志书相比，乡镇志虽属小志，但意义却不小，特别是在当前国家全力推进新型城镇化建设的背景下，乡镇志的作用更显重要。

启动中国名镇志文化工程，是适应当前新型城镇化建设形势发展需要、地方志事业发展形势需要的重要举措，也是充分发挥地方志存史、资政、育人功能的重要手段。作为最基层行政组织的志书，镇志是最接近中国社会发展变迁的国情、地情记录文本，具有重要的历史文献价值。而作为充分反映本区域自然、政治、经济、文化和社会的历史与现状的资料性文献，镇志又能全面展示发展脉络，摸索发展经验，为探索中国乡镇未来发展方向提供借鉴和参考。当然，对于祖祖辈辈生于斯长于斯的中国人来说，故乡就是一个魂牵梦萦的地方，故乡的情怀终生难忘。留得住乡愁，记得住乡思，充分展示名镇文化魅力，激发爱乡、爱国情怀，正是中国名镇志文化工程题中应有之义。

是为序。

中国社会科学院原院长
中国地方志指导小组原组长 王伟光

序三

“国有史，邑有志”，中国自古就有注重编史修志的传统。按照我国目前地方志行政法规，国家各级地方志机构的法定职责是编纂省、市、县三级志书，并不包括县以下的乡镇志和村志。这种规定，一方面可能因为全国有数百万自然村落和数万乡镇，全部实行官修很难实现；另一方面可能因为我国历史上就有“皇权止于县”的说法，县以下的民间社会历来是一个以自治为主的领域。然而，改革开放几十年来，我国社会正在发生巨变，这种巨变在基层社会的乡镇、村落、家庭领域更为深刻。作为“乡之首，城之尾”的镇，逐渐被日益崛起的大都市淹没了光彩，村落在快速的城镇化过程中每天都在大量消失，农村家庭的小型化、空巢化趋势非常突出。在这种情况下，我一直在思考，如何留得住历史文化记忆和乡愁，如何把修志的工作向基层社会延伸?

中国人的“家国情怀”，是从“诚意、正心、修身”开始，到实现“齐家、治国、平天下”。所以从国家一统志，省、市、县三级志，到乡镇志、村志、家谱，也是一个完整的系统。

正是在这种背景下，我们决定启动中国名镇志文化工程。乡镇是无数中国人生命的底色和成长的摇篮。如何在城镇化进程中，留得住乡愁，记得住乡音，忘不了乡思，事关城镇化进程的人文关怀和文化保护，事关文化血脉的传承。同时，科学记录城镇化进程，反映城镇化成就，也为今后探索城镇化发展规律、积累经验提供了基本素材。作为全面系统记述一定行政区域的自然、政治、经济、文化和社会的资料性文献，志书是以上功能最好的载体。

我国目前有 4 万多个乡镇，全部修乡镇志还不具备条件。中国名镇志丛书选择的是传统文化名镇、历史军事重镇、革命历史名镇、民族特色名镇、特色经济名镇、旅游景观名镇等类型的乡镇，应该是最具代表性的，在中国乡镇文化传承和社会发展中具有标杆意义。

编纂中国名镇志丛书是对乡土历史文化的保护。随着城镇化进程加快，有不少乡镇被撤并，有些还是在历史上有重要意义的历史文化名镇、特色镇等。如不及时对其历史进行整理、记录，这些重要的历史资料将散佚殆尽。因此，中国名镇志丛书的编纂是对宝贵历史资料的抢救。

编纂中国名镇志丛书是对乡土意识的传承。什么东西有魅力？故乡的山水，乡音乡情的记忆，乡土的气息和家乡菜的味道，不管走到哪里，总是触动心弦。中国名镇志丛书记录的是家乡的山山水水，家乡的历史文化，家乡的风土人情，留住的是乡愁。这些最能激发远方游子和本地民众的爱乡情怀、爱国情怀。

编纂中国名镇志丛书是一种学术探索。镇志的编纂，实质也是一次深入的社会调查研究。"麻雀虽小五脏俱全"，相比省、市、县，乡镇第一手资料的获得需要付出更大的努力。我们也希望在志书编纂上有所创新，使中国名镇志丛书成为一套图文并茂、雅俗共赏的新型志书。

中国社会科学院副院长
中国地方志指导小组常务副组长

中国名镇志文化工程专家委员会

名誉主任　徐匡迪

主　　任　谢伏瞻

常务副主任　李培林

委　　员（按姓氏笔画排序）

毛其智　叶裕民　李　铁　李善同

杨保军　柳　拯　倪鹏飞　魏后凯

中国名镇志文化工程学术委员会

主　　任　李培林

常务副主任　冀祥德

副　主　任　邱新立

委　　员（按姓氏笔画排序）

于伟平　王　晖　王铁鹏　巴兆祥

田　嘉　苏炎灶　李　江　李孝聪

张大伟　张英聘　陈泽泓　陈　强

黄晓勇

中国名镇志丛书编纂委员会

主　　任　李培林

常务副主任　冀祥德

副 主 任　邱新立

委　　员（按姓氏笔画排序）

毛志华　田　洪　刘文海　刘爱军　关树锋

贠有强　李云鹤　杨建林　杨洪进　吴凤端

何文俊　何伟志　汪德军　张军利　张志仁

陈华康　陈建春　陈　玲　陈秋平　易介南

洪民荣　高　煜　郭德成　梅　宏　梁金荣

鄢钢城　雷　湛　管仁富　廖运建　漆冠山

潘捷军

中国名镇志丛书编纂委员会办公室

主　任　冀祥德

副主任　邱新立

成　员　于伟平　杨海峰　陈　旭　李　江　王丹林

安　山　张　鹏　刘思鸣　陈　菁　刘　珊

山东省青岛市城阳区
棘洪滩街道志编纂委员会

顾　　问　李　刚　任银睦
名誉主任　王　波　李红兵
主　　任　于冬泉　吕永翠
副 主 任　辛克寿　刘青梅　刘学永
委　　员　吴德明　牛葵花　矫新本

山东省青岛市城阳区
棘洪滩街道志编辑人员

主　　编　辛克寿　刘学永
副 主 编　吴德明　牛葵花
执行副主编　耿积平　唐德州
编　　辑　曾范军　贾书峰　刘好军　祁树国
　　　　　姜国伟　孟云峰

图片提供单位
　　棘洪滩街道办事处宣传科
　　青岛羊毛沟花海湿地文化产业有限公司

羊毛沟花海湿地一角

中国名镇志丛书凡例

一、以马克思列宁主义、毛泽东思想、邓小平理论、“三个代表”重要思想、科学发展观、习近平新时代中国特色社会主义思想为指导，坚持辩证唯物主义和历史唯物主义的立场、观点和方法，存真求实，全面、客观、系统记述中国名镇城镇化进程和改革开放成果，传承和抢救乡土历史文化，激发爱国爱乡情怀，留住乡愁，为探索中国特色新型城镇化建设、服务乡村振兴战略提供历史智慧和现实借鉴。

二、为全面反映入志事物发展脉络，各志上限追溯至事物发端，下限一般断至各镇志启动编修年份，个别重大事项可延至搁笔。详今明古，着重反映时代特色和地方特点，重点体现各镇的“名”与“特”。

三、记述地域范围以下限年份的行政辖区为主。为体现名镇在更大区域内的意义，可以从更开阔的区域视野记述与该镇相关的内容。

四、统一采用纲目体，设类目、分目、条目三个层次。横排门类，纵述史实，述而不论。

五、综合运用述、记、志、传、图、表、录等各种体裁，以志体为主。体裁运用适当创新，篇目设置不求面面俱到，一般意义上的乡镇级内容略去不载。

六、除引用文字和附录文献资料外，统一使用规范的现代语体文记述，行文力求朴实、严谨、简洁、流畅、优美，具有较强可读性。

七、人物部类遵循“生不立传”原则，人物传主按生年排序，只选录对本镇发展有重大影响的人物，不面面俱到。

八、各项数据一般采用国家统计部门数据。数据缺乏的，采用主管部门或主办单位正式提供的数据。

九、数字用法、标点符号、计量单位分别执行国家标准《出版物上数字用法》（GB/T 15835—2011）、《标点符号用法》（GB/T 15834—2011）、《国际单位制及其应用》（GB 3100—1993）和《有关量、单位、符号的一般原则》（GB 3101—1993）。历史上使用的计量单位，如斗、石、里、尺、磅、华氏度等，在引文时可照录。考虑到社会使用习惯，全书中亩不统一换算。

十、中华民国成立前的纪年，使用朝代年号纪年，括注公元年份；中华民国成立后的纪年，均使用公元纪年。志中所称“解放前（后）”，以该镇解放日为界；“新中国成立前（后）”，以中华人民共和国成立日 1949 年 10 月 1 日为界；“改革开放前（后）”，以 1978 年 12 月中共十一届三中全会召开为界。本志“××年代”，凡未加世纪者，均指 20 世纪。

十一、为节省篇幅，避免重复，本志采用条目互见法。参见条目的表示形式为：参见本志“××类目·××分目·××条目”。

十二、对旧志、古籍中的繁体字、冷僻字一般用简化字或通用字替换，易引起误解的则保留。

十三、记述各个历史时期的党派、机构、职务、地名等，均以当时的名称为准。对频繁使用的名称，首次用全称并括注简称，其后用简称。

十四、各镇志需要单独说明的事项，均在各自编纂始末中记述。

棘洪滩街道在中国的位置

棘洪滩街道在山东省的位置

图 例

- 济南 省级行政中心
- 济宁 地级市行政中心
- 肥城 县级行政中心
- 省界
- 未定省界
- 地级界
- 名镇(乡)所在区城
- 名镇(乡)

1∶3 350 000

审图号：GS（2018）5807 号

棘洪滩街道地图

审图号：GS（2018）5807号

羊毛沟花海湿地油菜花景观（2015 年）

高速试验列车

时速 200 千米和谐号 CRH6 型城际动车组

时速 250 千米 CRH2G 型耐高寒抗风沙高速动车组

时速 300 千米 CRH2C 型高速动车组

时速 350 千米中国标准动车组

中国高速列车产业化基地（2015 年）

渔舟唱晚（2000 年）

青岛最大的橡胶工业园——青岛橡胶工业园（2010 年）

国家级新材料产业基地——青岛新材料工业园（2011 年）

目录

概述

棘洪滩，俗称“滩里”，坐落于胶州湾北岸。因地势低洼、水患频发形成大片的盐碱地，荆棘、芦苇和碱蓬摇曳丛生，由此而得名。

域内村庄多为明代移民所立。数百年来，棘洪滩人耕海牧渔、春播秋收，过着朴素而平凡的生活，创造出质朴而又极具地方特色的“滩里文化”，其中最具代表性的地方戏剧——柳腔，于2008年经国务院批准列入第二批国家非物质文化遗产名录。

改革开放为棘洪滩的发展提供了历史的机遇。特别是1986年四方机车车辆厂客车扩建系统的落户，使棘洪滩逐渐发展成为国内最大的高速列车生产基地。

伴随着世界级动车小镇建设，棘洪滩，一座以产兴城、产城融合的现代化新型城镇正在崛起。

棘洪滩，位于波光潋滟的胶州湾北岸，地势由西南向东北渐次倾斜，属冲洪积地貌。

受海洋季风和海潮的影响，域内空气湿润，雨水丰沛，季节变化及季风进退较为明显，四季分明，具有春暖夏凉、秋温冬暖的温带大陆性季风气候特点。历年平均气温12.4℃，平均降水 606 毫米，相对湿度 72%，平均日照 2715.5 小时。

墨水河、桃源河分流东疆西界，洪江河、羊毛沟河水缓缓南下。历史上河流河床狭窄，河堤低矮，低洼曲折，流水缓慢，夏秋汛期，暴雨倾盆，河水暴涨，下游受海潮顶托，容易发生涝淤之灾。经过不懈治理，如今河流碧水悠悠，两岸芳草萋萋。特别是羊毛沟经过治理，打造成为大型生态景观。

境域地处城阳、即墨、胶州交界处，是东进青岛、西去鲁中、南下鲁南、北入胶东腹地的咽喉之地。如今的棘洪滩，公路、铁路纵横，青岛流亭国际机场、环胶州湾高速公路、青岛海港码头、青银高速公路、308 国道、烟青公路近在咫尺，交通便捷。

早在 5000 多年前的新石器时代，棘洪滩即有先民在此繁衍生息。明永乐年间（1403—1424），从云南迁徙至此的移民在棘洪滩建立起 12 个村。以后随着更多移民的迁入，许多盐丁灶户、逃荒避难、投亲靠友之人也陆续到此。

迁徙者多种风俗民情交融，即墨西南风土人情的悄然熏陶，数百年改造自然、战胜自然艰苦卓绝的岁月，铸就了棘洪滩人勤劳耐苦的禀性和刚劲不挠的品格。苇编、剪纸等传统技艺源远流长，秧歌、腰鼓等民间文艺百花齐放。清咸丰年间（1831—1861），柳腔传入棘洪滩；清末民国初，棘洪滩村、东毛家庄村等村庄业余爱好者组班演出，棘洪滩成为柳腔发源地之一，被称为小戏之乡。柳腔以风趣诙谐的戏词、浓郁的乡土气息和独具风格的表演被誉为“胶东之花”。

棘洪滩自古兴师重教。清朝末期，魏家庄废除私塾兴办新学。20 世纪 30 年代中期，孙毓坦创立上下崖孙氏私立小学。中华人民共和国成立后，人民政府大力兴办教育事业，基础教育得以迅速发展。90 年代开始，棘洪滩积极推行实施九年义务教育制。2000 年，棘洪滩镇被评为青岛市九年制义务教育示范镇和青岛市农村中小学布局调整先进镇。至 2015 年，域内有 6 处中小学和 19 处幼儿园。

中华人民共和国成立后，域内体育事业蓬勃发展，棘洪滩健儿在国际体育比赛中多次摘金夺银。20 世纪 90 年代，棘洪滩跻身全国群众体育先进集体和全国全民健身集体行列。

这片土地，尽享渔盐之利。曾几何时，那延绵的滩涂上，盐田阡陌一望无际。作为渔盐重镇，近海养殖和远洋捕捞使棘洪滩成为青岛市重要的水产之乡、全国重要的海盐产地。20 世纪 80 年代，平阔坦荡的浅海滩涂，成为养殖对虾和贝类的聚宝盆。日月轮转，时至当代，鱼游虾跃的滩涂和蓄水晒盐的盐田被回填开发，托起青岛市高新技术产业开发区的梦想，棘洪滩成为现代工业的聚集地，创造着更大的财富。

20 世纪 80 年代中期，青岛四方机车车辆厂客车扩建系统落户棘洪滩，带动了轨道交通产业的发展，成为青岛市重点培养的 10 条千亿级产业链之一。棘洪滩是山东省优质产品基地、国家轨道交通装备产品出口基地、全国新型工业化产业示范基地、全国高速列车研发制造产业知名品牌创建示范区，是国内高速动车制造数量最多、品种最多、质量最优、技术最先进、安全运行里程最长的高速列车生产基地，在世界轨道交通装备制造领域跃居第一位。

20 世纪 90 年代，棘洪滩人开启青大、金岭两个工业园区的“窗口”，迎接世界八面来风。1992 年，亚洲最大的铸管企业——台资青岛北钢铸管有限公司在棘洪滩安家，随后，全国最大的轨道交通产业开发区青岛轨道交通产业开发区、青岛十大工业园中的纺织工业园和青岛橡胶工业园，以及国家“863”计划项目产业基地青岛新材料工业园、青岛城阳物流产业园等 10 多个科技含量和附加值高的园区组团式形成“园中园”。至 2015 年，有南北美、东南亚等 20 多个国家和中国港澳台地区的客商在棘洪滩投资兴业，引进 324 个外资项目和 427 个内资项目。全街道合同利用外资 25.8 亿美元、内资 423 亿元，完成外贸出口 23 亿美元，形成高速列车、新材料、橡胶三大特色产业，成为棘洪滩经济可持续发展的支柱。

棘洪滩早在 2000 年就位列山东省小康乡镇，于 2006 年登上全国乡镇综合实力千强榜。2015 年，全街道完成国内生产总值 252.24 亿元，社会固定资产投资 111 亿元，实现税收 47.8 亿元，公共财政一般预算收入 17.8 亿元，居民人均纯收入 18794 元。

20 世纪 80 年代末，一颗闪亮的明珠掷落在棘洪滩大地上，它便是亚洲最大的人造坝筑平原水库、方圆 14 余平方千米的山东省引黄济青工程蓄水终端——棘洪滩水库。引黄济青工程是新中国成立后山东省最大的市政和水利工程，从博兴打渔张延绵近 300 千米，暗通生命泉源的黄河水，在棘洪滩找到驿站。登堤远眺，水天一色，浩渺无垠，库水清澈如碧，库面雪浪翻花，库心深处游鱼甜憩。堤岸林木蓊郁，草碧花艳，蝶飞蜂舞，犹似绿色长廊，使人赏心悦目，心胸豁朗，成为齐鲁大地的一大景观。棘洪滩水库的落成，使棘洪滩成为屈指可数的水源大镇。

据清代的即墨县地方志记载，棘洪滩大集早在万历年间（1573—1620）就已设立，是即墨县 13 个乡集之一，每农历二、七逢集。古老的棘洪滩山会四方云集、八方来汇、货积如山、人涌如潮。进入新世纪，棘洪滩一下子摊开 8 个遍布四方的集贸市场，商潮涌动，店铺林立。东西风味在这里融合，南北商机在这里交流……遗落在即墨县西南的商贸中心，被当代棘洪滩人寻回。

在棘洪滩的海鲜中，最有特色的要数海西末蠖。这种最初是农夫渔人下饭的细小海虾，因其味道鲜美，风味独特，成为深受青睐的美食佳肴，如今更是登上大雅之堂。以末蠖佐酒，自是一番风味。

除了海西末蠖，还有享誉岛城的韩洼豆腐。悠悠洪江河水质清冽甘甜，以洪江河水精研细磨豆浆，用胶州湾海卤点淀的豆腐细腻白嫩、爽滑可口、风味独特。即使如今丰衣足食，韩洼豆腐仍为人们所钟情乐道，畅销不衰。

棘洪滩水库所产的淡水鱼，味道鲜美、营养丰富，成为人们钟爱的绿色食品。

经纬交织的镶边，有着“抽纱瑰珍”的美誉，是棘洪滩的地方传统手工艺品，以其自然朴素、构图别致、精工细织、柔美大方而走出国门。

撸起袖子加油干。在这片古老而又年轻的土地上，棘洪滩正一步步实现着前所未有的光荣与梦想。

棘洪滩——一个蓬勃昂扬的现代化、世界级动车小镇，犹如镶嵌在环胶州湾经济聚集带上的一颗璀璨明珠，被浩瀚奔涌的胶州湾托起在旭日升起的地方……

芦苇河

基本街情

棘洪滩地处胶州湾北岸，属温带大陆性季风气候，受海洋和季风影响显著，雨热同期，四季分明。域内沟汊纵横，墨水河、洪江河、桃源河等河流滋润着这片土地，哺育着勤劳质朴的滩里儿女。更有精心打造的大型生态景观——羊毛沟花海湿地，水草丰茂、清波荡漾，实为风光秀美的旅游胜地。

建置区划

建置沿革 明初，域内属山东省青州府即墨县。明洪武九年（1376），改归莱州府属胶州即墨县。

清初，域内属山东省登莱青道莱州府胶州即墨县；乾隆年间（1736—1795），直隶莱州府即墨县。光绪二十四年（1898）三月六日，德国占领青岛后，域内沿海划入德国租界，其余归属莱州府胶州即墨县。光绪三十年（1904），胶州改直隶州，域内仍属胶州即墨县。

1913 年，废府设道，域内属山东胶东道即墨县。1914 年，日本取德国而代之。1922 年，域内沿海收回。1927 年，道制废除，即墨直属省辖，域内属山东省即墨县；1939 年 6 月 1 日，属伪政权“青岛特别市即墨乡政处”；1940 年 2 月 15 日，改属伪政权“即墨区办事处”；1941 年 2 月，属抗日民主政府胶东区南海专区即墨县。解放战争时期，域内属国民政府即墨县。

1949 年 5 月 31 日，棘洪滩全境解放，属民主政府胶东区南海专区即墨县。1950 年 5 月 1 日，撤销南海专区，棘洪滩改属胶州专区即墨县。1956 年 4 月，改属莱阳专区即墨县。1958 年 10 月 14 日，属青岛市即墨县。1961 年 3 月 21 日，划归青岛市崂山郊区；10 月 5 日，崂山撤区置县，棘洪滩隶属不变。1988 年 11 月 17 日，崂山撤县改区，棘洪滩仍归其辖治。1994 年 4 月 23 日，国务院批复同意调整青岛市行政区划，新置城阳区，棘洪滩属之。

行政区划 明代，棘洪滩域内有 27 个村庄，分属即墨县里仁乡文武社、洪海社，福海乡南泉社、福海社。其中，前海西、后海西 2 个村庄属里仁乡文武社，古岛、上崖、下崖、棘洪滩、大胡埠、魏家庄、黄家庄、沈家庄 8 个村属里仁乡洪海社；中华埠、段家庄、东毛家庄、西毛家庄、毛家屋子、徐家屋子、赵家堰 7 个村属福海乡南泉社，南万、北万、韩洼、河南头、铁家庄、院后庄、港东、港北、小胡埠、张家庄 10 个村属福海乡福海社。清沿明制。

1912 年，即墨县撤乡社设区乡，棘洪滩域内的 27 个村庄仍分属即墨县里仁区和福海区。1929 年，即墨县按序数划为 10 个区。铁家庄、院后庄、港东、港北、棘洪滩、下崖、上崖、古岛、大胡埠、张家庄、魏家庄、黄家庄、沈家庄、小胡埠、中华埠、段家庄、东毛家庄、西毛家庄、毛家屋子、徐家屋子、赵家堰 21 个村属第六区洪海乡；前海西、后海西、南万、北万、韩洼、河南头 6 个村属第五区福海乡。抗日战争全面爆发后，仍沿袭战前区划。

解放战争时期，即墨县民主政府将全县划为 15 个区、3 个镇。其中，即墨县第六区所辖洪海乡的 21 个村庄归属中华埠区，第五区福海乡所辖的 6 个村庄归属信村区。即墨县国民党政府划县境为 24 个乡、10 个镇，域内 27 个村分属福海乡、洪海乡，乡治南万、棘洪滩，所辖村庄及数量未变。

1949 年 5 月棘洪滩全境解放后，各村仍归中华埠、信村两区辖治。1950 年 11 月 9 日，即墨县人民政府将所属的 15 个区用序数命名，中华埠区为第十区，信村区为第十五区，所辖村庄不变。1951 年 4 月 3 日，区辖建乡。第十区建有棘洪滩、魏家庄、胡埠、港北、上崖、中华埠、毛家庄、桥西头 8 个乡。1955 年 5 月 5 日，第十区桥西头、毛家庄 2 个乡划归蓝村镇，前海西、后海西、南万、韩洼 4 个乡由第十五区划入第十区；9 月，第十区又恢复原称中华埠区；12 月，撤销胡埠乡，前海西、后海西 2 个乡合并为海西乡，韩洼、南万 2 个乡合并为南万乡。中华埠区辖海西、南万、棘洪滩、上崖、港北、魏家庄、中华埠 7 个乡，有前海西、后海西、南万、北万、韩洼、河南头、铁家庄、院后庄、港东、港北、棘洪滩、下崖、上崖、古岛、大胡埠、沈家庄、黄家庄、魏家庄、张家庄、小胡埠、中华埠一、中华埠二、中华埠三 23 个村庄。

1956 年 2 月 23 日，即墨县调整行政区划，中华埠区辖 14 个乡、50 个村；10 月，再次调整行政区划，中华埠区辖棘洪滩、南泉 2 个集镇乡和南万、王林庄 2 个一般乡，共 55 个村。

1958 年 8 月 26 日，撤销中华埠区，南万乡与棘洪滩乡合并成立棘洪滩乡；9 月 3 日，棘洪滩乡更名为光明人民公社，驻地棘洪滩。1959 年 1 月，棘洪滩乡易名棘洪滩人民公社。1966 年 10 月，棘洪滩人民公社辖 27 个生产大队；12 月，棘洪滩人民公社更名为锦红滩人民公社。1982 年 2 月 28 日，恢复棘洪滩人民公社名称。1984 年 4 月 4 日，撤销棘洪滩人民公社，设立棘洪滩镇。

2001 年 6 月 13 日，棘洪滩撤镇设街道，辖 24 个行政村和 3 个居民委员会。

2015 年年底，棘洪滩街道辖前海西、后海西、南万、北万、韩洼、河南头、铁家庄、院后庄、港东庄、港北、棘洪滩、下崖、上崖、古岛、大胡埠、张家庄、魏家庄、黄家庄、沈家庄、小胡埠、中华埠、段家庄、东毛家庄、西毛家庄、毛家、徐家屋子、赵家堰 27 个农村社区。

自然环境

地形 棘洪滩地处滨海沿岸的后退海岸，地势西南高、东北低，自西南向东北倾斜，自然坡度南北 10‰、东西 8‰，摩天岭等为岭埠，局部低洼，中、西、北部为平原洼地，东南部系半丘陵、半洼滩涂及盐区，最高海拔 20 米左右。

地质 域内地质构造表现为两种形式，一种是倾斜结构，为单倾斜构造的一翼；另一种是断裂结构，有几组发育不全的小断层，一组大致在东北 10° ~ 20° 方向发育，另一组在西北 290° ~ 310° 方向发育。以南万为界，在西北偏北 340° ~ 350° 以东为火山熔岩区，以青山组的基性火山岩和熔岩流为主，西南部为中生代白垩纪晚期的王氏组黏地沉积岩，俗称“红浆板”，黏地沉积岩中夹有宽窄不一的次火山岩体，呈条状分布，倾向大约为东北 10° 左右。境域断裂属以扭性为主的压扭性断裂，有摩天岭—前埠头等断裂。

地貌 棘洪滩属冲洪积地貌类型，为墨水河、洪江河、桃源河下游冲积而成，地貌低平。20 世纪 70 年代后，随着南万盐场改滩、山东省引黄济青工程棘洪滩水库建设、镇村建设、道路交通建设、招商引资各类工业园区基础设施建设、青岛高新技术产业开发区盐田回填开发、桃源河流域开发等，地貌发生很大变化。在域内的冲洪积地貌类型中，存在着倾斜平地、沿河平地、滨海滩地 3 个不同的微地貌单元。

羊毛沟沿岸平地（2015 年）

倾斜平地主要分布于摩天岭、棘洪滩西岭和上崖、下崖西岭周边；沿河平地主要分布于墨水河、洪江河、桃源河下游；滨海滩地主要分布于胶州湾北岸滨海沿岸海退地带。

海域 境域濒临胶州湾。中华人民共和国成立初期，海岸线蜿蜒曲折，自墨水河入海口北上，经前海西、南万，西折铁家庄、棘洪滩村社区，南下经下崖、上崖、古岛以东呈半环状，全长 10.5 千米。时有潮间带和冒岛 2 个海滩。

20 世纪 90 年代后，海岸线逐步减少。2005 年始，由于盐田开发建设，滩涂回填，近海滩涂等逐年减少。2010 年，域内盐田全部回填，成为青岛高新技术产业开发区的工业用地，域内再无海岸线。

河流

域内有内河羊毛沟和桃源河、洪江河及墨水河 3 条外河，河流水系的发育与分布，明显受地形、地貌的影响。内河水距短、水流急，直流入海；外河均来源于即墨市，地势比较低，河床短浅，汛期水流湍急，排水不畅，受胶州湾海水顶托，河堤易决口，泛滥成灾。

桃源河 是大沽河尾闾左岸支流，因发源于即墨市普东乡桃行村而得名。该河自源头向西，流经南泉、蓝村等村镇，在胶济铁路赵家堰铁桥处入境，流向西南，经张

桃源河棘洪滩段（2010 年）

家庄、魏家庄、黄家庄入上马街道境内，沿上马街道王林庄、林家段河入河套街道境内，从河套街道下疃社区西北处汇入大沽河再入海。桃源河是城阳区与胶州市的界河，属季节性河流。

桃源河在棘洪滩境内流长 7.3 千米，流域面积近 40 平方千米。流域内地势东北高、西南低，自然坡度为 1/100 ~ 1/1000，日常径流量每秒 0.16 立方米，雨季径流量每秒约 20 立方米。因桃源河一带地势低洼，每当汛期或上游暴雨，河水满溢溃堤，洪水泛滥，下游胶州湾海水顶托，洪水数日不退，造成洪涝灾害。据《即墨县乡土志》载，雨汛期，时有河水满溢，形成汪洋一片，高粱不露头，渔船可通航。1986 年，由于山东省引黄济青工程棘洪滩水库的建设，桃源河河道沿胶济铁路赵家堰铁桥处改道即墨、胶州，仍流向西南，在小新河入口处进入原河道。

20 世纪 80 年代前，桃源河碧波荡漾，河汊纵横，苇草茂盛，鸥鸟翔集，雁鸭成群，鱼游虾跃，蟹蚌肥美，河水可灌溉农田。80 年代后，因气候变暖，降雨量减少，上游多处拦河蓄水，致使河床逐年淤积，河道经常断流。90 年代，由于工业发展，河水污染，水产资源较少。进入 21 世纪，桃源河水质虽经治理有所好转，但仍不如从前。

洪江河 发源于即墨市马山西，经河南头社区入境，流向北南，至南万社区南入海口，进入胶州湾。洪江河河道宽 50 米，棘洪滩境内流长近 4 千米，流域面积 10 平方千

洪江河棘洪滩段（2010 年）

米，平时无自然径流，汛期具有泄洪能力，属季节性河流。

因该河流域及河床多为红褐色土层，雨后河水呈绛色，水清时河底之沙也呈红色，俗称“红绛河”，后演变称为“洪江河”。洪江河又名“红沙河”。《胶澳志》载，红沙河发源于即墨县马鞍山，南流至南万又南流 2 千米，经胶澳区入胶州湾。

洪江河虽具有一定的泄洪能力，但因位处下游，河窄堤矮，遇汛期暴雨，胶州湾海水顶托，上游开闸泄洪，造成河水溢堤，洪涝灾害时有发生。

洪江河水质甘冽，是域内重要的水源地之一。自古沿河引水灌溉，20 世纪 90 年代后，拦河蓄水，浇灌沃野良田，两岸成为重要的水果、蔬菜产地。

墨水河 又名淮涉河、石桥河。其源有三：一源惜福镇境三标山，二源和三源为即墨市境马兰岭及莲花山。三水于即墨城东合流至淮涉寺，汇墨水西流至即墨城西，再汇石头河转西南流，经城阳街道西城汇北入城阳区境，沿皂户社区流向西南，至前海西社区南进入胶州湾。墨水河河床宽 30 米，在棘洪滩域内流长 4 千米，流域面积 8.58 平方千米，是棘洪滩街道与城阳街道的界河，属季节性河流。

墨水河自古河水清澈，是重要的饮用水水源和生产用水水源，两岸粮丰林茂，河中鱼肥虾美，是重要的渔航河道。20 世纪 70 年代末始，由于工业发展，河水污染严重，加之胶州湾海潮顶托和海水倒灌，域内大量土地碱化。进入 21 世纪，虽经治理，墨水河水质有所好转，但仍不如从前。

羊毛沟 发源于港北社区，沿源头由棘洪滩村社区南下，经下崖、上崖、古岛社区，东流至上马街道程哥庄东南进入胶州湾。上游宽 10 米，下游宽 22 米，域内流长

墨水河棘洪滩段（2010 年）

羊毛沟棘洪滩段（2010 年）

5.28 千米，流域面积 10 平方千米。

羊毛沟原流经青岛南万盐场老滩区。20 世纪 70 年代，对南万盐场老滩区进行改造，重新开挖改建河道，河水仍流经改造后的盐田。

80 年代之前，羊毛沟海产品丰富，盛产鱼虾蟹贝。沙蚕遍布河床，是喂养鱼虾的理想饵料。80 年代中期，沿河滩地被开发用来养殖海虾。90 年代起，由于工业污水排入羊毛沟，胶州湾海水被污染，加之河道淤积，海产品绝迹。

2015 年，下崖社区投资综合改造羊毛沟，打造花海湿地。

气候

境域地处胶州湾北岸，属温带大陆性季风气候。受海洋季风和海潮影响，域内空气湿润，温度适中，雨水丰富，四季变化及季风进退较为明显，夏季及早秋时有台风影响，晚秋至春，虽有西北寒流入侵但影响较小。春季多为南风或东南风，气温回升缓慢，时有大风、大雾天出现，多春旱；夏季空气湿润，气温高而不燥，降雨较集中，灾害性天气较多；秋季天高气爽，气温下降缓慢，雨量减少；冬季雨雪稀少，易干旱，气温下降迟缓，多西北风，无严寒。气候总体表现为春寒、夏凉、秋温、冬暖，具有昼夜温差小、无霜期长和湿度大等海洋性气候特点。

春季　3 月 1 日至 6 月 20 日，受海洋和入海的高压影响，域内回暖晚、降水少，南北大风交替出现，以南向风出现频率较高。随着气温升高，风速增大，平均风速为 4.6 米／秒，其中 4 月最大，地面蒸发加快。5 月蒸发量最大，平均为 215.9 毫米。5—6 月易出现干热风，时而伴有高温。1967 年 5 月 27 日，最高气温达 38.2℃。由于风速大、湿度小，气候干燥，可谓“十年九春旱”，有“春风裂石柱”之民谚。

夏季 6月21日至9月5日，因受副热带高压控制，表现为海洋性气候，气温较高但无酷暑炎热，有极端最高气温出现。日最高气温大于30℃有20.1天，占全夏季的33.1%。7—8月，因副热带高压北推，3～4级南及东南季风由海洋吹来，温暖空气北上，冷暖空气相交，引起大量降水，其中7月降水量最大，平均降水158.2毫米，占全年降水量的25.7%，占汛期降水量的36.1%。该季节空气湿度大，其中7月空气湿度最大，平均86%。该季节6月末、7月初进入汛期，9月上旬汛期结束。

秋季 9月6日至12月5日，因副热带高压渐撤，冷高压渐上，气温逐渐降低，降水日少，冷空气活跃，但暖湿空气还有一定影响，多雨之秋也间或发生，还可能遭受台风侵袭。9月下旬或10月上旬，北来冷空气逐渐加强，暖湿空气明显减弱。10月上、中旬起，天气渐爽，风和日丽，平均风速为3.6米/秒，能见度佳。11月中旬起，蒙古高压南移，冷空气日趋活跃，每旬气温以3℃之差迅速下降，北风渐多，冬季季风逐步增强。

冬季 12月6日翌年2月底，该季节降水少，空气湿度小，多西北风，虽气候干燥

阳春野蔬蒲公英

夏日玉米

深秋雁阵

寒冬瑞雪

寒冷，但因受海洋影响，形成半湿润温凉区。1 月降水最少，平均降水 7.6 毫米。1 月最冷，平均气温为 −3.5℃。冬季低于 −5℃的平均日数为 52.2 天，占全季节的 61.4%；低于 −10℃的平均日数为 12.9 天，占全季节的 15.2%；低于 −15℃的日数为 0.6 天，占全季节的 0.7%。

物候

宏观来看，域内属暖温带物候规律。虽受胶州湾等小气候的影响，但物候表现差别不大，有“鱼鸟不失信”之谚语。鸟、鱼、虫因气候和季节的不同，活动呈现规律性变化。植物的种播和收获同样随气候和季节的变化呈现规律性。

动物候 大雁和小燕是具有代表性的候鸟，每年来往的时间相对稳定。大雁农历九月南飞，次年仲春北返；燕子农历三月始见，霜降前南迁，有“大雁不过九月九，小燕不过三月三”之谚语。“布谷叫，农时到”，立夏前后，布谷鸟开始啼鸣，春季作物播种时节到来。窜草鸡、鹌鹑等其他候鸟南迁北徙，与雁、燕时间大致相同。每年谷雨到来，下网捕捞鲅鱼。“楸树开花，刀鱼搬家”，正是捕捞刀鱼的佳期。“蝉儿叫，夏至到”，“蟋蟀叫，秋天到”。蛙、蛇、蜥蜴立冬蛰眠，清明前后复苏。蚂蚁秋天蛰居，谷雨出洞。獾、狐、刺猬立冬蛰居，清明出洞。

植物候 小麦于寒露前种播，立冬分蘖，谷雨打苞，立夏前后开花，夏至前收割，有“麦熟一晌”的农谚；黍子、玉米、谷子于谷雨前后下种，农历六月开花，处暑前后收获；地瓜于清明前后畦苗，立夏后栽培，农历八月初一始刨，霜降前后收获；葡萄于清明后开花，立秋前后成熟；梧桐于谷雨前发芽，霜降后落叶；柳树于清明前发芽，霜降后落叶；刺槐于清明后发芽，立夏后开花，霜降后落叶；白菜于立秋后下种，小雪前收获；萝卜于末伏种植，立冬前收获。

燕子

蝉

刺槐

土壤 土壤有棕壤、潮土、砂礓黑土、盐土 4 个土类，共 7 个亚类、11 个土属、24 个土种。棕壤土类以棕色或棕褐色为主，广泛分布于域内，适合地瓜、花生、小麦、玉米、大豆等各种粮食蔬菜作物生长。潮土类属非地带性土壤，直接发育在河流冲积物上，主要分布于墨水河、洪江河、桃源河等河流的沿河阶地，适合小麦、玉米、大豆、蔬菜等作物种植。砂礓黑土类是主要土壤之一，适宜于小麦、玉米、大豆、地瓜、蔬菜等作物种植。盐土类主要分布在河流入海低平洼地。因含盐分重，地下水矿化度高，只生长碱蓬、芦苇等耐碱植物。

植被 域内植被属暖温带落叶阔叶林地带，无原生自然植被，残存的自然植被多为

芦苇

草本植物。在残丘岭地、荒坡沟壑生长有荆棘、酸枣、葛拉蔓、野大豆、黄背草等旱生植物；在墨水河、洪江河、桃源河等河流两岸的平原地带，生长有三棱草、白茅、水草、爬蔓草、野麦莛等湿生植物；在墨水河、洪江河、桃源河下游入海处和羊毛沟流域以及沿海一带，生长有芦苇、碱蒿、碱茅、碱蓬、柽柳、绊马草等盐碱植物；域内还有茅草、蒲公英、青蒿、蒺藜、菟丝子等广适性植物。

自然资源

土地资源 据统计，1949 年，棘洪滩耕地面积为 79859 亩。1959 年为 64855 亩。耕地面积减少的主要原因是南万乡、海西乡、桥西头乡、南泉乡等乡区划调整。

1990 年，据相关部门调查，棘洪滩镇农林牧业占地 51064.1 亩，居民点用地 8450.3 亩，独立工矿用地 4530.3 亩，交通用地 5185.6 亩，盐田 35330 亩，滩涂 7025.8 亩。另

砂礓石院墙（2008 年）

有尚未利用土地11198亩，多为分布在残丘陵地、田坎的荒地和盐碱地。

2001年，棘洪滩镇有耕地27420亩，农业人口人均占有耕地0.73亩。

2010年，据有关部门调查，域内土地总面积148401.2亩。其中，包括耕地36225.5亩在内的农用地44164.3亩，以及城镇及工矿用地85552.5亩、未利用土地18684.4亩。

2010年后，随着城镇建设加快，耕地面积大幅减少。至2015年年底，粮田仅余4615亩。

矿产资源 域内矿产资源种类不多，但储量丰富。其中，安山岩、安山玄武岩、凝灰岩等分布于海西、南万、摩天岭、棘洪滩西岭、中华埠、古岛、上崖、下崖一带，质地细密坚硬，抗风化、容量大、易开采，用作建筑材料；砂礓石分布于桃源河沿岸和羊毛沟流域，抗压力一般，易风化，分布量广，易挖掘，中华人民共和国成立前和成立初期用作民房建筑材料；盐化潮土分布于墨水河、洪江河、桃源河沿岸，储藏量大，可烧制砖瓦；海盐分布于域内沿海地带，粒大、色白、纯度高，是重要的化工原料和生活调味品。

动植物资源

动物 20世纪90年代之前，域内野生动物众多，有兽类、鸟类、两栖类、昆虫类、爬行类5类。哺乳类有狼、黄鼠狼、獾、狐狸、刺猬、野兔、狸、貂、老鼠等；鸟类有麻雀、喜鹊、燕子、鸿雁、灰鹤、鹌鹑、苍鹰、布谷鸟、斑鸠、猫头鹰、鸽子、野鸡、杜鹃、啄木鸟、百灵鸟、翠鸟、乌鸦、鱼鹰、海燕、海鸥、苍鹭、水鸭等；两栖类有青蛙、蟾蜍；昆虫类有蚕、蜜蜂、蝎子、土元（土鳖）、蚯蚓、蚂蚁、蝴蝶、蜻蜓、螳螂、

黄眼蟹

兰蛤

蟋蟀、野蜂、蝗虫（蚂蚱）、蝼蛄、蜘蛛、地老虎、飞蛾、天牛、蚜虫、瓢虫、豆虫、地瓜虎等；爬行类有蛇、蜥蜴、壁虎、蜗牛、蜈蚣、鳖等。随着农村工业化、城市化步伐的加快，野生动物逐步减少。

域内海洋生物较多，有鱼类、虾蟹类、贝类、藻类 4 类。鱼类有鲵鱼、鲈鱼、鳝鱼、梭鱼、鲻鱼、班祭鱼、木叶鲽、沙丁、鳗鲡、高眼鲽、牙鲆、青鳞、河豚、黄花、章鱼、真鲷、舌鲷、乌贼等；虾蟹类有毛虾、白虾、白磷虾（末蠖）、对虾、虾虎、黄眼蟹、螃蟹等；贝类有牡蛎、贻贝、蛏、蛤蜊、兰蛤、毛蚶、扇贝、尖螺等；藻类有海带、海菜、浒苔、笊菜等。

域内淡水生物生长于河道沟汊、库塘水湾等，有鱼类、虾蟹类、贝类 3 类。鱼类有鲫鱼、黄鳝、鲢鱼、草鱼、鲤鱼、鲶鱼、黑鱼、泥鳅等；虾蟹类有青虾、草虾、中华绒螯蟹、河蟹等；贝类有河蚌、河螺等。

植物　域内残破丘陵、平原洼地生长着狗尾草、芦苇、茅草、香草、牛鞭草、鸡眼草（掐不齐）、茇茇草、碱草、爬蔓青、野麦子、稗子、水稔、麦蒿、艾蒿、苦菜、曲曲芽、苜蓿、扁朱芽、荠菜、灰菜、地肤子（扫帚菜）、猪毛菜（刺蓬）、肤子苗、海蓬菜、蒲草、水红等野生植物。

药材资源

动物药材　有獾油、蛴螬、蛇、蜈蚣、蟾酥、蜗牛、土元、壁虎、蝎子、蟋蟀、蝉蜕、刺猬皮、蜥蜴、蚯蚓、蜂房、鸡内金、蛤粉、海螵蛸、鳖鱼鳔、石决明、牡蛎、海马、海狗、黄盆针等。

植物药材　有地肤子、马齿苋、酸枣、柴胡、野菊花、鸡冠花、金银花、荠菜、蒲公英、沙参、车前子、栝蒌、菟丝子、半夏、苍耳、槐米、蓖麻、蒺藜、防风、香艾、芦苇根、无花果、枸杞、茅草根、香草、节骨草、臭蒲、花椒、蒜草、爬山虎、海带、

车前子

芭蒌棵、老鼠布袋、桔梗、野茶等。

居民

人口 中华人民共和国成立前，未有翔实人口统计资料。

1949 年，域内有 5990 户、30224 人，人口密度每平方千米 428 人。1957 年，有 6215 户、32476 人，人口密度每平方千米 460 人。1972 年，有 7457 户、34724 人，人口密度每平方千米 492 人。1982 年，有 10541 户、40723 人，人口密度每平方千米 577 人。1990 年，有 12729 户、44705 人，人口密度每平方千米 633 人。2000 年，有 14584 户、43432 人，人口密度每平方千米 615 人。2010 年，有 17436 户、47699 人，人口密度每平方千米 676 人。

至 2015 年年底，城内有 17505 户、47315 人，其中男 22714 人、女 24601 人，人口密度每平方千米 670 人。常住人口中有满族、朝鲜族、蒙古族、达斡尔族、赫哲族、土家族、纳西族、苗族、回族、侗族、瑶族、彝族 12 个少数民族、164 人。另有外来人口

19553人，其中男12871、女6682人，内含少数民族609人，多是外来务工或经商者。

姓氏 明永乐年间（1403—1424），冯、万、韩、宋、吴、于、毛、崔、沈、徐、段氏由云南等地迁徙域内立村，成为域内最早的姓氏。此后，随着众多移民的迁入和魏、李、侯、赵、张、孙、矫、楚、康等姓氏由外地迁徙域内立村，姓氏逐渐增多。至2015年年底，有矫、孙、魏、万、刘、徐、王、赵、张、李、楚、应、江、姜、梅、侯、牛、苟、纪、任、宁、解、杨、贾、田、管、谭、况、童、邱、吴、韩、高、邹、黄、宋、唐、袁、于、杜、庞、冯、车、朱、鞠、孟、曾、何、范、罗、盛、崔、傅、荣、宫、葛、郭、郝、金、蓝、林、蔺、吕、毛、祁、曲、邵、苏、肖、薛、周、代、蔡、潘、陈、钱、郑、阎、隋、秦、安、温、石、叶、艾、沈、华、翟、岳、丁、谢、苗、辛、鲁、龙、彭、夏、许、程、曹、生、董、方、迟、梁、卜、窦、相等姓，其中矫、孙、魏、万、刘、徐、王、赵、李姓居多，矫姓户数和人口最多。

家族 明嘉靖年间（1522—1566），孙氏家族由胶州东石河迁徙至上崖。自五世孙廷槐起，家业逐渐殷实；九世孙殿获清政府御赐“米帛耆英”荣衔，家道更加殷富。清道光年间（1821—1850），十二世孙瑞基广置田地，辟盐田、开店铺，投资上海金融业，孙氏家族富甲一方。其家风由重耕织转向重耕读，后人子孙于耕作之外，还聘请教师学习诗文，家族以诗书传家闻名乡里。

孙瑞基，字辑五，勤勉向学，乐善好施，捐出不菲田产作为本族祭田，并资助乡里家贫无力娶妻者婚娶，饥馑年间开仓放粮，赈济灾民，深受乡人敬重。其子孙立莘，字耕野，号乐道，为清候补布政使，尤擅诗词。孙立莘逝后，清法部侍郎王垿为其撰刻墓表，对其生平多有赞誉。孙立莘长子孙方倬为贡生，次子孙方僔，字庆麟，号达三，秉性刚直，急公好义，扶危济困，口碑极佳。民国时期，山东省政府颁授于其二等银质慈善奖章。

孙方僔有五个儿子，分别为毓坦、毓垺、毓培、毓址、毓坊。兄弟五人均接受过新式教育，各有所成。

长子毓坦，字水平，号养云，清末赴日本留学，获得日本明治大学法学学士学位。在留日期间，积极参加孙中山倡导的反清革命运动。武昌起义前，孙毓坦与日照人丁惟汾等人返回国内，后发动即墨县保安会20余人同同盟会成员在即墨县城举行武装起义，活捉并驱逐知县张同皋，即墨成为山东首举反清义旗的县。民国初期，孙毓坦当选为国会会员及山东省议会会员，担任过山东省立政法专门学校校长、北京大学法学院院长等职。20 世纪 30 年代辞官回乡后，孙毓坦筹资建起远近闻名的孙氏私立小学，并利用农闲开办冬学，为青壮年扫盲；同时由青岛延聘西医大夫，购置医药器材，在自家拨出房舍兴办卫生戒毒所，给乡人治病的同时为不幸染上毒瘾的农民强制戒毒。新中国成立后，孙毓坦任青岛市政协委员。

二子毓垛，字甫田，1912 年当选为即墨县议会议员。其子志桓，抗日战争开始即离开学校投身抗日游击队，并在武装斗争中阵亡。毓垛之女月涵，毕业于辅仁大学，长期任青岛九中（原礼贤中学）教师，后移民澳大利亚。另一女月浩，移民加拿大。

三字毓培，字植生，民国初留学日本，为日本大学法学学士，回国后，当选为国民政府第三届山东省议会会员。

四子毓址，字进初，北京大学毕业，法学学士，任山东法政专门学校主任教习。其女撷芬，抗日战争期间毕业于西北联大医学院；中华人民共和国成立后，长期任山东省军区医院科主任。毓址之子志杰，现名孙机，毕业于北京大学历史系，为国家博物馆研究馆员、中央文史馆馆员、国家文物鉴定委员会副主任委员，主要著作有《中国古舆服论丛》《中国圣火》《孙机谈文物》等。

五子毓坊，字左宸，国立北京法政专门学校毕业，获学士学位，先后任山东公立法政专门学校主任教习、河北省清河县知事（县长）。其女榴男，毕业于北京大学医学院，留学美国。归国后，任天坛药学研究院研究员。毓坊嗣子志楷，山东大学物理系毕业，为青岛海洋大学教授。

孙毓坦长子志楫，字次舟，中国大学国文系毕业，曾任职齐鲁大学、金陵大学、四川大学等校，发表过多种文学、历史学和文物考古学等方面的著作。毓坦长女月浦，毕业于中央大学气象专业。抗日战争时期，在重庆为国民政府战机和盟军美军战机提供气象预报服务，抗日战争胜利后，受国民政府委托，与其丈夫——青岛气象台首任台长王彬华接管亚洲三大气观象台之一——青岛观象台，任青岛气象台总工程师。次女月岫，早年留学日本女子医药大学。1946 年，青岛市地下党领导学生成立青岛市教员学生联合会，月岫当选为副会长，直接领导“反甄审”和“抗议蒋军枪杀女大学生费筱芝”等运动，遭到国民政府通缉，后撤到晋察冀解放区。在“文化大革命”中蒙冤而死。

居民生活

农民生活 中华人民共和国成立前，由于生产力低下，域内农民生活贫困，流传着“农民背上三把刀：租子重、利钱高、苛捐杂税如牛毛”“农民面前路三条：投河、上吊、坐监牢”民谣。中华人民共和国成立后，实行土地改革，实现“耕者有其田”，农民生活逐步改善。随着农业合作化的实行，农民人均占有粮食逐年增多，温饱问题得以解决。中共十一届三中全会后，农村各项经济政策全面落实，各项经济收入大幅度提高，农民生活发生了巨大变化。粮食由原来以地瓜、玉米为主，改为以小麦为主、杂粮辅之，鱼、肉、禽、蛋等副食品消费量迅速增长。农民住上宽敞明亮的瓦房，甚至有不少农民住进楼房。自行车、缝纫机、手表、电风扇、收录机、电视机逐步进入寻常农家。

进入21世纪，随着“农村工业化、农村城市化、农业现代化”进程的加快，少数农民从事高效农业，多数农民务工经商或从事其他非农产业，经济收入大幅增加。2015年，街道居民人均纯收入18794元，生活水平显著提高，实现幼有所育、少有所学、老有所养、残有所助、病有所医。

渔民生活 域内濒临胶州湾，明初立村后，以渔业为生者多集中在前海西、后海西等沿海村庄。明、清时期，由于捕捞工具落后，产量过低，收入微薄，渔民生活贫苦，渔农兼业维持生活。

中华人民共和国成立后，人民政府大力扶持渔业生产发展，发放渔业贷款，修造渔船，革新渔具，加强天气预报，保证作业安全，扩大捕捞海域，海产品捕捞量逐年增加。同时，发放粮食、工分或现金补贴，合理提高鱼价，渔民生活显著提升。1983年，渔业生产实行联产承包责任制后，海产品捕捞量大增，渔农兼业户收入大幅度增加。

进入21世纪，海洋捕捞由近海转向远洋作业，海洋捕捞量趋于稳定。同时，人民政府对机动渔船发放燃油价格补贴，降低了渔业生产成本。2006年后，由于产业结构调整，域内渔业消亡，渔民退出历史舞台。

职工生活 明、清及民国时期，职工主要是盐工，另有数量不多的店员和手工业者。盐工工作时间长、劳动强度大，生活困苦，所挣工钱仅能糊口。

中华人民共和国成立初期，职工大部分系单职工，家庭其他成员为农业人口，其生活水平与普通农民无多大差异。随着国民经济的发展，职工收入增加。20世纪60年代，依靠工资收入生活的职工家庭逐渐增多，职工和农民的生活水平出现差异。中共十一届三中全会后，随着改革开放的深入和经济社会的发展，域内多业并举。特别是进入90年代后，招商引资力度加大，大量企业入驻域内，吸收当地农民和外来人员进厂务工。随着经济快速发展，职工工资多次调整，收入逐年增加，享有国家规定的养老、医疗、失业等社会保障，困难家庭职工享受政府和社会救助。

农村社区

前海西社区 地处棘洪滩街道东南部，距街道驻地7.5千米。东靠墨水河，西邻洪江河，南濒胶州湾，北与后海西、南万社区接壤，总面积4.4平方千米，是棘洪滩街道最大的农村社区。

明永乐年间（1403—1424），冯氏祖自云南迁徙至即墨县西南海边定居立村，村名“冯哥庄”。后矫氏迁居冯哥庄。清乾隆四年（1739），冯哥庄矫氏将村名改为“前海西”。自古享有渔盐之利，海上生产兴旺。

1995年，青大工业园设立。前海西充分发挥紧靠工业园的区位优势，开展招商引资，到2015年，先后引进内、外资企业30多家，实际利用外资8000多万美元，实际利用内资1.8亿元。

2004年9月3日，前海西由行政村改为农村社区。2015年，社区有冯、矫、蔺、刘、

前海西社区（2008年）

孙、任、王、万、侯 9 个姓氏，共 1717 户、4635 人，其中矫姓占总户数的 65%，社区集体可支配财力 257.4 万元，居民人均纯收入 21036 元。

后海西社区 地处棘洪滩街道东南部，距街道驻地 7 千米。东靠墨水河，西临洪江河，南邻前海西社区，北与南万社区、即墨市通济街道西元庄接壤。总面积 2.98 平方千米。

明永乐年间（1403—1424），矫氏祖自云南迁徙至即墨县城东门外后，又外迁，其中一部由杨家村（1956 年因修建崂山水库，杨家村迁至今惜福镇）迁至即墨县西南海西岸冯哥庄居住。清康熙年间（1662—1722），矫氏分居，其中一支在冯哥庄村后另立一村，因居住海之西岸，取名“海西”。清乾隆四年（1739），冯哥庄矫氏将村名改为“前海西”，矫氏后来所立“海西”则改称为“后海西”。后海西立村后以农耕为主，辅以海洋捕捞和盐业生产。1949 年后，组织成立业余柳腔、吕剧、歌剧剧团和文艺宣传队，活跃于周边乡村舞台，时有演出。

1995 年青大工业园区设立后，后海西发挥区位优势，为招商引资创造条件。1998 年，投资 350 万元，自建厂房 2 处、4000 平方米，对外招商。规划建设 80 亩民营工业小区，实现水、电、路、通信等基础设施“九通一平”，为内外资项目的引进创造了条件。至 2015 年年底，引进韩国福库电子有限公司等外资企业 5 家，青岛颐中格栅材料有限公司、青岛食品有限公司等内资企业 36 家，实际利用外资 6000 多万美元、内资 1.3 亿元。

2004 年 9 月 3 日，后海西由行政村改为农村社区。2015 年，社区有 1353 户、3592

后海西社区（2010 年）

人，姓氏以矫姓居多，占总人口的95%，其他为任姓等，社区集体可支配财力520.1万元，居民人均纯收入21073元。

南万社区 地处棘洪滩街道东部，距街道驻地5.2千米。东靠即墨市通济街道西元庄，西临洪江河，南同后海西、前海西社区相连，北与北万、韩洼社区接壤，总面积4.53平方千米。

明永乐元年（1403），万氏祖由云南乌撒卫乘舟到即墨滨海，立村名“南万”。立村后就有人家垒灶煮盐。清光绪二十九年（1903），万永方率族人以类似现代沟滩晒盐之法开辟盐田，以晒代煮，开近代胶州湾盐业生产的先河，带动了胶州湾盐业生产的发展。

青大工业园设立后，南万借助地处青大工业园区的地域优势，进行招商引资。至2015年年底，引进青岛国恩科技有限公司、青岛铁路客车防寒材料厂、青岛三幸寝装有限公司、杨氏门窗厂、亿路发集团等60多家内、外资企业，实际利用内资2.3亿元、外资1.6亿美元。规划建设167亩民营工业园区，吸引40多家内、外资企业入驻。

2001年秋开始，陆续实施旧村改造。2004年9月3日，南万由行政村改为农村社区。2015年，社区有万、纪、郝、肖、梅、张等24个姓氏，共1205户、3458人，社区集体可支配财力1911.45万元，居民人均纯收入20637元。

北万社区 地处棘洪滩街道东部，距街道驻地5.5千米。东靠即墨市通济街道西元庄，西邻韩洼社区，南同南万社区相连，北与即墨市大信镇新胜庄接壤，总面积1.39平

南万社区居委会（2010年）

北万社区居委会（2008年）

方千米。

明永乐二年（1404），王氏祖由云南乌撒卫迁徙至即墨县西南，见一岭埠之下有一眼清泉，水质甘洌，在此立村。因此村位居南万村北，故名“北万”。立村后，王氏世代以农耕为业。

北万是青岛市重要的仓储基地。90年代，随着青大工业园区的拓展，北万划入工业园区，土地大部被园区占用。村里规划出工业小区，先后引进外资企业近10家、内资企业30多家。

2004年9月3日，北万由行政村改为农村社区。2015年，社区有王、万、于、庞、矫、杜、迟、刘、陆、黄、孙、袁等19个姓氏，共532户、1387人，社区集体可支配财力426.07万元，居民人均纯收入17950元。

韩洼社区　地处棘洪滩街道东部，距街道驻地4.5千米。东靠北万社区，西邻河南头社区，南同南万社区相连，北依胶济铁路，与即墨市大信镇李家韩洼、韩家韩洼村接壤。总面积1.92平方千米。

明永乐二年（1404），韩氏祖由云南迁至即墨县西南洪江河下游东岸立村，因地势低洼，故名“韩洼”。明永乐初年，孙氏迁徙至此定居。清乾隆年间（1736—1795），韩氏外迁，韩洼全村均为孙姓，村庄更名为“孙家韩洼”；中华人民共和国成立后，恢复旧称。

韩田地洼地处洪江河下游，历史上水患较多，1956年和1964年两次筑高河堤，修

韩洼社区（2007 年）

建拦水坝，改良田地，成为青岛市重要的粮食蔬菜基地和苗木基地。20 世纪 90 年代后，随着青大工业园扩张，北万划入青大工业园区，先后引进韩国青岛培明金属有限公司和青岛凯平实业有限公司等内、外资企业，其中青岛凯平实业有限公司对于推动青岛市“放心肉”工程的实施，丰富岛城人民的菜篮子发挥了积极作用。

2004 年 9 月 3 日，韩洼由行政村改为农村社区。2015 年，社区有孙、高、江、鞠、张、贾、李等 10 个姓氏，共 571 户、共 1473 人，社区集体可支配财力 636.4 万元，居民人均纯收入 18650 元。

河南头社区 地处棘洪滩街道东部，距街道驻地 4.2 千米。东靠韩洼社区，西接即墨市南泉镇前埠头村，南同铁家庄社区相连，北依胶济铁路，与即墨市大信镇仲哥庄接壤。总面积 0.41 平方千米。

明永乐二年（1404），韩氏祖由云南迁徙至即墨县西南洪江河下游东岸居住，立村“韩洼”。清乾隆年间（1736—1795），复迁河西岸南头立村，故名“河南头”。河南头地处洪江河畔，水源丰富，水质优良，是棘洪滩街道重要的水源地；域内富产大豆，清末民国初，杜、崔、李等姓人家摸索出一套精湛的豆腐制作工艺，制作的豆腐细腻白嫩、爽滑可口、风味独特。此工艺传承至今，“韩洼豆腐”（河南头与韩洼曾合并为一个生产大队，名为韩洼大队）成为人们喜爱和熟知的食品品牌。

2000 年，村庄规划出工业园小区，开展招商引资。至 2015 年年底，累计引进内外资项目 10 个。

河南头社区（2009 年）

2004 年 9 月 3 日，河南头由行政村改为农村社区。2014 年，实施旧村改造。2015 年，社区有韩、杜、刘、邱、李、朱、袁、纪、于、孙、崔等 13 个姓氏，共 127 户、401 人，社区集体可支配财力 174.61 万元，居民人均纯收入 19146 元。

铁家庄社区　地处棘洪滩街道中部摩天岭上，距街道驻地 2 千米。东靠洪江河，西邻棘洪滩村、院后庄社区，南同青岛海玉制盐有限公司相连，北与即墨市南泉镇前埠头村接壤。总面积 1.41 平方千米。

清乾隆十年（1745），万氏为耕作方便，由南万迁至此并立村，名为“贴家庄”；乾隆四十年（1775），一铁匠由外地迁至此定居，因技艺高超，名扬四乡，村名逐渐演化成“铁家庄”。

铁家庄是军事战略要地。1949 年青岛解放之前，国民党军队、国民党税警团等在此筑建工事，妄图阻挡解放军解放青岛。

铁家庄村东、村南盐碱荒滩泥质较好，1971 年，崂山县第一砖瓦厂由城阳公社西城汇搬迁至此，年产砖 800 万块、瓦 100 万页。

铁家庄是种猪、种鸡的繁育基地，崂山县种猪场坐落于此。该场建于 1968 年，占地 16724 平方米，建筑面积 6100 平方米，年繁殖种猪 450 头、种鸡 12.414 万只。

1986 年，铁道部四方机车车辆工厂客车扩建系统在棘洪滩镇兴建落户，征用该村土地 1000 多亩。20 世纪 90 年代，借助地域优势，开展招商引资，先后引进青岛四方—庞巴迪—鲍尔有限公司等外资企业 6 家，青岛广源发炼油厂和青岛万达鞋业有限公司等内

铁家庄社区公园（2010年）

资企业8家，实际利用外资1.3亿美元，实际利用内资1.2亿元。

2004年7月26日，铁家庄由行政村改为农村社区。2015年，社区有万、张、王、刘、李、邱、孙、陈、杨、蔺、胡、金、吴、翟、矫15个姓氏，共368户、961人，社区集体可支配财力100.42万元，居民人均纯收入16725元。

院后庄社区 地处棘洪滩街道中部，距街道驻地1.2千米。东靠铁家庄社区、即墨市南泉镇前埠头村，西邻港东庄社区，南同204国道相连，北与即墨市南泉镇乔哥庄接壤。总面积1.14平方千米。

明永乐二年（1404），宋氏祖由云南迁徙至即墨县西南胶州湾北岸一寺院之后定居，故村名“院后庄”。

1986年，铁道部四方机车车辆厂客车扩建系统在棘洪滩镇定点兴建，其生活区占用该村土地300多亩。作为补偿，一个为其生产配套的铁路客车铆焊项目落实该村。村里抓住四方机车车辆厂客车扩建系统兴建的时机，先后建起青岛水泥制品厂崂山分厂、院后庄建筑工程公司、院后庄预制构件厂和青岛铁路铆焊厂等工业企业项目，全村实现由农业向工业过渡。

院后庄社区（2013年）

2004年7月26日，院后庄由行政村改为农村社区。2011年11月，实施旧村改造；2014年1月，工程竣工居民回迁。2015年，社区有宋、刘、毛、潘、郭、赵、袁、崔等20个姓氏，共446户、1146人，社区集体可支配财力976.41万元，居民人均纯收入18710元。

港东庄社区 地处棘洪滩街道中部，距街道驻地0.5千米。东靠院后庄社区，西邻港北社区，南同204国道相连，北与即墨市南泉镇南泉村接壤。总面积0.56平方千米。

清康熙年间（1662—1722），楚氏、康氏祖由外地迁徙至即墨县西南胶州湾畔的港沟东岸立村，故名“港东”。因崂山县有3个港东生产大队，1981年11月20日，锦红滩公社的港东生产大队改为港东庄生产大队。

1986年，铁道部四方机车车辆厂客车扩建系统在棘洪滩镇定点兴建，占用该村土地210亩，从村里招工40多人。作为补偿，一个为其生产配套的铁路橡胶项目落实该村，

港东庄社区（2013年）

从而实现由农业向工业的转变。个体私营经济得到长足发展，建起橡胶制品、油料生产、机械制造、车辆维修等6家个体私营企业，全村劳动力离土不离乡，全部进厂务工。

2000年，加快城市化步伐，拆迁40多户民房，新建住宅楼8000平方米。2011年9月，投资5000万元，实施旧村改造。2013年8月，居民全部回迁入住。

2004年7月26日，港东庄由行政村改为农村社区。2015年，社区有郭、潘、刘等11个姓氏，共252户、555人，社区集体可支配财力760.59万元，居民人均纯收入18650元。

港北社区　地处棘洪滩街道中部，距街道驻地0.2千米。东靠港东庄社区，西邻毛家、中华埠社区，南同棘洪滩村社区相连，北与即墨市南泉镇南泉村接壤。总面积1.72平方千米。

明永乐二年（1404），吴氏祖由云南迁徙至即墨县西南胶州湾畔的港沟北岸立村，故名“港北”。

港北是棘洪滩、上马、河套、红岛4个街道重要的水源地，城阳区西部供水处坐落域内，日供水4.5万立方米，满足56个社区、16万多人的生产生活用水。

1983年，农业生产责任制实行后，建起综合养殖小区，发展鸡、猪、牛禽畜高效养殖。全村有养牛户10户、饲养奶牛100多头，养猪户8户、养猪500多头，养鸡户5户、养鸡7万多只。个体私营经济发展迅速，涌现出机械制造、建筑安装、汽车运输、车辆维修等个体私营业户40多家，从事商品批发零售、餐饮服务的业户达40多家，从业人员300多人。

港北社区（2013年）

1993年后，港北开展招商引资，先后引进中车四方车辆有限公司等内外资企业40多家，其中青岛世家制衣有限公司生产的“劳曼”牌衬衣，为青岛市名牌产品。

2004年7月26日，港北由行政村改为农村社区。2011年10月，实施旧村改造工程，2014年8月，工程竣工居民入住。2015年，社区有王、张、潘、李等21个姓氏，共506户、1303人，社区集体可支配财力760.51万元，居民人均纯收入18650元。

棘洪滩村社区 地处棘洪滩街道中部，是棘洪滩街道机关驻地。东靠铁家庄社区，西邻大胡埠、小胡埠社区，南同下崖社区相接，北与中华埠、港北社区接壤。东西最大横距1.7千米，南北最大纵距2.3千米。总面积2.98平方千米，是棘洪滩街道政治、经济、文化、教育的中心。

明永乐二年（1404），于氏、毛氏祖由云南迁徙至即墨县西南胶州湾北岸立村。因东南靠海滩，地势涝洼，俗称“滩里”。又因村西土岭多生荆棘，夏秋汛期常有洪水滞留，故名“棘洪滩”。

棘洪滩村社区是东进青岛、西去鲁中、南下鲁南、北入胶东腹地的咽喉，其军事要地由来已久，历朝历代都在此屯兵戍守，战事多发。

棘洪滩村社区是仓储重地，其官办仓储古已有之。据清同治版《即墨县志》载：棘洪滩仓廒7间、门楼1座、仓夫1名。中华人民共和国成立后，村内菩萨庙改作人民政府粮库。1998年10月28日，库容量7500万公斤的中央储备粮青岛直属库兴建。

1959年后，陆续建起一批村办企业。80年代后，一批机械制造、纺织服装、木器

棘洪滩村社区（2008年）

制造、工艺品加工等私营企业形成。90 年代，加快产业结构调整，积极实施对外开放，加快招商引资。1993 年，引进棘洪滩镇第一家台资企业——青岛北钢铸管有限公司。到 2015 年，引进青岛科林铁路设备有限公司等 14 家外资企业、青岛黄海橡胶有限公司等 60 多家内资企业。

90 年代，结合城镇建设，实施旧村改造，福海花园小区、锦绣花园小区、锦绣公园、文化广场等相继建起，与现代商业设施相配套，打造清新靓丽的新农村。

2004 年 7 月 26 日，棘洪滩由行政村改为农村社区。2015 年，社区有王、李、刘、徐等 31 个姓氏，共 1056 户、2814 人，社区集体可支配财力 2451.38 万元，居民人均纯收入 19050 元。

下崖社区 地处棘洪滩街道南部，距街道驻地 1.5 千米。东靠青岛海玉制盐有限公司，西邻大胡埠社区，南同上崖社区相连，北与棘洪滩村社区接壤。总面积 3.33 平方千米。

明嘉靖年间（1522—1566），孙氏祖由胶州东石河迁徙至上崖定居。后氏族繁盛，于清康熙年间（1662—1722）分居，在上崖村北另建新村，因地势低下，故名“下崖”。下崖是青岛市重要的海盐产地之一，立村后就有人家采用“夙沙氏煮海为盐法”傍海煮盐。

1992 年，锦城开发区成立（1993 年，青岛市人民政府正式批准为金岭工业园），下崖村发挥区位优势，开展招商引资。1993 年，引进第一家外资企业——青岛中美家具有限公司。到 2015 年，引进美国、日本、韩国、加拿大、意大利等国家和中国香港、台

下崖社区（2012 年）

湾等地区的50多家内外资企业，形成以机械制造、纺织服装、化工橡胶、医药食品、电子电器、新材料六大特色产业为代表的工业体系。

2004年9月3日，下崖由行政村改为农村社区。2008年，被评为山东省文明社区，是棘洪滩街道唯一的省级文明社区。2010年11月后，推进城市化进程，建设17个楼座、7.46万平方米的商品房。2015年，社区有孙、矫、刘、赵、梁、兰、生、邱、徐、蔡、牛、肖、倪、童、朱、艾16个姓氏，共907户、2212人，孙姓占总人口的95%，社区集体可支配财力413万元，居民人均纯收入19503元。

上崖社区　地处棘洪滩街道南部，距街道驻地2.5千米。东靠青岛海玉制盐有限公司，西邻黄家庄、上马街道西蓝家庄社区，南同古岛社区相连，北与下崖社区接壤。总面积3.51平方千米。

明嘉靖年间（1522—1566），孙氏祖由胶州东石河东迁至此。因即墨县西南胶州湾北岸地广沃壤，可傍海渔盐，便在一土崖之上立村定居，故名“上崖”。

1992年，锦城开发区成立（1993年，青岛市人民政府正式批准为金岭工业园），上崖村发挥区位优势，开展招商引资。至2015年年底，先后引进为高速列车制造产业配套的内外资项目50多个。

2004年9月3日，上崖由行政村改为农村社区。2015年，社区有孙、刘、张、王、赵、邵等18个姓氏，共750户、1950人，孙姓占50%以上，社区集体可支配财力337.25万元，居民人均纯收入20521元。

上崖社区健身广场（2010年）

古岛社区（2008 年）

古岛社区 地处棘洪滩街道南部，距街道驻地 3.5 千米。东靠青岛海玉制盐有限公司，西邻上马街道西蓝家庄、李仙庄社区，南同上马街道向阳、北程哥庄社区相连，北与上崖社区接壤。总面积 2.76 平方千米。

明永乐二年（1404），崔氏祖由云南迁徙至即墨县西南胶州湾北岸一孤岛上立村，故名“古岛”。后因其他姓氏迁入，人口繁增，在村西另立一村，原村称“东古岛”，所立新村为“西古岛”，东、西古岛两个自然村为一个行政村。因地处胶州湾北岸，是渔盐古村。中华人民共和国成立前，仍有多户人家经营盐业。

1992 年，锦城开发区成立（1993 年，青岛市人民政府正式批准为金岭工业园），古岛村规划开发工业园区 600 亩，用以招商引资，先后引进 20 多家内外资企业。

2004 年 9 月 3 日，古岛由行政村改为农村社区。2015 年，社区有崔、王、纪、张、宋、黄、肖、刘、矫、薛、吕、孙等 27 个姓氏，共 745 户、1856 人，社区集体可支配财力 130.79 万元，居民人均纯收入 20478 元。

大胡埠社区 地处棘洪滩街道西南部，距街道驻地 3 千米。东靠棘洪滩村社区，西邻魏家庄社区，南同沈家庄社区相连，北与小胡埠社区接壤。总面积 1.87 平方千米。

明宣德年间（1426—1435），王氏祖由即墨县蓝村迁徙至桃源河东岸立村。因村南有大湖泊，村北有小湖泊，村庄位居高埠之上，故名“大湖埠”，后演化为“大胡埠”。

20 世纪 90 年代，发挥地处青岛金岭工业区的优势，筑巢引凤，招商引资，引进内、外资企业 30 多家。

大胡埠社区进村路（2008 年）

2004 年 9 月 3 日，大胡埠由行政村改为农村社区。2015 年，社区有隋、魏、祁、孙、王等 13 个姓氏，共 448 户、1229 人，其中隋姓约占 50%、祁姓和魏姓约占 40%、其他姓氏约占 10%，社区集体可支配财力 303.32 万元，居民人均纯收入 19648 元。

魏家庄社区 地处棘洪滩街道西南部，距街道驻地 4.2 千米。东靠大胡埠社区，西临桃源河，南同沈家庄、黄家庄社区相连，北与张家庄社区接壤。总面积 3.25 千米。

明成化年间（1465—1487），魏氏祖由莱阳县迁徙至即墨县西南桃源河东岸立村，村庄以姓氏命名。

魏家庄村西的荒滩港地，泥质适宜烧制砖瓦等建筑材料。1975 年，锦红滩公社在此

魏家庄社区（2008 年）

建起砖瓦厂，年产砖 550 万块、瓦 50 万页。

2004 年 9 月 3 日，魏家庄由行政村改为农村社区。2015 年，社区有魏、高、马、刘、叶 5 个姓氏，共 520 户、1397 人，其中魏姓占总人口的 99%，社区集体可支配财力 45.46 万元，居民人均纯收入 15558 元。

张家庄社区 地处棘洪滩街道西部，距街道驻地 4 千米。东靠大胡埠社区，西临桃源河，南同魏家庄社区相连，北与小胡埠社区接壤。总面积 1.13 平方千米。

明崇祯年间（1628—1644），张氏祖因战乱和生活所迫，由山东莒县迁徙至即墨县西南桃源河畔立村，村名以姓氏命名。

张家庄村西的港地是烧制砖瓦的理想泥质。1986 年，建起年产砖 900 万块、瓦 100 万页的砖瓦厂，其产品销往青岛、即墨、胶州、崂山、城阳等地。

20 世纪 90 年代后，张家庄加强农业招商，发展高效农业。2000 年，引进投资 300 多万元的青岛大山花卉园艺场，种植君子兰、兰花、杜鹃、月季等高档花卉。2001 年，引进投资 500 多万元、养殖面积 70 多亩、年创汇 400 多万元的河鳗养殖基地。2006 年，借助桃源河生态湿地的保护与开发，引进旅游项目，在实现集体增收的同时，转移一批劳动力。

2004 年 9 月 3 日，张家庄由行政村改为农村社区。2015 年，社区有张、魏、龙、孙、江、赵、曾 7 个姓氏，共 206 户、518 人，社区集体可支配财力 84.86 万元，居民人均纯收入 16119 元。

张家庄社区居委会（2008 年）

黄家庄社区健身路径（2008 年）

黄家庄社区 地处棘洪滩街道最西南部，距街道驻地 4.5 千米。东靠沈家庄社区，西临桃源河，南同上马街道西蓝家庄社区相连，北与魏家庄社区接壤。总面积 2.96 平方千米。

明万历年间（1573—1619），即墨县城朝廷高官黄嘉善在即墨县西南、桃源河畔拥有大宗土地，为耕作方便，就地立佃户村，村名“黄家庄”。

1963 年始，在桃源河堤栽植棉槐，编织筐篓出售。1976 年，建起造纸厂生产纸张。1980 年，建起木器加工厂生产家具、门窗。1983 年，农业生产责任实行后，调整农业产业结构，新建苗圃 3 处，栽种树木花卉 150 多亩。20 世纪 90 年代，大力发展鱼虾养殖业，个体私营经济发展迅速。

2004 年 9 月 3 日，黄家庄由行政村改为农村社区。2010 年，黄家庄被评为山东省卫生村庄。2015 年，社区有刘、孙、王、李、邹、徐、况、雍、魏、贾、沈、蔡、邱 13 个姓氏，共 462 户、1315 人，社区集体可支配财力 630.15 万元，居民人均纯收入 17868 元。

沈家庄社区 地处棘洪滩街道西南部，距街道驻地 3.5 千米。东靠下崖社区，西邻黄家庄社区，南同上马街道西蓝家庄社区相连，北与魏家庄社区接壤。总面积 0.44 平方千米。

明永乐年间（1403—1424），沈氏祖兄弟 3 人从云南迁至即墨城后，两人到莱阳，

沈家庄社区（2008 年）

一人迁徙至即墨县西南桃源河东岸立村，村庄以姓氏命名。沈家庄的铁匠手艺自清朝末年传承有百年历史，闻名四乡。

20 世纪 90 年代，沈家庄扶持村民从事禽畜养殖，使奶牛养殖达 30 多头，同时改善和调整农业种植结构，开展农业招商，引进资金 150 万元，建成 110 亩苗圃，种植黑松、塔松、垂柳、蜡树、银杏和月季、樱花等树木花卉 20 多种。进入 21 世纪，投资 300 多万元，建成百亩 40 多个冬暖式塑料大棚，种植各种名优特果蔬。个体私营经济得到发展。

沈家庄地处青岛金岭工业区，规划出 330 亩土地，建设通用厂房 2000 多平方米，对外招商，每年为集体增加收入 50 多万元。

2004 年 9 月 3 日，沈家庄由行政村改为农村社区。2015 年，社区有沈、崔、刘、魏、楚、李 6 个姓氏，共 129 户、361 人，其中沈姓占总人口的 58%，社区集体可支配财力 50.05 万元，居民人均纯收入 16431 元。

小胡埠社区　地处棘洪滩街道西部，距街道驻地 2 千米。东靠棘洪滩村社区，西临山东省引黄济青工程棘洪滩水库，南同大胡埠社区相连，北与中华埠社区接壤。总面积 1.62 平方千米。

明万历年间（1573—1619），侯氏祖由即墨县时于庄迁徙到桃源河东岸立村“侯家庄”。因西临荒滩水泊，村居高埠，位于大胡埠村北，称“北湖埠”。又因临近大胡埠，

小胡埠社区居委会（2008 年）

故称“小湖埠”，后演化为“小胡埠”。小胡埠是棘洪滩街道西南部的集贸中心。1998 年，开设集市，每农历一、六逢集。

小胡埠村西北泥质较好，是烧制砖瓦的理想材料。20 世纪 60 年代，生产大队建起砖瓦厂。1977 年，建起队办棘洪滩公社玛钢厂，生产农机配件。20 世纪 80 年代，其产品被评为部优产品。1984 年，建起木器厂。1986 年，山东省引黄济青工程棘洪滩水库动工建设，征用该村土地 2655 亩，作为补偿，由小胡埠和青岛木器一厂联营兴建青岛一木崂山分厂，生产桐木拼板，大部出口日本。

小胡埠发挥地处青岛金岭工业区的优势，先后引进内外资企业 20 多家。投资 530 多万元，建设 6000 多平方米通用厂房对外租赁，每年为社区集体增加收入 50 万元。

2004 年 9 月 3 日，小胡埠由行政村改为农村社区。2015 年，社区有张、王、刘、李、赵、代、魏等 20 个姓氏，共 693 户、1845 人，社区集体可支配财力 153.83 万元，居民人均纯收入 14648 元。

中华埠社区 地处棘洪滩街道西北部，距街道驻地 2.5 千米。东靠港北社区，西邻小胡埠社区，南同赵家堰社区相连，北与段家庄社区接壤。总面积 3.52 平方千米。

明永乐二年（1404），徐氏祖由云南迁徙至即墨县西南桃源河东岸的高埠处，后马氏、车氏等相继迁至此居住，正式立村。因村南岭埠地名“凤儿埠”，村西有地名“蛋儿坡”，传说有凤凰在此栖居，故将村庄定名为“凤凰埠”。又因村西有一土埠，土质肥

中华埠社区（2008 年）

沃，多种棉花，品质优良，驰名四方，故称“花埠子”，村庄以此更名为“种花埠”，后逐渐演化为“中华埠”。

中华埠战略地位重要，是通往青岛、胶东、鲁中、鲁南等地的咽喉要道，扼守胶济铁路，自明、清时期就有驻军。社区至今保留着清道光十年（1830）所建民房，为砖石结构，小瓦屋顶，共 5 间正房。

2004 年 9 月 3 日，中华埠由行政村改为农村社区。2015 年，社区有徐、马、车、魏、侯、赵、王、孙、李等 45 个姓氏，共 1226 户、3385 人，社区集体可支配财力 1100.04 万元，居民人均纯收入 19843 元。

段家庄社区 地处棘洪滩街道西北部，距街道驻地 4.5 千米。东靠即墨市南泉镇北泉村，西临山东省引黄济青工程棘洪滩水库，南同中华埠社区相连，北与东毛家庄社区接壤。总面积 1.26 平方千米。

明永乐年间（1403—1424），段氏祖由云南迁徙至即墨县西南桃源河东岸立村，村庄以姓氏命名。后生、王等姓氏陆续从各地迁徙至此。段氏立村后，氏族不旺复迁出，生、王等姓氏更改村名。因村东临近即墨县的南泉、北泉 2 个村，将村庄更名为“泉西庄”，但始终没有叫响，至今仍称“段家庄”。

段家庄社区公园（2010 年）

20 世纪 60 年代成立共青团俱乐部，实为业余柳腔剧团，演职人员 30 多人，利用冬闲排练传统戏，春节期间巡回演出于周边村庄。1989 年，村组建男子田径队，多次参加区、市田径比赛，夺得多项短、长跑冠军。

20 世纪 80 年代，个体私营经济得到发展。1986 年，山东省引黄济青工程棘洪滩水库动工建设，征用该村土地 1296.17 亩。进入 21 世纪，段家庄以库区生态林建设为契机，实行退耕还林，营造生态林、经济林 1330 亩，建立起独特的林木生态体系。利用库区移民帮扶政策，建设通用厂房 5280 平方米，对外租赁招商，壮大社区集体经济。

2004 年 9 月 3 日，段家庄由行政村改为农村社区。2015 年，社区有王、生、林、徐、江、杨、盛、华、崔 9 个姓氏，共 440 户、1274 人，社区集体可支配财力 237.82 万元，居民人均纯收入 16333 元。

东毛家庄社区 地处棘洪滩街道西北部，距街道驻地 5.5 千米。东靠即墨市南泉镇北泉村，西邻西毛家庄社区，南同段家庄社区相连，北与即墨市南泉镇午山村接壤。总面积 1.7 平方千米。

明嘉靖四十五年（1566），李氏祖由即墨县王演庄迁居桃源河东岸立村“毛家庄子”，后更名为“毛家庄”。因西邻西毛家庄，村庄称为“东毛家庄”。

东毛家庄社区林荫大道（2008 年）

东毛家庄是被誉为“胶东之花”的柳腔戏的发源地之一，地处城阳、胶州、即墨三区市交界，与即墨市南泉、蓝村和胶州市李哥庄等镇为邻，位于胶济铁路南侧，铁路交通十分便利，是棘洪滩街道西北部重要的商贸中心。1986 年 2 月，开设逢农历四、九的集市。

2004 年 9 月 3 日，东毛家庄由行政村改为农村社区。2015 年，社区有李、任、于、王、周、徐、孙等 24 个姓氏，共 319 户、935 人，社区集体可支配财力 533.72 万元，居民人均纯收入 18253 元。

西毛家庄社区 地处棘洪滩西北部，距街道驻地 5.5 千米。东靠东毛家庄社区，西邻赵家堰旧村，南同山东省引黄济青工程棘洪滩水库、段家庄社区相连，北与即墨市南泉镇午山村接壤。总面积 0.46 平方千米。

明永乐年间（1403—1424），毛氏祖自云南迁居即墨县王演庄。后奉母命迁徙至西南洼地定居立村，村庄以方位和姓氏命名。因桃源河畔蒲草、芦苇等野生水草生长茂盛，村民因地制宜，掌握草编工艺，夏秋季节将蒲草、芦苇收获后，秋冬农闲编织蒲席、芦帘到集贸市场出售。

1986 年，山东省引黄济青工程棘洪滩水库动工建设，征用该村土地 1931.65 亩，全村 205 户、783 人全部转为非农业户口。进入 21 世纪，利用上级库区移民扶持政策，建设通用厂房对外招商，增加集体收入。同时，鼓励扶持居民利用生态林地，从事禽畜养殖和冬暖式塑料大棚蔬菜种植，发展高效、生态农业，实现居民增收。

2006 年 3 月 31 日，西毛家庄改为社区。2015 年，社区有毛、曲、魏、王、孙、于、

西毛家庄社区（2008 年）

宫、李、罗、韩等 11 个姓氏，共 254 户、653 人，社区集体可支配财力 76.4 万元，居民人均纯收入 15850 元。

毛家社区 地处棘洪滩街道中部，距街道驻地 1 千米。东靠港北社区，西邻徐家屋子社区，南同棘洪滩村社区相连，北与赵家堰社区接壤。总面积 0.16 平方千米。

清乾隆年间（1736—1795），毛氏祖由即墨县王演庄到桃源河捕鱼捉蟹，在河东岸芦苇深处搭建茅屋临时避雨，闲时垦荒种地。久而久之，在此立村，取村名“毛家屋子”。1986 年，山东省引黄济青工程棘洪滩水库建设征地，毛家屋子整村搬迁；1992 年 6 月，“毛家屋子”更名为“毛家”。

毛家社区居委会（2008 年）

进入21世纪，社区用足用活上级库区移民帮扶政策，建起通用厂房招商引资，盘活资产，壮大集体经济。同时，鼓励扶持居民发展个体私营经济。

2006年3月31日，毛家改为社区。2015年，社区有毛、郝、赵、陈、宋、范6个姓氏，共221户、550人，其中毛姓占总人口的95%，社区集体可支配财力117.31万元，居民人均纯收入16877元。

徐家屋子社区 地处棘洪滩街道中部，距街道驻地1.5千米。东靠毛家社区，西邻中华埠社区，南同棘洪滩村社区相连，北与赵家堰社区接壤。总面积0.08平方千米。

清道光九年（1829），徐氏祖由中华埠迁徙至村北荒滩筑屋立村，村名以姓氏命名。

徐家屋子是移民新村。原址坐落于棘洪滩街道西北部6千米，东靠西毛家庄，西临桃源河，南同中华埠村相连，北与毛家屋子村接壤。1986年，山东省引黄济青工程棘洪滩水库动工建设，将该村774.58亩土地全部征用，整个村庄淹没库底，1986年11月29日，在毛家新村以西征地106亩，投资130万元建设新村。1988年3月，居民迁往新居。

1969年，投资12万元，在铁业组基础上建起铸造厂，生产农机配件。此后，又建起空气压缩机配件厂。1986年后，利用山东省引黄济青工程棘洪滩水库征地补偿，联营办起南京第二空气压缩机厂青岛分厂，生产的空压机品种达四五个，远销全国20多个省市和地区，其质量和销量居全国微型空压机行业之首。采用股份制创办的崂山金岭电器厂生产的电焊机出口国外。1998年，村办企业全部进行改制，形成机械、电器、汽车运输、物资回收等股份制企业6家。

徐家屋子社区中心街（2008年）

进入 21 世纪，积极引导和扶持居民自主创业，发展商品批发零售和餐饮服务业，为居民增收搭建平台。利用上级库区移民扶持政策，建设通用厂房对外租赁招商，实现集体和居民收入的双增加。

2006 年 3 月 31 日，徐家屋子改为社区。2015 年，社区有徐、侯、林、鲁 4 个姓氏，共 59 户、145 人。社区集体可支配财力 57.76 万元，居民人均纯收入 15497 元。

赵家堰社区 地处棘洪滩街道西北部，距街道驻地 2 千米。东靠毛家社区，西邻小胡埠社区，南同徐家屋子社区相连，北与中华埠社区接壤。总面积 0.11 平方千米。

明天启年间（1621—1627），赵氏祖由即墨县蓝村迁徙至桃源河畔定居，因地势涝洼，积水有鱼，以垒堰捕鱼为业，立村时村庄以姓氏命名。

赵家堰是移民新村。原址坐落于棘洪滩街道最西北部 7.5 千米。东靠西毛家庄，西

赵家堰社区（2008 年）

依桃源河与胶州市李哥庄镇隔河为邻，南同毛家屋子相连，北跨胶济铁路与即墨市南泉镇辛庄接壤，总面积 0.6 平方千米。由于坐落城阳、即墨、胶州三区市交界处，可谓鸡鸣三县。

1995 年 10 月，该村在现址征地 157.94 亩，投资 500 多万元另建新村，所建住宅均为楼房。1997 年 10 月 18 日，村民喜迁新居。

赵家堰河道沟汊、水湾平塘较多，蓑草、蒲草、芦苇生长茂盛，是草编制品的天然材料。早在清光绪年间（1875—1908），赵家堰村民就掌握了草编工艺，并一直传承下来，草编成为当地传统手工业。编织的蓑衣、蒲鞋和苇帘等制品，远销即墨、胶州、平度、掖县等地，成为胶东地区很有名气的草织品。

1982 年，赵家堰投资 10 万元，办起占地 3.78 亩、有 40 名工人的铆焊厂。1984 年，铆焊厂更名为崂山环保锅炉厂。1986 年，崂山环保锅炉厂被确定为山东省定点锅炉生产厂家，年产锅炉 50 台，产值 200 万元，利润 30 多万元，成为全村的重要经济支柱。

90 年代后，个体私营经济较快发展。2002 年，赵家堰投资 200 多万元，在金岭工业园建起 3700 平方米的厂房，吸引客商投资，壮大集体经济。

2004 年 9 月 3 日，赵家堰由行政村改为农村社区。2015 年，社区有胡、毛、王等 8 个姓氏，共 141 户、386 人，社区集体可支配财力 170.94 万元，居民人均纯收入 17171 元。

羊毛沟花海湿地

基础建设 2015 年，下崖社区投资 2 亿元，对 2000 余亩羊毛沟流域生态环境进行改造，打造集旅游观光、餐饮娱乐、婚纱摄影、休闲垂钓、生态采摘、儿童乐园、养生度假等于一体的多元化、综合性大型生态景观羊毛沟花海湿地。其中，一期投资 6000 万元，着重进行环境整治、水系规划、景观搭建、花卉种植等建设。

景观打造 湿地景观主要有油菜花田、恒温大棚、生态百草、游船观光、荷兰风

银装素裹的羊毛沟（2015 年）

车、欧式教堂、水上威尼斯等诸多特色景点，可以满足人们踏春赏花、生态采摘、休闲垂钓、婚纱摄影、水上泛舟、艺术写生、餐饮娱乐等多种需求。

油菜花田　占地 300 余亩，设有三层观景台，人们站在观景台上，碧波荡漾的羊毛沟、金灿灿的油菜花田、欧式教堂、荷兰风车等景观一览无余，尽收眼底。

油菜花田（2015 年）

羊毛沟夜景（2015 年）

恒温大棚（2015 年）

向阳花田（2015 年）

恒温大棚　占地 10 亩，种植有草莓、西红柿等水果和蔬菜，均为无公害培植，绿色天然。时令季节，人们可到大棚内采摘新鲜水果蔬菜，享受农收乐趣，感受田园生活。

生态百草　占地百余亩，种植有数百个品种的玫瑰、洋甘菊、荷兰菊、郁金香、牡丹、百合、薰衣草等植物。一年四季都有鲜花开放。

荷花池　占地近百亩，人们可徜徉在“接天莲叶无穷碧，映日荷花别样红”的美景里，身临其境地感受荷花高洁的气质。

天鹅湖　占地 20 亩，是天鹅繁衍栖息的乐园。

钓鱼池　占地近百亩，湖内放养数万尾多种淡水鱼，人们可尽享垂钓的闲情逸致。

教堂草坪　建有欧式风格教堂，可举办欧式婚礼等。

教堂草坪（2015 年）

儿童乐园　占地近30亩，设有孔雀园、乌龟园、鸵鸟园、西部牧场、戏鱼池、宠物天地等，引进绵羊、山羊、梅花鹿、香猪、兔、狐狸、貂、松鼠和孔雀、白鸽等各种鸟兽，以及金毛寻回犬、拉布拉多猎犬、阿拉斯加雪橇犬、萨摩耶犬、西伯利亚雪橇犬、杜宾犬、苏格兰牧羊犬、德国牧羊犬、雪纳瑞、吉娃娃等众多品种的宠物犬，还有英国短毛猫、美国银虎斑猫、暹罗猫等宠物猫，供儿童在家长陪同下观赏。

游船观光　是依托天然水系，疏浚、拓展数条羊毛沟支流，配有水上自行车、水上三轮车、游艇、烧烤船、摩托艇等水上游船，人们可乘船饱览羊毛沟花海湿地的美景。

水上威尼斯　是集餐饮、住宿、休闲、会务于一体的水上乐园。沿羊毛沟有数十间水上小屋，形成水上餐饮一条街，另有数间面积均为120平方米的会议室，可承接会议等。

嘉年华游乐园　设有旋转木马、观光小火车、碰碰车等，另有充气城堡、蹦极、迷你穿梭、机甲风暴等数十种儿童游乐设备。

沙滩浴场　占地30亩，为人工沙滩浴场，不仅设有适合儿童游玩的水上充气堡，还有家庭水上自行车、水上三轮车等。

沙滩浴场（2015年）

七彩花海

渔盐古镇

靠山吃山，靠海吃海。坐落于黄海中部的胶州湾被称为青岛的“母亲湾”，以丰富的物产，无私地养育着胶州湾畔的人们。棘洪滩更是以得天独厚的地理位置和优良的气候条件，尽享渔盐之利。

自古至今，棘洪滩人从近海作业到远洋捕捞，从传统作业向现代捕捞不断发展，耕海牧渔的范围不断扩大。2006年，随着海洋资源减少和产业结构调整，域内渔业生产和海洋捕捞消失。

域内盐业生产历史悠久，兴于春秋时期。数千年来，盐业制造技艺不断传承改进，生产规模不断扩大发展，棘洪滩成为全国闻名的海盐产地之一。2009年，域内盐田回填成为工业用地，不再产盐。

渔业

棘洪滩地处胶州湾北岸，滩涂平缓，质地肥沃，潮间带绵长，墨水河、洪江河、羊毛沟中的有机物为胶州湾的鱼虾蟹贝提供丰富的饵料。优越的地理位置，为沿海村庄的人们提供渔盐之利。棘洪滩虽为以农耕为主、渔盐兼顾的地域，但其渔业收入是沿海各村重要的经济来源。

明代之前，棘洪滩地域尚是几座孤岛，周边海水环绕，海水由此上溯至马山以北。随着时间推移，海水南退，人们开始结网捕鱼捉虾。300 多年前，人们始造简易船只在胶州湾近海捕捞。中华人民共和国成立前，海洋渔业资源比较丰富，渔民以捕捞黄鱼、鲅鱼、刀鱼、鲐鱼、海蜇、虾蟹等为主，兼捕鲳鱼、沙丁鱼等。除网捕外，捕钓也占相当大的比例。由于渔船简小，近海作业，捕捞量较少。中华人民共和国成立后，渔业生产发展较快，特别是实现农业合作化后，依靠集体力量，不断改善渔业生产条件，提高生产力，人们已不满足在胶州湾近海渔业作业，逐渐走出胶州湾及周边近海，除在日照、连云港、荣成、海阳、威海等海域作业外，捕捞范围进一步扩大，北起辽宁沿海的葫芦岛，南至舟山群岛，都有棘洪滩渔船的作业渔场。随着渔业生产的需求，渔船船体逐渐加大，由原来 10 米左右，发展到 20 余米。二十世纪六七十年代后，新型网具的使用，渔业机械化的发展，使渔业生产的能力进一步增强，渔场作业转向远洋，渔业产量逐年提高。1988 年，全镇渔船发展到 176 艘，其中含 20 艘远洋捕捞渔船在内的机动渔船 66 艘，年海洋捕捞量 1161 吨。2001 年，全镇有渔船 139 艘，全部为机动渔船，水产品总量 12800 吨，其中海洋捕捞 4395 吨，渔业收入 2059 万元。2002—2006 年，全镇的海洋捕捞年产量保持在 4000 多吨。2006 年后，由于渔业资源减少，海洋捕捞量也减少，渔民作价将渔船变卖，改行从事其他产业，再无从事海洋捕捞的渔民和船只，海洋捕捞业消失。

近海捕捞（1996 年）

1949—1970 年棘洪滩渔业生产情况一览表

表 1

年度	木帆船（只）	渔民（人）	渔网（张）	海洋捕捞量（吨）		
				鱼类	虾蟹类	贝类
1949	3	—	—	—	5	200
1950	3	—	—	—	8	260
1951	88	—	—	—	4	180
1952	92	38	350	106	6	170
1953	97	44	450	140	9	180
1954	113	28	271	115	3	150
1955	132	30	350	220	5	120
1956	149	30	350	320	9	150
1957	150	60	354	380	7	170
1958	137	60	354	350	8	210
1959	118	60	359	240	6	250

续表 1

年度	木帆船（只）	渔民（人）	渔网（张）	海洋捕捞量（吨）		
				鱼类	虾蟹类	贝类
1960	127	55	394	230	9	240
1961	11	58	117	16	5	23
1962	19	67	240	56	9	31
1963	17	72	386	29	22	70
1964	17	64	309	26	10	17
1965	14	39	227	32	13	72
1966	14	39	260	46	1	5
1967	14	36	465	36	11	3
1968	58	176	433	14	12	5
1969	49	120	384	17	11	19
1970	57	182	355	32	9	12

说明：1951—1960 年木帆船数量含海运船只

1971—2006 年棘洪滩渔业生产情况一览表

表 2

年度	机动渔船（只）	水产品总量（吨）	海洋渔业（吨）			淡水养殖（吨）
			海产品	海洋捕捞	海水养殖	
1971	2	50	50	50	—	—
1972	3	46	46	46	—	—
1973	4	171	171	171	—	—
1974	5	162	162	162	—	—
1975	5	129	129	129	—	—
1976	5	81	81	81	—	—
1977	14	98	98	98	—	—
1978	8	50	50	50	—	—
1979	8	25	25	25	—	—
1980	8	10	10	10	—	—
1981	8	11	10	10	—	1
1982	8	30	29	29	—	1
1983	9	2	1	1	—	1
1984	2	208	206	198	8	2
1985	8	930	895	882	13	45
1986	15	1284	1244	1137	107	40
1987	66	1419	1379	1090	289	40
1988	66	1755	1704	1161	543	51
1989	247	1797	1747	1170	577	50

续表 2

年度	机动渔船（只）	水产品总量（吨）	海洋渔业（吨）			淡水养殖（吨）
			海产品	海洋捕捞	海水养殖	
1990	239	1877	1827	1222	605	50
1991	209	2307	2261	1293	968	46
1992	236	2889	2279	1235	1544	110
1993	172	3808	3287	1800	1487	521
1994	—	4170	3471	1965	1506	699
1995	—	15536	15496	5061	10435	40
1996	—	5015	3615	2095	1520	1400
1997	—	9448	7860	4362	3498	1588
1998	—	10558	8778	4388	4390	1780
1999	—	11530	9500	4390	5110	2030
2000	—	12300	10000	4350	5650	2300
2001	139	12800	10150	4395	5755	2650
2002	—	13150	10340	4400	5940	2810
2003	148	14285	11090	4410	6680	3195
2004	—	14500	11350	4480	6870	3650
2005	—	14286	11090	4410	6680	3196
2006	10	13405	10410	4210	6200	2995

海洋捕捞

经历了由口里（胶州湾）到口外、由近海到远洋，捕捞范围由小到大的历程，南到南海之南，北到渤海，东近韩国和日本海域，都留下棘洪滩渔船耕海牧渔的足迹。捕捞方式由手捞脚踏、夹竿捕鱼到使用简易渔具；捕捞设备从推子、木筏到舢板、帆船、渔轮；从凭经验，靠日月星辰辨别方向，到装备收音机、对讲机、航测仪、定位仪、鱼群探测仪等，传统渔业向现代化渔业发展。

近海岸滩捕鱼叫“下小海”或“赶海”，网具、钓具颇多，渔民随时改进捕钓技术。20 世纪 80 年代后，由于海洋渔业资源的日益减少，许多网具、钓具已弃之不用，下小海的也少了。2005 年始，由于盐田开发建设，滩涂回填，近海滩涂等逐年减少，到 2007 年荡然无存，下小海成为历史。

渔船 明末清初，先民即驾船离岸捕鱼。20 世纪 60 年代中期，渔船的动力主要是人力和风力，渔民靠摇橹、拉篷（域内不准读“帆”，以避“翻船”之嫌，故将帆叫作“篷”。）和竹篙出海，因而，渔民把这类船叫“风船”。风船最小的长 3 ~ 5 米，无帆，凭人摇橹行进，在顺流或无风的情况下航行，只能近海作业；稍大些的 5 ~ 8 米，装以

20 世纪 60 年代渔船

三角篷，称之为“杈篷”，可借风力逆水行舟，再大的 10 米以上，更大的渔船 15 ~ 20 米。该类渔船装有前后两合篷，前小后大，载重量 10 吨左右，最大的叫“厦船”，有三合篷，可载重 20 吨左右，渔船逆风时可依靠风帆走“之”字形航路，最有效地借助风力航行，渔民称其为“航戗”。大船上一般有艄公 3 ~ 5 人，其中被称作“船老大”的船长 1 人，负责掌舵，顺风行船时大多 1 人掌舵，逆风行船除掌舵者以外，还需要有人拉“擦”（拴篷的细绳），以调整帆篷的方向，撒网（钩）和收网（钩）时，全船人员一齐动手。中华人民共和国成立初期，前海西、后海西、古岛、上崖、下崖有渔船。1968 年，全社有渔船 58 艘、729 吨。其中，前海西 47 艘、671 吨，后海西 4 艘、22 吨，古岛 5 艘、17 吨，上崖、下崖各 1 艘，分别为 9 吨、10 吨。船只除自行建造以外，大多从外地购买。

1970 年，前海西生产大队筹资将木帆船改造成锦红滩公社第一艘 20 马力的机动船。机动船参加海洋捕捞，具有不受风向、潮流的影响，航速快、运行稳等优点，木帆船无可比拟，木帆船相继被机动船所替代。1971 年，前海西有机动渔船 2 艘，其中载重量 25 吨的 60 马力的渔船、载重量 13 吨的 20 马力渔船各 1 艘。20 世纪 80 年代，渔船全部实现机动化。

90 年代，大马力渔船受到渔民青睐，渔民纷纷淘汰小机动渔船，向大马力渔船发展。更新换代的大马力渔船船体 20 米以上，机械动力 100 马力以上，具有航速快、抗风浪，可常年在海上作业的特点。

2001 年，全街道有机动渔船 139 艘，机械动力 1199 马力。2003 年，全街道有机动

归港的渔船（2000 年）

渔船 148 艘、1280 马力。随着青岛市高新技术产业开发区的开发建设，海水南退，渔业资源萎缩，渔船进出河道堵塞，渔民多不再从事海上捕捞，渔船减少。2006 年，棘洪滩街道尚有机动渔船 10 艘、102 马力。2006 年后，渔船被作价变卖，渔民不再从事海洋捕捞。

海洋捕捞网具 中华人民共和国成立前，渔民所用海洋捕捞网具主要有流网、圆网、丝网、海蜇网、虾网、鲳鱼网等，用于深海作业，除丝网系丝织之外，其余大都是用棉线织成。秋冬季节，渔民购买棉纱，自行捻线，手工编织。网衣织就后，用猪血或栲皮拷染，以防霉烂。网衣上下敷以被渔民称作“网绠”的麻绳作为网纲，分别在上端扎以浮子，下端扎以被渔民称作“脚石”的沉子，使渔网下垂。渔民出海前，将渔网片片相连，谓之“联网”。下网前再依次连成大片，顺流放下，延绵长达数千米。20 世纪 60 年代，尼龙线用于织网，棉线网具逐渐退出渔捕作业。70 年代，渔网全部更换为尼龙丝线，提高了渔网使用寿命，免除了渔网拷染维护。80 年代，引进机械织网，网具种类规格众多，解除了人工织网的劳顿。

流网　网目 5 厘米左右，400 目，500 行为一组。下网后，长度 10 米左右，主要捕获鲅鱼、鲳鱼、鲐鱼、白鳞、鳘鱼、比目鱼、刀鱼等。

跑网　网目 5 厘米左右，600 目，220 行为一组，为 60 年代中期帆船近海作业用网。70 年代后，转为机动船作业用网，作业海域也由近海转向远洋。

虾网　网目 5 厘米左右，500 目，300 ~ 500 行为一组。后经改进，在原网基础上加高，网目加大，每船配备渔网 200 条左右，主要捕获鲳鱼、对虾等。

蟹网　网目 8 厘米左右，100 目，20 ~ 30 行为一组。主要捕获螃蟹，多用于胶州湾浅海作业，现已被淘汰。

站网　网目 1 寸，长 16 米左右，每船备 10 条，捕获对虾、鲥鱼、梭鱼。20 世纪 60 年代后逐步淘汰。

鲳鱼网　60 年代初始织，网目 8 ~ 10 厘米，网高 15 米左右，专用于捕获鲳鱼。

丝网　丝线织就，网目 3 厘米左右，100 行为一组，其组装与使用基本与流网相同，仅限于胶州湾近岸作业，用于捕获古眼、苦眼、青板等鱼和虾蟹等。

拖网　70 年代初始用。网目 4 厘米左右，由 2 条小型机动船顺风、顺流或平流拖拽作业，2 小时起网 1 次，以捕获海底鱼虾为主。

圆网　网目 3 厘米左右，底扣 1.5 厘米，高 14 ~ 20 米，长 200 米，绠长 200 米，梧桐浮子，浮距 10 厘米。使用时，反潮流张网，捕捞鲅鱼、白鳞、刀鱼、鲳鱼等。

“三行网”　20 世纪末始用。由 3 层网衣组成，网目大的逾 10 厘米，小的 3 厘米，大小鱼虾均能捕获，是比较高效的捕捞网具，但对渔业资源破坏甚重。

海洋捕捞钓具　海洋捕捞的钓钩都是延绳钩，主要用于捕获刀鱼、鳗鱼、梭鱼、鲈鱼和章鱼等。钓捕时，春季定置底钩，拦流作业，秋季则放浮钓，随流作业。钓具因所钓鱼种不同，所用的钓钩和索具也不同。钓刀鱼鱼线分为粗线（定位线）和细线（浮线），均为棉线织成。粗线线径约 3 毫米，俗称“大线”，细线线径约 1 ~ 1.5 毫米，俗称“小线”，均用猪血或栲皮拷染。粗线上拴若干细线，每条细线上再接金属丝，由金属丝拴钓钩，以防鱼上钩后咬断，钩上挂鱼饵，引诱刀鱼咬钩。鱼饵一般用刀鱼喜食的泥鳅，其肉有韧性，且可反复使用。

20 世纪 60 年代后，因渔业资源减少和网具的发展，钓具大多被淘汰，但钓章鱼之法仍为渔民所使用。钓章鱼以钩挂爬麻作饵，章鱼以腿抱饵，吸取其汁。章鱼被钓出水面时会自动弃钩，因而钓章鱼要眼疾手快，以防章鱼离水时自动弃钩，应趁章鱼尚在水面之时将其捉住。因章鱼日渐稀少，此法久已不用。

20 世纪末，渔民学习外地经验，广泛使用鳗鱼笼子诱捕鳗鱼。该笼用塑料制成，周边有孔，内置鱼饵，底部置倒刺，鳗鱼钻进笼子后不能复出。

岸滩捕捞网具　渔网编织与海洋捕捞网具相同，但限于岸滩作业。

夹竿　古时，先民在海滩上并排插竖若干木棍，利用木棍间的间隙，将鱼夹住而捕获。木棍间的距离大约在 10 厘米左右，横跨数米至数十米。该捕鱼方式起始于岸滩捕捞之初，水产资源极为丰富之时，起始和淘汰年代无考。

幢网　口大底小，似衣袖，故而渔民称网底部分称为“网袖”。该网有大小之分，大幢网在海滩打桩下网，落潮后收网，捕获杂鱼、虾蟹；小幢网扣眼密小，似纱网，主要在河流入海口处下网，专捕小鱼虾蟹。

拖网（岸拖网）　棉线织就，网高 1.2 米左右，宽约 10 ～ 20 米，网目 1 ～ 2 厘米，网目上大下小，最大约 2 厘米，最小不足 1 厘米，网底叠起约 20 厘米，呈袋状，并缚以条形留槽沟铅坠，以便于捆扎。这种铅坠系自行化铅铸造，俗称“铅脚子”。拖网主要用于捕获海滩小鱼虾、蟹螺，也可专用于捕捉爬麻，故叫“爬麻网”。使用此网时由 2 人牵网绠一同向前拖拽，鱼虾被拦入网袋之内，定时取出。现已少用。

粘网　丝棉线织就，网高 1 米左右，网目 2 ～ 3 厘米，上扎浮漂，底坠脚石，垂直分布于浅海、河道。下网后，1 ～ 2 小时巡网一次。巡网时，从一头查看，可往复多次，捕获丁头、梭鱼、鲢鱼、鲫鱼、鲵鱼、古眼等鱼类。

旋网　棉线织就，网目上大下小，圆锥状，下口周长 10 ～ 15 米，往上逐渐减少，至顶端则聚在一起，以便于操作，底部设网袋，网袋下缀铅坠。此网可随身携带，在岸上、水中、船上均可使用。使用时用力将网呈伞状向鱼群抛出，入水时网口圆者为佳，网落水底后，慢慢将网收起，捕获丁头、鲈鱼、梭鱼、鲵鱼、古眼、鲤鱼、鲫鱼和虾蟹等。

圈网　似幢网，网长 3 ～ 5 米，带网袖，袖中设网罩，鱼虾易进难出。使用时顺潮流置于海滩，潮水退却后收取鱼虾。

提网　用铁丝或竹条弯成圆形，直径 2 ～ 4 米，下缀网袋，以竹竿或木棍挑之。网内投以鱼饵，将网沉入水底，按时提起，多用于鱼虾蟹的捕获。

大网　网高 3 米左右，网目上大下小，3 ～ 5 厘米，网宽可近千米，“人”字形分布于海滩深水中，开口向岸，以木杆为桩，10 米左右 1 根，落潮后鱼虾被留置网内。中华人民共和国成立前，可捕黄姑、鳓鱼、章鱼、刀鱼等。现已不用。

小网　与大网相同，但网高、网目均小于大网，可捕青板、古眼、马口鱼等。

插网　似小网，网高米余，网目 0.5 ～ 1 厘米，网宽 200 余米，以竹板为桩，专用于捕获船丁鱼、面条鱼、银鱼、虾等小鱼虾。

罗圈网　似围网，专设于壕沟堰上，中华人民共和国成立前可捕获壕根鱼。

步网　2 根木杆为网架，可伸可合，呈“人”字形，网门 3 ～ 4 米，网目 1 ～ 2 毫米，一人于浅滩或盐田荒水推网作业，随时收网，主要捕获小鱼虾和末蠖。

地龙网　方口，以铁丝框撑开，网贴地，长约20米，铁丝框立于海滩，内设网罩，鱼虾进去后无法外逃，用于捕获小鱼虾等。

罩　用竹片、铁丝扎制成圆台形，上宽下窄，圆口30～50厘米，底台用竹片、铁丝封底，圆口下两端各留一手柄。该渔具多用于河沟、水湾浅水鱼蟹的捕捉。遇鱼蟹时上前抢捕用圆口将其罩住，从罩内将鱼蟹取出。

岸滩捕捞钓具　大都较为简单，作业时以手工为主，辅以钓具。

撩钩　带长柄斜弧形圆钩，钩尖打磨，置倒刺，十分锋利，在海滩或盐场荒水中使用，专用来捕捉鳝鱼。因鳝鱼减少，20世纪80年代后不再使用。

躺钩　以粗线为主线，上拴若干带钩的细线，钩上挂鱼饵，撒入水中。此钩多用于近海和盐场荒水使用，以钓鲈鱼、鳝鱼、鮸鱼等为主。

甩钩　用一长竹竿，下挂一条系水漂的长丝线，丝线末端拴鱼钩1把或数把，加坠石，挂鱼饵，用力甩入水中，根据水漂沉浮提钩，多用于钓鳝鱼、鲈鱼、鮸鱼等。

蛤蜊扒子　70年代新创渔具。长木柄带齿铁扒，后面带网兜，可乘船在3～5米深的海水置于泥中拖拽，蛤蜊留置网内。80年代后将柄裁短，可在深及腰部的水中作业。

其他渔具　主要是岸滩捕捞的辅助渔具。

推子　是薄木板制成的船形匣，长宽40～80厘米，平底，底部前头翘起，在浅滩使用，下海或赶海时，用于装载网具和渔获。使用时由人在后面推行，以减轻赶海者的负重。20世纪80年代后停用。

葫芦　赶海者将葫芦装入网袋，3～4个一组，绑在筐底，竹筐内装网具和渔获，赶海时葫芦浮在水面，顺潮水进退。70年代后，葫芦被汽车内胎替代。90年代停用。

水产养殖

20世纪80年代，淡、海水养殖兴起。

淡水养殖　1980年，锦红滩公社组建养殖队，利用棘洪滩水库建成380亩淡水养殖场，投放鱼苗28万尾，但被侵入的鲈鱼和梭鱼吃掉。1983年，锦红滩公社养殖队撤销。农业生产责任制实行后，平塘、水库纷纷被村民承包从事淡水鱼类养殖。同时，桃源河、洪江河畔的滩涂被张家庄、魏家庄、黄家庄、南万等村成片开发为养鱼池，放养鲤鱼、草鱼、鲢鱼、鲫鱼等淡水鱼类。

90年代，随着洪江河、桃源河沿岸滩涂和库塘淡水养殖面积的逐年增加，淡水养殖虾、蟹、鱼类10多种，成为全镇重要的养殖业。1992年，院后庄村宋功河在棘洪滩

淡水养鱼池（1994 年）

水库东侧首次采用网箱养殖罗非、白鲳和鲤鱼获得成功，开全镇网箱淡水鱼类养殖的先河，一连三年，喜获丰收。1994 年，棘洪滩镇水产服务站在棘洪滩水库放养罗非、白鲳和鲤鱼等淡水鱼类 80 多箱、4 万余尾。1997 年，因网箱鱼类养殖产量较低、成本太高、库水污染等因素不再养殖鱼类。

2006 年之前，全街道每年淡水养殖面积保持在 6000 亩，年产量 3000 吨。随着桃源河的开发建设以及农村城市化、工业化进程加快，鱼池、库塘回填，淡水养殖面积和产量逐年下降。2010 年后，不再大面积淡水养殖，仅库塘零星淡水养殖 450 亩。

海水养殖 1984 年，前海西村域内村民建虾池放养对虾养殖成功，极大调动了人们开发滩涂从事海水养殖的积极性。前海西、后海西、南万、铁家庄、上崖、下崖、古岛等村的村民，纷纷在墨水河、洪江河下游入海口处和羊毛沟沿岸建起养虾池，利用海滩滩涂进行对虾海水人工养殖，使滩涂海水养虾成为沿海村民重要的增收途径。1990 年，前海西、后海西滩涂养殖蛏、蚬、牡蛎、蛤蜊、毛蚶等获得成功，促进了滩涂贝类的大面积开发养殖。

1992 年，全镇海水养殖 3920 亩，其中对虾养殖 2870 亩、贝类养殖 1050 亩；海水养殖产量 1544 吨，其中对虾养殖产量 571 吨、贝类养殖产量 973 吨。1993 年，胶州湾海水污染严重，虾病暴发流行，殃及养殖业，对虾、贝类养殖损失惨重，其中对虾养殖产量锐减为 100 吨。此后，滩涂养殖户采取净化海水、药物防治等措施，扩大海水滩涂养殖规模，提高养殖产量，海水养殖仍获得较好经济效益。

2001—2006 年，全街道海水养殖年均在 7000 亩以上，产量 14000 ~ 15000 吨。随着青岛市高新技术产业开发区的开发建设和墨水河综合改造工程的实施，滩涂或被回填，或被占用。2010 年，全街道海水养殖面积仅为 1127 亩，收入 186 万元。

2010 年后，因产业结构调整，海水养殖业消亡。

水产品加工

对捕捞的海产品，针对种类不同，采用不同方式进行加工。

腌制 20 世纪 70 年代之前，渔船出海前需要携带足够的渔盐，渔船不能及时返港，船上缺少冷冻保鲜设备，渔民在船上加工渔获，主要方式是腌制。腌制分为片腌、筒腌、汤腌和广淹。将鱼自脊背部剖开，取出内脏，层层加盐腌制，渔民称这种鱼叫“片腌”，鲅鱼、鲐鱼、鳘鱼等腌制多用此法。片腌时取出的鱼内脏叫“鱼杂”，加盐收缸保存，是群众喜爱的佐菜；将鱼整体加盐腌制，这样腌制的鱼叫“筒腌”；春汛后，渔民卖掉大部渔获，随船携带少量回家，入缸加盐、加水腌制，叫“汤腌”。汤腌时，为防止鱼在汤内飘浮起来，需加石块压住，有的则用盐粒干培，叫“干腌”。经过腌制处理的鱼过夏不变质，可以长期保存。现在仍有腌制水产品者，只是数量较以前大为减少。

干制 是指海产品加少许渔盐腌制后剖开洗净晒干。墨鱼、鳘鱼、鲅鱼、河豚及各种杂鱼多用此法加工。鱼子、虾等则整体晒干，蟹则挑出螯肉晒干。此类加工用盐很少甚至不用盐，渔民称之为“甜晒”。干制多是在时间比较充裕时进行，如今海上干制水产品已很少。

矾制 专门用于加工海蜇。海蜇捕捞后加明矾，使其体内水分控出，便于保存，食用时口感好，渔民称其为“矾海蜇”。

冷藏 20 世纪 70 年代始，有渔船出海前专门携带冰块，用于水产品保鲜，现已十分普遍，远洋作业的渔船均带冰块数吨，以保证水产品不变质。80 年代，随着冷藏业的发展，不仅可以满足水产品的冷藏储存，而且还可进行水产品深加工。进入 21 世纪，深加工后的水产品，除满足本地市场需求外，大部分销往外地，有的出口到国外。

蛤蜊肉加工（1995 年）

盐业

春秋时期（前 770 至前 476），境域隶属齐国。齐桓公重用管仲，凭借齐国濒海的地利优势，全面进行改革，大兴渔盐之利，齐国国力迅速增强。近代，域内更凭连绵的海岸滩涂，丰富的海水资源，优良的气候条件，便利的交通网络，传承的制盐技艺，逐渐发展成为全国闻名的海盐产地之一。

滩场

中华人民共和国成立前滩场　清代，域内滩场隶属石河场署。清光绪二十四年（1898）三月六日，清政府与德国签订《中德胶澳租借条约》，域内沿海以潮平为界，划入德国胶澳租界，滩场随之一并划出，成为胶澳盐业的重要组成部分。

1914 年 11 月 16 日，日本以援助协约国为名对德宣战，占领青岛，胶澳盐业由日本人经营。1919 年，日本闹盐荒，除在胶澳竭力扩充盐场外，还鼓励日商到胶澳开筑盐滩，

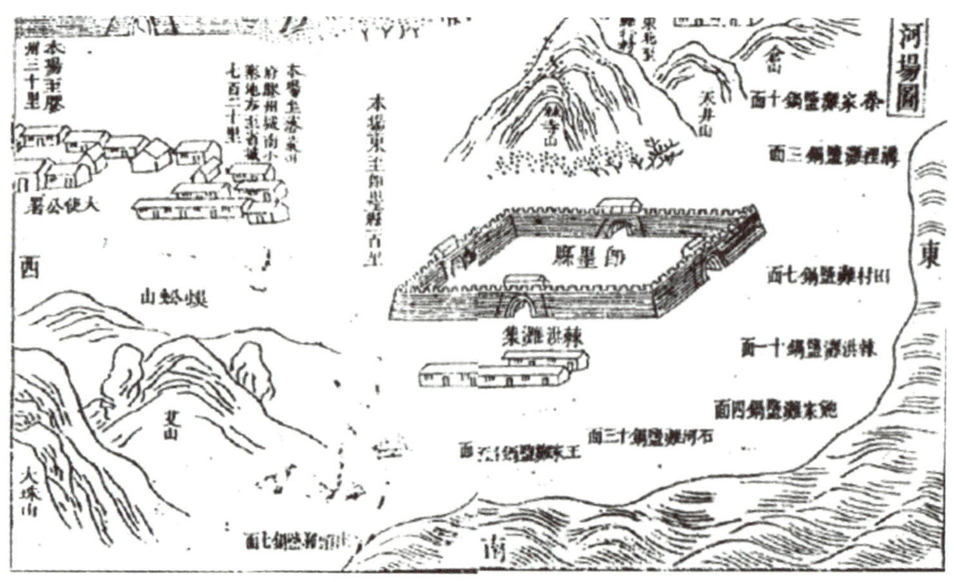

清雍正二年（1724）编纂的《山东盐法志》所载石河场图

域内私人盐滩逐年增加。

1922 年 2 月，中日在华盛顿签订《解决山东悬案关于备价赎回青岛盐田、工厂及供给日本盐斤条约》，规定日本于 12 月将胶州湾德占租借地交还中国；12 月 10 日，北洋政府以日金 300 万元赎回日本人在青岛的盐田和工厂。私营青岛永裕盐业公司以国币 300 万元得标承办赎回盐业，其中域内日商盐滩 291.25 副、民营盐滩 511.25 副。青岛永裕盐业公司重金赎回日本人经营的盐田之后，由于北洋政府从中作梗，直到 1924 年 7 月 5 日，才将日本人经营的一切盐业资产正式移交青岛永裕盐业公司。由于盐田两年无人管理，加之日本人开滩唯利是图、粗制滥造以及青岛永裕盐业公司无力全部修复，盐田荒废达 46%，可是民户盐滩每年都有新筑，保持盐滩总数不变。1932 年，域内盐田共分为女姑、海西、南万、下崖 4 个盐区，有官田 291.25 副、私田 511.25 副，共计 802.5 副，其中女姑官田 130.5 副、私田 49 副，海西官田 66.25 副、私田 111 副，南万官田 83 副、私田 244 副，下崖官田 11.5 副、私田 107.25 副。1937 年，域内盐田有所减少，为 710 副。

1938 年 1 月 10 日，日本第二次侵占青岛，域内滩场一并沦失。沦陷期间比战前生产规模稍有增加，滩场范围未变，仍然是女姑、海西、南万、下崖 4 个盐区。

1945 年 8 月日本投降后，国民党政府接管域内的 4 个盐区，滩场及生产规模无多大变化。域内盐业历经封建官府的盘剥和德日帝国主义侵占掠夺及国民党统治的漫长岁月，由于历代经营者重盐政、轻生产，沟滩晒制之法改进甚微，无明显变化，其手工操作的笨重体力劳动、结构零乱的滩田、缺乏科学的生产工艺、各自为政的落后生产方式一直延续到新中国成立前，特别是在生产关系上，新中国成立前 80% 以上的盐田掌握在地主、富农、资本家的手里，从而束缚了生产力的发展和滩场规模的扩大。1949 年新中国成立前夕，域内仅有盐田 615.5 副。

中华人民共和国成立后滩场 1954 年，青岛市对私营青岛永裕盐业股份有限公司进行社会主义改造，成立公私合营青岛永裕制盐公司，对其包括女姑、海西、南万在内的 5 个滩场办事处实行公私合营。同年，海西、南万、下崖盐区共有盐田 574 副，总面积 24475.44 亩（生产面积 19781.832 亩），有风车 420 架、水车 312 架、水门 140 座、盐民 653 户、4758 人。

1955 年 3 月，开展盐业改革运动，成立地方国营胶州盐场，下设包括女姑、南万、上崖在内的 7 个国营段；12 月，对私营盐田等进行收买和征购。1956 年 3 月农业合作

青岛海玉制盐有限公司（2005 年）

化运动中，贫下中农对盐田实行互助合作，女姑、海西、南万、下崖 4 个盐区民户盐田组建红星、建国、前进、红旗 4 个高级盐业生产合作社。

1957 年 1 月 1 日，撤销地方国营胶州盐场及下属的 7 个段和青岛永裕制盐公司的 5 个滩场办事处、胶澳盐场管理处所辖的各场务所，将撤销后的胶州盐场女姑段、青岛永裕公司女姑滩场办事处和胶澳盐场管理处女姑场务所合并成立女姑盐场；将撤销后的胶州盐场南万段、上崖段，青岛永裕公司海西和南万滩场办事处，胶澳盐场管理处所辖的海西、南万和下崖场务所合并成立南万盐场。

1958 年 3 月，在南万盐场基础上，又离析出海西、上崖 2 个盐场，撤销此前设立的工区，成立 13 个生产大组；是年，将女姑盐场下放到崂山县仙家寨公社经营管理，人员财产全部划归仙家寨公社，1959 年又收归国营。

1960 年 1 月 20 日，撤销红星、建国、前进、红旗 4 个高级盐业生产合作社，其盐田以及制盐工具全部转为国营，分别并于女姑、海西、南万、上崖盐场统一经营管理，341 名盐业社员转为国营盐场工人；2 月 29 日，撤销海西、上崖盐场，并于南万盐场。

1985 年，南万、女姑盐场合并为南万盐场，将生产工区调整为 3 个，撤销后的女姑盐场为南万盐场三工区，盐田改为制卤区。1998 年，女姑制卤区改为养殖区。1999 年 8 月 12 日，青岛南万盐场进行转换经营机制改革。

2000 年 5 月 26 日，组建国有中二型独资企业——青岛海玉制盐有限公司。企业东起白沙河，西至羊毛沟，南濒胶州湾，北靠南万、铁家庄、棘洪滩、下崖，占地 43101 亩，盐田总面积 42057.75 亩，占青岛市盐田总面积的 25.99%，主要生产经营海水制盐、海水养殖、冷藏加工等。此后，盐田作为工业用地，逐年进行回填开发。2008 年，二工区完成全年海盐生产任务后，不再产盐。2009 年 6 月，一工区完成上半年海盐收获后，停止海盐生产。2010 年，青岛海玉制盐有限公司的盐田全部回填，成为青岛高新技术产业开发区的工业用地。

盐业生产

生产方式 古往今来，盐民制盐，以煎为主，间有少许晒盐。清光绪二十九年（1903）之后，域内采用沟滩之法，改煎为晒，从而结束煎盐的历史。

煎盐 唐宋以前，盐产全出于煎。海盐煎制方法，大都采用夙沙氏煮海为盐法，不是用海水直接煎熬，而是刮土淋卤，取卤熬盐，用石莲子试浓度后，存入井坑内，用时取出，倾入锅内，置锅入灶，燃薪煎制。煎制海盐的民户，称之为“灶户”。海盐锅煎之法和用具，历经元、明、清各代，基本无显著差异。煎盐耗柴量大，产少本重，极不经济，且柴山草荡经历年不断砍伐，渐有来源难继之虞。元代始兼用晒法，明清两代推行于鲁盐等地区，但效果欠佳，煎仍多于晒，即墨县有包括域内的盐场 40 副、草荡 32 处、盐锅 93 面。清道光一至十年（1821—1830），复改晒为煎。清光绪十九年（1893），

旧时煎盐图

即墨县包括域内的煎、晒盐户发生利益之争，具状进京打官司，慈禧太后御批：准晒不准烧。但煎盐者仍然众多。

光绪二十四年（1898），德占胶澳，盐业停顿，所有盐锅尽行废弃，从而结束煎盐的历史。20世纪初，在海西、南万、摩天岭、下崖等胶州湾沿岸盐区，煎盐遗迹仍清晰可见。

晒盐 清光绪二十九年（1903），南万人万永方率族人以接近现代的沟滩晒盐之法，开辟盐田，将每副盐田采用荒水池、卤水池、结晶池的结构晒盐，开近代胶州湾海盐生产的先河，从而带动了胶澳盐区晒盐的发展。尽管盐业生产由煎改晒是盐业生产技术的重大改革，但到中华人民共和国成立前夕，盐业生产仍然萎靡。

中华人民共和国成立后，盐业获得新生。1964年始，采取新卤、深卤、长期结晶的“新、深、长”结晶新工艺，用于海盐生产。1975年9月，结合老滩改造，初试塑料薄膜苫盖结晶试验；至冬天，全部采用塑料薄膜苫盖结晶池，极大提高了海盐的产量。

生产工具 生产工具主要包括计量和作业工具。

计量工具 20世纪初，盐民用木斗作为结晶池中捞盐计量的工具。这种木斗形状上口小、底部大，上口径25厘米，底方径37厘米，呈棱台形，容量为30千克。后改为以筐计量，每筐100千克。从结晶池捞盐后，2人用筐抬到盐台上贮存，堆成盐山，用芦苇苫盖，通常每堆盐山堆放原盐60吨。80年代始，以车计量，经化验定等达标出场。

作业工具 中华人民共和国成立后，手工操作的笨重体力劳动，逐渐为动力机械设

盐工在结晶池内撒盐种（80年代）

中华人民共和国成立初期的手工收盐

备所代替。由过去人工戽斗提取海水，改为风车、水车、电动水泵提取。将人力大、小耙活渣、捞盐，杠子、抬筐抬盐或独轮小推车推盐运至盐坨，再用木锨、小耙人工堆垛操作，改为使用收盐机、运盐车、堆坨机联合作业，进行收盐、运盐和堆垛。此外，海盐生产使用的动力机械设备还有塑料薄膜苫盖结晶池用的收放机、维修盐田各种盐池用的压池机、结晶盐活渣用的活渣机等。

生产规模 海盐生产与气象条件好坏和管理水平高低直接相关。中华人民共和国成立前，由于封建官府的剥削和帝国主义的掠夺以及生产力低下，原盐产量十分有限。1949 年，仅产盐 58051 吨。

中华人民共和国成立后，人民政府对盐业进行社会主义改造，废除盐业生产中的封建剥削制度，解放了生产力。1952 年，胶澳盐场管理处下崖场务所根据“卤水流动能加速蒸发”的原理，创造出“曲线倒流走水法”，使原盐产量提高 25%。1955 年，天气干旱，南万、女姑两场年产原盐 173524 吨，创历史最高纪录。

自 1956 年始，由于暴雨洪水的侵袭，海盐产量一直偏低。1964 年，全年降水 1418.5 毫米，是新中国成立后降水量最多的年份，南万、女姑两场全年仅产海盐 35053 吨，是新中国成立后海盐产量最低的一年。

此后一直到 20 世纪 90 年代末期，海盐产量比较稳定，但产量不高。其间，1985 年，

机械收盐（1980 年）

由于遭受 9 号台风袭击，南万盐场雨化海盐 18623 吨，加之其他损失，共造成经济损失 184.08 万元；1990 年，因受气候恶劣、市场疲软、“三角债”的影响，海盐生产受到挫折，年产海盐 8.5 万吨，完成年产计划的 62.96%；1991 年，海盐产量最低，年仅产海盐 5.8 万吨，完成年生产计划的 42.96%，为新中国成立后亏损最严重之年；1997 年，受 11 号台风袭击，仅 3 个小时，南万盐场的盐田、虾池及全部生产设备被洪水淹没，直接经济损失 5214.7 万元。盐场灾后恢复重建，历时 3 年。

2001 年后，受盐田回填开发和气候影响，海盐产量逐年减少。2009 年 6 月后，不再产盐，盐业生产成为历史。

1986—2009 年南万盐场海盐产量一览表

表 3

年度	产量（吨）	完成年计划率（%）
1986	125000	100.00
1987	129000	105.74
1988	140000	107.69
1989	150000	111.11
1990	85000	62.96
1991	58000	42.96
1992	108000	120.00
1993	123000	105.50
1994	128000	102.40
1995	115000	95.83

续表 3

年度	产量（吨）	完成年计划率（%）
1996	92000	80.00
1997	0.0000	0.00
1998	103000	103.00
1999	107000	102.00
2000	112000	101.80
2001	82000	74.55
2002	113000	103.00
2003	105000	100.00
2004	90000	87.40
2005	75200	—
2006	65000	—
2007	55000	—
2008	28000	—
2009	13000	—

生产质量 明清时期，海盐质量除严禁掺杂泥沙外，对质量没有具体要求。德占胶澳和日本第一次侵占青岛初期，因海盐销路不佳，生产者与盐商利微，对海盐品种和质量要求也不尽一致，一般只注重色泽感觉，以白、黑、黄区分盐的优劣，尤其是 1919 年 12 月的盐样，不溶物竟达 5.5%，大部分是泥土。民国初期，海盐输往日本、朝鲜等国，当时对盐的质量有一定要求，由此才有盐的质量管理。

1921 年 1 月，胶澳盐区在青岛大港设立盐质检定所，小港设派出所；2 月 1 日始，对卸船（收购）盐、内销和出口盐进行盐质检定。各滩场产盐定等，均以集港卸船盐检定等级为准。盐质检验标准要求，在氯化钠含量 80% 以上，卸船（岸）盐水分 12% 以下，输日盐水分 10% 以下基础上，按盐色分等分级，上等甲盐纯白色，上等乙盐淡褐色，中等甲盐褐色，中等乙盐浓褐色，等外盐黑色。对粒度要求，上等盐大而匀，中等盐大小不一，等外盐碎小。检验方法是对照所存标准盐样进行目测，必要时进行化学分析。至 1922 年，域内产不出上等甲盐，上等乙盐为数亦少，上等盐量少而价高难销，中等盐产量丰富，占总数的 70% 甚至 80% 以上，内销出口均系此盐，等外盐量少，大都作为工业盐和渔盐。

1930 年和 1931 年，北洋政府盐务署先后两次制定食盐品质标准。日本第二次占领青岛和南京国民政府第二次统治时期，盐质检验仍沿旧制，按食盐色泽洁白度、晶体均匀与杂质多少，将一、二等盐分为甲、乙级。1938 年，域内原盐实际含氯化钠 83.76%、水分11.94%、不溶物0.65%、可溶物6.65%。1946年，域内陈盐质量较佳。1946—1949年，域内所产新盐氯化钠含量及格，水分时有越出限度。

中华人民共和国成立后，重视盐的质量管理。1951年4月23日，山东省盐务管理局实施《检定食盐实施细则》，规定粗盐分三等。1956年春，为加强生产监督，提高产品质量，摩天岭放盐处和南万、下崖场务所均成立化验站，添置设备，配备专人，负责卤水和原盐的快速化验。1957年3月29日，将南万、下崖、摩天岭3个化验站撤销，成立南万盐场化验室，并在原青岛永裕公司海西办事处增设化验站1个。

至1962年，原盐质量变化不大，各年海盐一级品率多在10%左右，其余都是二、三等盐，域内流传有"胶州湾，破烂滩，辛辛苦苦出大力，一扒都是三等盐"的民谣。

1963年6月1日，轻工业部颁布《盐及食盐检验方法部标准》。由于该标准符合实际并严格执行，原盐质量明显提高，南万盐场当年一级品率达21.96%。1964年优一级品率为38.49%，消灭了次品，从而结束了不产优质盐的历史。此后，优一级产品倍增，氯化钠含量提高，水分和杂质相对减少，海盐色白、无异味，化学指标符合规定。

1980年，南万盐场老滩技术改造完成后，原盐质量提高尤为显著，消灭了三等盐，二等盐亦很少，绝大多数是优一级品盐。此后，还产出特等盐，并且产量年年有所提高。

1986年6月1日，实施《食用盐和工业盐国家标准》，青岛南万盐场所产"海玉"牌原盐平均氯化钠含量96%，优一级品率达100%，被评为青岛市和山东省一轻系统优质产品，并于1990年12月3日被评为轻工业部优质产品。1991年4月11日，"海玉"牌原盐获得山东省优质产品称号。

盐田改造 1971年4月7日，青岛南万盐场为提高劳动生产率，降低生产成本，减轻劳动负荷，提高海盐产量和质量，开始对落后与分散的老滩进行改造。首先在盐场以南围海扩滩，修建齐整、集中、先进的结晶区，并将老滩改为制卤区。至1980年4月28日，将原三工区43.25副老滩，计2083.5亩裁废，建成新滩制卤区；是年，老滩改造工程结束。

老滩改造工程投资1176.46万元，其中山东省轻工业局投资678万元，青岛市盐务局和青岛南万盐场自筹498.46万元，改造老滩22088亩、扩建新滩11577亩，原盐生产面积由原来的22088亩增加到33665亩，增加52.4%，年产原盐能力达11万吨，使盐场成为工艺技术先进，实现机械化、塑苫化的新型盐场。特别是塑料薄膜苫盖结晶工艺的实施，与平晒相比，具有提高原盐质量、稳定产量、发挥机械效能、提高生产效率、提

机械收盐机组

盐田

供化工用卤六大优势。老滩的技术改造，使分散零乱、操作笨重、生产落后的千年老滩旧貌换新颜，达到盐田结构合理化、工艺操作科学化、海盐生产机械化和纳潮、制卤、结晶、堆存集中"三化四集中"水平。实施以新卤、深卤、长期结晶"新、深、长"结晶新工艺为主体，塑料薄膜苫盖，死渣盐护固池底，活渣盐结晶，常年晒制，机械收盐的新工艺，盐田有效蒸发面积广为增加，减少无效结晶面积，蒸发与结晶面积比例由改滩前 2.26∶1，扩大为改滩后 11.6∶1，其构造主要有贮水库、蒸发（荒水）池、卤池、结晶池及大小沟道、坝堰埂台等。新的晒盐工艺流程为海水由坝外引潮沟动力纳入坝内贮水库，经近 5 千米输水道送入蒸发池，卤水达 5 ～ 10 度后，放入晒卤池，再浓缩到 20 ～ 25 度，由输卤沟汇集到卤机房，由动力扬至卤池，再注入结晶池结晶。

盐业运销

运销体制 盐业运销体制历代变革频繁，大致分为官营专卖、间接专卖、官督商销、民运民销，交相沿用。1938 年 1 月，日本第二次侵占青岛后，侵略者在占领地区实行民制官收、统制统配，指定专商设店承销官盐，其他一律禁止销售，将盐作为战略物资实行封锁禁运。

1950 年 1 月，实行公私兼运兼销；6 月，改为国家公收，不准私人贩盐零售，由盐务管理部门运销机构或商业机构包销。从此，盐业运销纳入国家控制，实行全国统一管理。

21 世纪，食盐仍实行专营，出口盐和国家储备盐仍然实行指令性计划，产销机构都按国家下达的分配、调拨计划所规定的数量、质量和销盐区域进行购销，不准自由选择。

运销区域 清代，域内产盐行销区域引岸（官府发证，盐商运销）山东东岸昌邑、掖县、招远、平度、黄县、蓬莱、福山、栖霞、牟平、荣成、文登、海阳、莱阳、即墨、胶县、高密、诸城、安丘18个县。清康熙年间（1662—1722），废引岸改民岸（民运民销，制贩自由），盐产仍行销山东东岸18县。

德占胶澳时期，域内所产之盐，除供应胶澳租界及附近民食外，大部由中国盐商运销香港，少部由德国人运销朝鲜、澎湖等地。1910年前后，产大于销，年有积压，盐业处于困境。1914年11月16日，日本取代德国侵占青岛，翌年接管盐业，除少量内销和运销香港及堪察加等地外，90%的原盐由日商直接向朝鲜、日本出口。1923—1937年，原盐主要销往日本、朝鲜，少量销往中国香港和苏联海参崴，其中1924年停销中国香港，1929年停销海参崴。同时，扩大内销区域，由青岛地区逐渐扩大到鲁、豫、皖、闽、湘和徐州等省市。

日本第二次侵占青岛后，域内原盐主要销往日本、朝鲜，除少量内销当地外，还在山东省内和武汉等地销售。

抗日战争胜利至中华人民共和国成立前，域内原盐销售少量市销及近场村庄，大多销往南京、上海以及鄂、湘、皖、赣4省，并出口日本交换物资。1947年6月20日，国民党青岛警备司令部明令禁止食盐、粮食等流入解放区。

中华人民共和国成立后，域内原盐以内销为主，除就场放销外，大部分水、陆集坨到青岛6号码头储存，销往鲁、沪、皖、赣、粤、鄂、浙、苏、湘、桂、豫及大连等省市，同时还外销出口。1956—1958年，出口日本。1959—1960年，因日本岸信介政府反华停销。1961年，虽有少量对日出口，但此后多年再未恢复。1980年，又少量试销日本。1980年以后，主要外销马来西亚、新加坡等东南亚国家。20世纪90年代后，全部内销青岛化工企业。2009年后，再无原盐销售。

存储装运　中华人民共和国成立前，原盐运输主要靠驳船从羊毛沟、洪江河水运青岛港6号码头存储，装船外运，极少用汽车由公路外运，故盐场中公路少见。就场（坨）集坨放销，都是人力肩挑或人力、畜力车运输，沿盐场或乡间小路而行。中华人民共和国成立后，交通运输有了很大发展，盐业运输主要通过海运和公路直运，或青岛集坨，或定点供应厂家，即使近场集坨放销，也改用拖拉机、汽车等动力车辆，沿场内公路运至滩坨或化工企业。

坨地　中华人民共和国成立前，存盐集坨于青岛。1953年，为解决产盐集存问题，女姑盐场在原坨地附近，投资北海币2020万元（计新人民币2020元），扩建坨地1处。

机械堆坨（1975 年）

1955 年，由山东省盐务管理局投资 12 万元，建设摩天岭坨基工程。1956 年，该工程建成后，计有坨基 20 个、29660 平方米，存盐能力 12.5 万吨。1957 年 1 月，该坨基撤销，迁址南万盐场内，由南万盐场自行建设。时域内盐滩分为地方国营、公私合营、民营 3 种经济类型，划分为女姑、海西、南万、下崖 4 个盐区。按照方便就近原则，海西、南万盐场产盐部分集青岛大港 6 号码头坨地；海西、南万盐场另外部分产盐和下崖盐场产盐集摩天岭坨地；女姑盐场就地集坨；青岛永裕制盐公司自产部分原盐集青岛小港坨地。

1961 年，摩天岭坨地撤销，由改建后的南万盐场场部附近的坨地代替，青岛大港、女姑坨地不变，另外又增加南万段、九大组、羊毛沟 3 个临时集销盐用坨地。1979 年，撤销南万段、九大组、羊毛沟 3 个临时盐坨，南万盐场共有坨地 32900 平方米，储盐能力 12.6 万吨。1980 年，南万盐场投资 8 万元，在羊毛沟码头建集港中转坨 1 座、3000 平方米，储盐能力 8000 吨。20 世纪 80 年代后，南万盐场因产盐或存于盐台直接运往羊毛沟码头转坨集港，或就滩放销装车运输，大多坨地逐渐失去使用价值，先后停止使用。

1994 年 10 月，因南万盐场中止水路运输全部改为陆路运输，故不在青岛大港集坨，于一、二工区建有坨地 8 万平方米，储盐能力 8 万吨。2010 年，因盐田回填开发，坨地被改造成工业用地。

水路运输　中华人民共和国成立前，棘洪滩以南，下崖、上崖、古岛以东的羊毛沟段，南万、海西以西的洪江河段，均为泊船运盐之地。

1956年，海西、南万、下崖3个盐场坨地于摩天岭的原盐，经水路海运集坨于青岛。1980年，南万盐场在马哥庄公社程哥庄东南盐场一工区西侧，羊毛沟东岸，建起专用简易码头，负责一、二工区原盐转运青岛大港6号码头，附近修建坨地及站船点，用人力小推车装船。1983年，修建盐仓1座，配皮带输送机4台，其中18米和25米皮带输送机用于集坨入仓、28米和16米皮带输送机用于装船集港，实现运输上船机械化。羊毛沟简易码头仅能停泊55吨船只1艘，每天装盐400吨，货场面积3000平方米、容量8000吨，盐仓面积240平方米、容量400吨，年实际吞吐原盐5万～35万吨。

从事原盐集运的船只除少量青岛市盐业运输公司船队的船只外，多为海西、程哥庄、王家庄、潮海、山角底等附近沿海村庄的社会船只。1994年10月，原盐海运中止，全部改为陆路汽车运输。

陆路运输　1956年，集坨于摩天岭的海西、南万、下崖3个盐场的部分原盐由陆路外运。后青岛建新盐化厂、青岛碱厂、青岛化工厂、青岛化肥厂等耗盐工业剧增，南万盐场原盐又经场北青胶公路外运。1976年，南万盐场在改滩中建起纵横场内的简易公路16.5千米，所产原盐直接从生产工区陆路外运。

从事原盐公路运输的车辆，多为崂山县汽车运输公司汽车二队、四队的车辆，也有少数社会车辆。车辆都与用盐单位签有运输合同，运费由用盐单位支付。

2009年后，无盐业生产，陆路运输停止。

装卸　1914年至中华人民共和国成立初期，海盐装卸主要是人力。装船，距离较近者两人抬筐倾入仓内，较远者装麻袋或者散装，用人力独轮小推车运输装船；卸船，人工抬100千克的大筐，从2米深左右的盐仓登岸，经斜坡而上50米左右的木桥板，到达不断增高至10多米的垛顶。这种木桥板为装卸盐专用，每页长约8米，宽40～50厘米，厚8～10厘米；计量，每筐1筹，以筹计量，10筐1吨，储存于指定坨区；放销，装包码垛也完全是靠人力筑装。

皮带机输盐（1983年）

1953 年，首次使用卸盐机卸盐，从而结束靠人力卸盐的历史。滩盐装船，仍使用人力独轮小推车运输，直到 20 世纪 70 年代末，人力和装卸工具才被拖拉机、运盐车、皮带输送机、堆坨机等动力机械所替代。

盐政

管理机构 清代，域内盐政隶属石河场署管理。光绪二十四年（1898）德国侵占青岛后，域内盐政隶属胶澳盐场管理。宣统元年（1909），域内滩场捐税征收由阴岛巡捕局管理。1914 年 11 月日本第一次侵占青岛后，域内盐场由日本驻青岛守备军司令部兼管。1923年12月16日，域内女姑、海西、南万、下崖4个区各设盐务验放处，征收盐税，验放盐斤。同时，在女姑、南万各设滩务所，专事滩场的行政管理。1932 年 8 月，域内盐务行政机构统归于青岛盐务稽核支所管辖，盐务产、运、销、税、缉五大要政归于统一。1937 年 4 月，域内盐政归属民国政府胶澳场署管理。1938 年日本第二次侵占青岛后，成立伪青岛盐务局管理盐政，伪山东盐业株式会社统治产销。日本侵略者镇压盐民，对食盐实行统治配给，推行“强化治安”，严禁盐斤流入抗日根据地。同时，推行“以战养战”侵华政策，疯狂进行盐业掠夺，从青岛向日本国内运回大量原盐。1945—1949 年，域内盐政先后由青岛盐务分局、胶澳盐场公署、山东省盐务局署理。

海西场务所旧址（2000 年）

1949年7月，设立南万、女姑和下崖盐务所署理盐政。1950年6月25日，设立女姑、南万场务所。1951年5月28日，设立海西、下崖场务所，统管各盐区的生产、税收和缉私工作，运销则由中国盐业公司青岛支公司管理。1956年6月始，域内盐政归属胶州盐务局管理。1958年8月25日，域内盐政归属青岛市盐务局管理。

1995年11月21日，根据青岛市人民政府关于盐业和碱业联合的会议精神，青岛南万盐场划归青岛海湾集团有限公司管理，但其盐政仍由青岛市盐务局署理。此后，尽管青岛南万盐隶属有所变化，但盐政归属不变。

缉私 1923年12月16日，胶澳商埠督办公署成立青岛盐务缉私警长办事处，除在各盐区扼要地带设防驻警进行查缉外，还将胶澳盐场12个盐区划分为3个缉私区，其中下崖为第二缉私区，女姑、南万、海西为第三缉私区，各缉私区分别设立分驻所。1935年，国民政府财政部税警独立营进驻域内盐区。1937年5月，税警独立营移防，税警第五团填防，团部驻摩天岭，域内各盐区驻扎盐警。日本第二次侵占青岛时期，伪青岛市盐务局设盐警科，辖1个盐警大队、3个中队。1941年8月，又扩编2个中队，女姑、南万、海西、下崖盐场设分队。日本投降后，国民党山东省盐务局设警务科，驻青岛，下设11个区队驻各滩场。1947年12月，扩充为2个盐警大队、8个中队、22个小分队，域内盐区分驻前海西、南万、李家女姑、上崖、铁家庄、韩洼。

中华人民共和国成立后，胶澳盐务局监护营下设3个连队，其中二连分点驻女姑、海西、南万、下崖。1950年，由于盐务管理不到位，忽视了盐区农民食盐困难，域内发生多起哄抢原盐事件，盐务部门和中华埠区共同处理此事。1952年4月，胶澳盐场管理处设盐警科，下设12个小队，其中第三小队驻海西、第四小队驻摩天岭、第五小队驻古岛，女姑仅派驻盐警干部1名。

三年困难时期，盐区生活困难，一些农民与盐工结伙偷盗盐场物资，盐务、公安部门和棘洪滩公社对涉案人员分别依法作出处理。“文化大革命”期间，盐场原盐被盗时有发生。

1982年10月8日，南万盐场设立经济民警队，同时成立南万盐场保卫科。1983年2月5日，南万盐区设立公安派出所，负责维护盐区治安秩序、护盐护场、查私护税、查处偷抢原盐和破坏生产设备案件。1993年7月26日，南万盐场设立盐政科，有效保护场产，维护盐业生产秩序，实现缉私护税。1995年12月，撤销盐政科。2003年后，盐政执法由青岛市盐务局行使。

交通要镇

棘洪滩地处城阳、即墨、胶州三区市交界处，是东进青岛、西去济南、南下鲁南、北入胶东的咽喉要地。

棘洪滩距离胶州湾高速公路和青岛流亭国际机场 10 千米，距离青岛海港 30 千米，连线青银高速公路、烟青公路、308 国道、夼东公路、204 国道、济青高速公路，全街道通车总里程 55 千米。另有胶济铁路等铁路线路 28 千米，构筑起陆海空立体交通网络。

古道

大道 明初，即墨沿海屡遭倭寇侵扰。朝廷在沿海各地广置卫所、墩堡等军事机构和设施，抵御倭寇。为联络海疆要塞、营堡，加强边地统治和防卫能力，官府一方面积极修建连接各要塞的军用边道，另一方面征集人力、物力修建通往各乡村的大道。这些大道均可通骡车，故称“古大道”。据清《即墨乡土志》载，棘洪滩境域仅有港东到即墨城一条古大道，长约 2 千米。

小道 是民间在日常生产生活中自然形成的乡间小路。这些小路星罗棋布，大多狭窄简陋，平坦处可通独木轮车，次之可行骡马，再次之仅可行人。据《即墨乡土志》载，棘洪滩境域共有 6 条古小道：古岛—潮海，沿途经李仙庄、葛家屯、赵家岭等村庄，长约 18 千米；古岛—胶州，沿途经沈家庄等村庄，长约 7 千米；古岛—南泉，沿途经上崖、下崖、棘洪滩、港北等村庄，长约 6 千米；古岛—马哥庄，长约 4 千米；南泉—盐场，沿途经港北和羊毛沟，长约 8 千米；南泉—盐场，沿途经港东，长约 6 千米。

公路

胶澳环海公路棘洪滩段 亦称胶澳盐务公路棘洪滩段或青（岛）海（州）公路棘洪滩段。第一次世界大战德国占领胶澳后，德国人始修沿海公路。

204 国道棘洪滩段（2000 年）

该路沿女姑、海西、南万、下崖、古岛盐场外围，经程哥庄、马哥庄、张哥庄、王家庄、潮海盐场外延至海庄、红石崖、小石头、陈家港盐场，长约 80 千米，沿西南海岸线入江苏界至海州。主要供战备及财政部税警团驻防调动之用，极少运盐。经抗日战争、解放战争，该路大部分被损坏，棘洪滩段洪江河、羊毛沟等桥梁被水冲垮，汽车不能通行。新中国成立后，因其使用价值不大未再修复。20 世纪 70 年代，南万盐场老滩改造后，该路段不复存在。

204 国道棘洪滩段 亦称青胶公路棘洪滩段或济青公路棘洪滩段。204 国道是中国东部沿海地区南北沟通的重要国家级公路，也是棘洪滩街道通往青岛、胶州等地的交通要道。该路自桃源河入境，经棘洪滩、南万至城阳，长度 18 千米，其中棘洪滩段 11.2 千米。

该路最初是利用乡间大道改造加宽而成的简易公路，路基宽度 4 ~ 5 米，是胶州至青岛的重要交通干线。1933 年，国民政府统治青岛时，即有汽车从青岛经城阳、棘洪滩至胶州。此后，国民政府每年春秋两季调拨沿路民夫修路，但因道路弯曲、路面坎坷，多数河沟未设永久性桥涵，汽车时通时断。“七七事变”后，日本侵略者为战事需要，常派伪军从沿线村庄抓人修路。1946 年，国民政府为内战之需，再次对该线进行整修，通行车辆随之增多。

中华人民共和国成立后，青胶公路棘洪滩段多次整修。1966—1967 年，青岛市公路站对桃源河至西元庄段路基进行取直。1969 年，对桃源河至西元庄段 11.9 千米进行沥青表面处理。1984 年，对摩天岭至南万段 3 千米进行取直。1986 年，又对棘洪滩至桃源河 5.3 千米路段进行路基拓宽和取直。1987 年，青胶公路棘洪滩段全部铺筑成上拌下灌式沥青路面。2000 年，投资 3600 万元再次对该路段进行拓宽，拓宽后的棘洪滩西岭至摩天岭段宽 24 米，棘洪滩西岭至桃源河段和摩天岭至元庄段宽均为 16 米。2009 年 10 月 15 日，对 204 国道棘洪滩段实施大中修，12 月 25 日竣工。中修段 9.1 千米、完成 5.2 千米，大修段 3.86 千米、完成 3 千米。

济青高速公路棘洪滩段 即济南至青岛高速公路棘洪滩段。1990 年开工建设，系国道。是经城阳出入青岛市区连接全国的第一条高速公路，1993 年 12 月 28 日，济青高速公路竣工通车。公路全部为沥青混凝土路面，双向 4 车道，全封闭，两侧绿化带宽各 30 米，栽植白杨树，公路总里程 318 千米，其中棘洪滩段 1.5 千米，经过北万社区。

岙东公路棘洪滩段 该路段最早为明、清时期港北通往马哥庄的乡间小路。1932 年 5 月，北延至朱家官庄，称为“朱马公路”，即朱家官庄至马哥庄公路，途经南泉、棘洪滩、上崖等村，全长 16 千米，路基宽 5.3 米，是贯通城阳区西部乡镇的主要南北干线。日伪统治时期，南延至阴岛。阴岛更名为红岛后，易名为南红公路，即南泉至红岛公路，途经棘洪滩，全长 17.4 千米。肖东公路为肖家至东大洋的简易公路。

岙东公路棘洪滩段（2000 年）

三城公路棘洪滩段（2014 年）

1987 年，由南红、肖东两路合并为泉大公路，即南泉至东大洋公路，县道，途经棘洪滩、上马、红岛等村镇，全长 21.2 千米。后又经拓延，到 1991 年，全路长为 23.9 千米，其中技术等级三级路 10 千米、四级路 13.9 千米。1993 年，区政府对棘洪滩段 6.4 千米进行拓宽，路基由 6 米拓宽为 204 国道南 9 米、204 国道北 12 米，拓宽后的公路为二级公路。1998 年，该公路经山东省公路局批准升格为省道，与即墨境内的岙蓝路顺接，简称为岙东公路，棘洪滩段为岙东公路棘洪滩段。2008 年 10 月 9 日，区政府投资 4600 万元，对含棘洪滩段的 11.515 千米岙东公路进行大修，12 月 18 日竣工。

三城公路棘洪滩段 即三山岛至城阳公路棘洪滩段，亦称双元公路棘洪滩段。

2001 年第二次全国公路普查后，路线调整，将双元路和仙山路连接成三城线的延长线作为省道。2002 年 8 月，双元公路棘洪滩段扩建改造，2003 年 10 月工程竣工。该公路改造后全长 2.7 千米，宽度 70 米，为双向 6 车道，绿化面积 8 万平方米，安装路灯 165 盏，工程投资 5250 万元。

正阳路棘洪滩段 原名田城路，由田村至城阳，城阳建区后更名为正阳路，几经扩建后该路横贯城阳城区东西，是连接东西部的交通枢纽，东起惜福镇街道，西至河套街道。

1994年，对田城路进行扩建，并定名为正阳路。1999年，向西扩至绣城路；2001年，向东扩至青烟路；2002 年，东扩至惜福镇街道；2003 年，西扩至双元路；2004 年，建设三城路以西至胶州段；4 月，正阳路棘洪滩段竣工。该段全长 1097 米，路基宽 40 米，路面宽 27 米。

蓝古公路棘洪滩段　为县乡公路。该路棘洪滩域内分泉大支路和棘赵路两段。泉大支路是岙东公路的支线，为古岛至棘洪滩西岭 204 国道段，长约 3.6 千米，宽 10 米，1989 年始铺筑，投资 210 万元，1991 年 12 月竣工；棘赵路为棘洪滩西岭 204 国道至赵家堰段，全长 6.5 千米，宽 8 米，是在乡间小路基础上投资 180 万元改造加宽而成的混凝土公路，1987 年 3 月 4 日初修，1994 年 12 月复修。2009 年 5—10 月，区政府投资 1600 万元，对 204 国道至古岛段大修，大修后的路面为沥青路面，路面拓宽为 14 米。2010 年 3 月 5 日至 7 月 30 日，区政府投资 1690 万元，完成棘赵路 204 国道至赵家堰段路面大修，大修后的棘赵路长 5639 米，宽 7 米，路面为沥青路面。

团结公路棘洪滩段　为县乡公路。团结公路棘洪滩段张家庄至张哥庄公路，是贯通棘洪滩与上马两个街道的主要公路之一，总长 6157 米，硬化面积 5.28 万平方米，投资 500 多万元，其中棘洪滩段 3.8 千米，宽 10 米，1996 年 12 月 15 日完成混凝土铺筑通车。2009 年 5—10 月，投资 800 万元对该路进行大修，大修后的路面为沥青路面。

1987 年 3 月 4 日，棘洪滩镇召开棘赵路开工建设誓师大会

铁路

胶济铁路棘洪滩段 清光绪二十三年（1897），德国侵占青岛后，为攫取山东矿产资源，于光绪二十四年三月六日由德华银行、山东铁道分社和矿山会社3家联合，并由德意志等14国大银行投资，修建胶澳至济南铁路，简称胶济铁路；九月九日铁路开工建设，光绪三十年六月一日竣工通车，干线长395.2千米、支线长45.7千米，建设费用5290万德国马克。棘洪滩段自赵家堰桃源河铁路大桥入境，南万出境，全长10千米。

2004年3月，国家重点建设工程——胶济铁路电气化改造工程棘洪滩段全面动工建设。该工程占用棘洪滩街道土地约3000亩，涉及北万、韩洼、河南头、东毛家庄、赵家堰5个村庄，拆迁民房50间，建筑面积9000平方米；搬迁企业6家，占地80亩，建筑面积2万平方米，2006年10月正式通车。

南张铁路青岛盐业运输专用线 系胶济铁路的支线，起自即墨市南泉，止于上马街道张哥庄，全长13.89千米，为青岛建新盐化厂自管的盐业运输专线，途经棘洪滩域内港北、棘洪滩、下崖、上崖、古岛。

该铁路始建于20世纪30年代。1956年10月20日，由胶州盐务管理局投资，济南铁路局修建，1957年基本竣工。1958年11月6日，为支援滕县煤炭生产被拆除。1961年6月，由青岛铁路大修队重建，11月5日修复通车，承担原煤、精制盐、原盐、石灰石和农用物资的货物运输，无商业性客运。1985年，运行列车1133车次，货运量60880吨；1987年，运行列车812车次，货运量45705吨。此后，运力逐年下降。1988年后，青岛建新盐化厂设有铁路维修工区，有小型内燃机车1辆，专门负责铁路巡逻，关放道口架，更换道木、石子和路轨维修，该厂陆续投资60万元。20世纪90年代中期后，由于公路货运的冲击，铁路货运成本的增加，青岛建新盐化厂不再使用铁路货运。至2001年年底，将枕木更换成水泥枕，并修缮了坨底、货台等货运设施。

进入 21 世纪，南张铁路盐业运输专用线弃之不用。

中车青岛四方机车车辆股份有限公司铁路运输专用线 系南张铁路盐业运输专用线的支线。

1987 年，铁道部四方机车车辆工厂客车扩建系统建设后，经上级政府部门协调，用含 1 辆小型内燃机车在内的 100 万元，买下该专线永久性使用权。该线全长 3.6 千米，其中南张铁路至厂内 1.12 千米，主要用于企业生产物资的运输，该厂负责此路的维护和大修。

2001 年，该线货运量 2 万吨，发送机车 600 辆。随着企业生产能力的扩大，该线运输量逐年增加。

中央储备粮青岛直属库铁路运输专用线 系粮库修筑的铁路运输专用线。1999 年，中央储备粮青岛直属库在棘洪滩建成使用，粮库修筑铁路运输专用线，从南张铁路盐业运输专用线接轨支线 927 米，年货运量 10 万吨。

韩洼火车站 位于韩洼村东 0.5 千米处，为四等站，隶属青岛铁路分局车务段，1958 年 5 月建成，占地 400 平方米，建筑面积 200 平方米，固定资产 3.5 万元，管辖路段 6 千米。初建站时仅办理列车会让，于 1963 年开办客运业务。1987 年，火车站有铁路员工 18 人，日通客车 14 对，日乘客 50 人次，年发送和到达旅客各 4 万人次，出售季度车票 135 张，季度营业额 0.45 万元；日通货车 26 对，年营业额 2 万元。1990 年 12 月 23 日，胶济铁路即墨至沧口段复线开通后，关闭韩洼火车站，启用韩洼旅客乘降所。胶济铁路复线全线开通后，韩洼旅客乘降所撤销。

桥涵

域内道路成网，沟渠纵横，桥涵结构因地制宜，风格各异，形状不一，具有实用性和耐久性。

公路桥涵

域内岙东公路、204国道、双元公路棘洪滩段，泉大支路、棘赵路、徐院公路、团结公路等主要公路，共有圆形、方形、平板型等大小不一的涵洞41个，各种桥梁10座。

204国道洪江河石板桥 建于1966年8月25日，位于洪江河上，共有20孔，每孔2.5米，桥长62.6米，桥高3.2米，桥面净宽12米，桥面沥青铺装，人行道宽2米，可通行载重量15吨汽车。上部为条石盖板；下部为石砌轻型墩台，浆砌片石，八字翼墙，水流正常，河床土质。

204国道桃源河石拱桥 建于1967年7月1日，位于张家庄村西桃源河旧河道上，属永久性石拱桥。1986年加宽，共8孔，每孔跨径8米，桥长82.5米，高4.5米，沥青路面，净宽13米，人行道宽2米，可通行载重量15吨汽车。石桥上部为块石砌石拱，下部为石砌重力式墩台，浆砌石块，八字翼墙，水流正常，常水位深1.5米，宽46米，枯水位0.5米，河床黏土地质，块石护坡。

双元公路桥 1993年建成，是双埠至元庄公路横跨墨水河的大桥，位于皂户与前海西交界、双元公路7千米处，长165米，宽23米，11孔，每孔跨径15米，为钢筋混凝土板水泥桥，沥青路面，可通行20吨载重汽车。

铁路桥涵 域内有铁路涵洞41个，桥梁16座，其中胶济铁路棘洪滩段有涵洞32个，大桥7座，洪江河桥长54.1米，宽4米，高3.4米；桃源河桥长59.4米，宽6米，高2米；港北桥长5.8米，宽3.9米，高3.8米；下崖桥长5.8米，宽5.6米，高3.8米；上崖桥长7.2

南万公铁立交桥（1999年）

米，宽 4 米，高 3.5 米；古岛桥长 5.9 米，宽 8 米，高 3.8 米；四方机车车辆工厂客车分厂西侧桥长 38.4 米，宽 6 米，高 2.6 米。

南万公铁立交桥 1989 年，青岛市公路段与铁路部门协商，由铁路部门负责修桥，公路部门负责改线和立交桥下穿路线，在该段建设铁路在上、公路在下的公铁立交桥。同年 7 月开工建设，年底完成。

立交桥长度 44.2 米，4 跨径，其中中间上行、下行主车道跨径各 8 米，净高 5.5 米，两侧慢车道跨径各 6 米，净高 3.5 米；下穿路线及改线长度 3 千米，宽度 15 ~ 24 米，1989 年 10 月开工建设，1990 年 10 月竣工，投资 667.7 万元。

公路运输

货运 明、清时期，公路运输多为肩挑人抬。民国年间，盛行牲畜驮运，后发展到畜力车公路货运，行程多在即墨、胶州、青岛之间。中华人民共和国成立后至 60 年代，多靠独轮车、马车货运。60 年代后，拖拉机成为主要货运工具。70 年代后，汽车、拖拉机成为货运主力，社队企业原材料和产品的购销，均靠汽车运输。80 年代，随着改革开放和经济建设的发展，个体私营经济发展壮大，下崖、港北等一批汽车运输专业户出现。棘洪滩镇废旧金属回收加工等业的兴起，促进了公路货运的发展，废旧金属加工企业先后拥有自己的专业货运车辆。

棘洪滩镇最大的汽车运输车队是青岛城阳第一运输公司。该公司是经青岛市交通局批准经营的具有独立法人资格的民营运输企业，成立于 1984 年，拥有职工 200 多人，其中管理人员 20 人。到 2001 年，公司共拥有各种运输车辆 300 余部，主要用于公路货运，运输线路遍布华南、华东、华北、西南、西北、东北等 26 个省、市、区。

2001 年，运载工具迅速增长，全镇共有用于公路运输的各种大中小型拖拉机、汽车 984 部，其中汽车 687 部。此后，从事公路运输的汽车、拖拉机逐年增多，棘洪滩街道的公路交通运输持续壮大。

客运 20 世纪 60 年代初，棘洪滩域内无专业公共汽车客运，人们短途徒步，远出多行至南泉、城阳乘火车出行。1965 年，城阳长途汽车站由城阳村内迁至城阳东北部的城阳至烟台公路西侧后，在棘洪滩设立长途汽车站。同年，青岛市公交公司在域内始设汽车站，18 路公共客运汽车由板桥坊发至河套，途经棘洪滩域内，并设立车站，日发车 30 余次。

1981 年，青岛市公交公司汽车二场于李村再辟 18 路公交客运线路 3 条，分别为板桥坊—西大洋，板桥坊—孙西，李村—千佛山，均途经锦红滩。

20 世纪 80 年代，随着客运出租业的兴起，个体汽车客运业应运而生，青岛至胶州、胶州至即墨、黄岛至即墨、河套至板桥坊、河套至城阳、上马至李村等线路的个体客运车辆（俗称“小公共”）均途经棘洪滩域内，方便了人们的出行。

2000 年 3 月 8 日，城阳区交通局开通城阳至东毛家庄环城阳、棘洪滩两镇 6 路公交线路，途经棘洪滩镇 12 个村庄，采取 5 车连环每半小时 1 辆的发车形式，因客源稀少，秋后停发。2006 年 9 月 1 日，始发河套、上马经棘洪滩至城阳的小公共汽车停运，改由红岛至棘洪滩的西部公交线客运，共对开 12 辆公交车，每 15 分钟发车 1 辆，因客源不足，年底停运。此后，环城 4 路、5 路小公共汽车分别由青岛汽车北站经棘洪滩域内至上马、青岛汽车北站至前海西。

2010 年，由 18 路公交车更名的 118 路公共客运汽车有沧海路发往河套，所经域内站点不变；12 月 22 日，青岛公交集团城阳分公司开通从上马到城阳长城路站的 916 路公交车，该路线为无人售票线路，私营环城 4 路小公共汽车退出营运；12 月 29 日，最后一条小公共线路环城 5 路实现与 919 路公交车对接，标志着青岛市区小公共汽车全部退出营运，实现公交全覆盖。

至 2015 年，域内设有包括工业园区、社区站点 30 余个，通行线路班车 10 余条。

海上运输

港湾 域内虽然没有沿海岛屿人工港湾码头，但历史上羊毛沟畔古岛、上崖、下崖、棘洪滩以及前海西村东南、西南、村西墨水河、洪江河下游的悬沟陡崖等自然港湾，既停泊捕捞渔船，也泊位货运船只，对于海上捕捞、货运发挥了重要作用。这些泊船之地，无飓风恶浪，避风条件好，船只随潮水进出，靠近村岸，便于渔民、船工上下作业，且河底为泥质，船只无碰撞触礁之虞，是船只泊锚的理想之地。

20 世纪 80 年代后，由于海潮南退，海泥淤积，加之盐场改滩和海产品养殖无规律、无节制的开发，南万盐场羊毛沟大桥的建成，羊毛沟自然港湾地貌被毁废弃，但临近海西的洪江河、墨水河下游入海处仍可泊船。

进入 21 世纪，随着海潮的进一步南退，特别是青岛高新技术开发区开发建设，洪

20 世纪 90 年代墨水河下游泊船处

江河河道淤积回填，虽有泄洪功能，但前海西西南、洪江河下游的悬沟陡崖等自然港湾，不再适宜泊锚靠岸，墨水河经连年综合整治，建成一条风景优美的景观河，两岸石砌护坡，不适宜船只停靠。2006年后，域内再无船只，无需须泊船之地。

运输工具 中华人民共和国成立前，海运工具为木筏、排子、舢板。中华人民共和国成立后，海运工具为驳船、机帆船、机动船。

木筏始于明末清初，先民用6米多长，直径10厘米以上的竹竿或梧桐树干数根并排串扎在一起，载3～5人，顺风顺流以竹篙撑移或划桨行驶，多用于近海短程少量运输和捕捞。

排子亦称“小橛子”，单人用橹驾驭，可载2～3人，用于近海短程货运和捕捞。

舢板亦称“帆船”或“风船”，又称“流网船”“打网船”“钓钩船”，木质，底凸头尖，中间略宽，其中流网船船体最大，打网船船体次之，钓钩船船体最小。流网船竖杉木桅杆2～3条，打网船竖竹桅杆1条，钓钩船竖1小竹桅杆，船桅上置有风蓬，靠风力驱动，也可橹桨摇驶，根据船体大小不同，可载2～6人，载重5～6吨。舢板鱼汛期捕鱼，余则多用于货运。

驳船又名“驳子”，底扁平，舱宽敞，虽船体大，但吃水浅、装货多、易装卸。此船自身无帆蓬机器，水浅以篙杆撑移，水深靠机动船牵引，一艘机轮可拖驳船数艘，多用于盐运。

机帆船装有柴油机的帆船，可风力或机械动力交替使用，始兴于20世纪70年代，80年代末被机动船替代。

机动船用机械作动力的船只，具有顺风、逆风、顺流、逆流皆可行进，船行稳、速度快、抗风浪等特点，既用于运输，又用于捕捞。此船有木、铁制壳两种，以柴油机作动力。

海上货运 《胶澳志》载：“胶澳之海上运输，肇于唐而兴于宋，闽、浙商船时有往来……”

明嘉靖十八年（1539），含棘洪滩境域的即墨县大饥，沿海居民依赖海运度过荒年。

清代，胶州湾与沿海口岸贸易往来繁多，进出货物多达四十余种。海西海崖，棘洪滩、古岛、上崖、下崖村东的羊毛沟为帆船集泊地，泊船达300多艘，多为程哥庄、潮海、山角等的渔运两用船只和江苏、浙江、福建等地的货运船只，每船载重10吨以上，多者载重二三十吨。运输船只中，福建的钓船大者装货600担、小者200担以内，每艘船员25人以上，所载货物以纸为最，次之为竹竿、陶器、花席、砂糖等，回返则载黄豆、豆油、高粱、花生米、花生油、花生饼、胡萝卜、小米、地瓜干等物。江苏、浙江等地的货船所载货物多为棉花、芝麻、桐油等物，归则装载原盐、粮食、白菜和日用杂货。棘洪滩域内船只多往来于秦皇岛、连云港、威海、烟台、青岛、荣成、文登、乳山、海阳、日照、苍山等地，承运原盐、生猪、鱼虾、石料、粮食、香火、杂货等。

清末之后，因域内广辟盐场，产盐颇丰，盐运十分兴旺，前海西村的货运船只最多达80余只、近1500吨，主要向青岛大港码头运送原盐。海西、古岛、上崖、下崖、棘洪滩、南万等村村民从事民间近海货运，船运有自行独营，也有合伙经营，航运于山东沿海各口岸，将原盐、粮食、生猪、白菜、石料、鱼虾等土特产运往山东各地沿海。

中华人民共和国成立初期，人民政府积极扶植沿海人民开展海上运输，其中前海西村的56只帆船，除5只放流网从事渔业捕捞外，其余船只全部投入海上运输，多从盐场往返青岛港运输原盐。1956年8月23日，在农业合作化高潮中，以前海西村船户为主组织成立海西木帆船运输合作社，入社船只44艘、631吨，从业人员115人，其中管理人员4人。1960年1月，加入青岛市木帆船运输合作社，船只从公，人员转为国家正式职工。因船只上调，船工家属留村，给生产队带来极大困难，经交通部批准，于1961年1月将上调的船只、人员全部退回。船只、人员下放回生产大队后，由生产大队组成运输队，命名为崂山县前海西海上运输队，计有船只42只、720吨，主要向连云港、秦皇岛运送煤炭和建筑材料，返回载运粮食。

20世纪60—70年代，古岛、上崖、下崖、前海西、后海西等村均有大小不一、数量不等的船只，船员多则5人，少则2人，主要向青岛港运送原盐，或从崂山运回砂石、鱼虾，也从青岛运粪肥田，挖蛤蜊、海沙子积海肥。

20世纪80年代，伴随经济快速发展，公路建设步伐加快，机动车辆运输成倍增长，运输价格适中，其方便程度优于海运，替代之势日趋明显，特别是农村经济体制改革后，船只或承包，或转卖，昔日的海上运输船只转行渔业捕捞，海上运输日趋枯萎。

秋色涂抹

水源大镇

青岛是个缺水的城市，供水不足是制约青岛城市发展的重要因素。

为解决青岛水荒问题，党中央、国务院于20世纪80年代批准山东省引黄济青工程方案并付诸实施。棘洪滩水库作为该工程的蓄水终端，于1986年开建，1989年11月25日建成，设计总库容14568万立方米。棘洪滩水库的落成，使棘洪滩成为屈指可数的水源大镇。

至2015年，棘洪滩水库供应着青岛市市区90%以上的居民用水，同时承担着城阳区西部供水和黄岛区局部供水的任务。

棘洪滩水库是亚洲最大的人造坝筑平原水库，时任国务院总理李鹏题词："造福于人民的工程。"

棘洪滩水库

项目源起 1979年7月，邓小平视察青岛。其间，他了解到青岛自20世纪60年代后期开始就频现水荒。为解决这一困难，青岛市委、市政府先后从崂山水库、莱西产芝水库、平度尹府水库等处引水，但都未能从根本上解决问题。邓小平指出，青岛要发展，首先必须解决饮水的问题。在邓小平等中央领导的关心重视下，中央同意将莱西、平度两县划归青岛，后又批准了青岛市引黄济青方案。

项目落实 1982年1月，国家城建总局会同山东省有关部门在青岛召开青岛市水资源研究讨论会，提出引黄济青设想；2月，省水利勘测设计院提出《引黄济青工程查勘计划》，组成13人的规划设计组，对输水路线进行查勘；7月，省政府向国家计委呈报《青岛市供水工程计划任务书》；9月，国家计委、经委、水电部和城乡建设环境保护部派出专家进行现场考察，一致认为跨流域从黄河调水是解决青岛市供水的重要途径。

1984年7月4日，国务院副总理万里等领导到山东考察工作，在听取关于山东省引黄济青工程方案的汇报后，要求当年9月提出可行性研究报告，邀请全国专家进行论证。

1984年8月8日，山东省引黄济青工程指挥部成立，副省长卢洪任总指挥，省水利厅厅长马麟等4人任副指挥，省水利厅总工程师孙贻让任总工程师；9月15日，省政府第52次常务会议同意省水利厅提出的增加青岛每日供水55万吨的规划方案，确定对省水利勘测设计院引黄济青工程设计组完成的《山东省引黄济青工程可行性研究报告》（以下简称为《报告》）进行修改，由卢洪、朱奇民定稿，并负责开好论证会。9月23—26日，山东水利学会受中国水利学会委托，在青岛市召开引黄济青工程可行性研究论证会，同意《报告》中提出的工程方案；10月中旬，山东省水利厅编制《山东省引黄济青工程设计任务书》。10月29—31日，水电部受国家计委委托，会同建设部在北京召开《设计任务书》审查会。

1985年1月，国务院领导召集有关部门负责人讨论山东省引黄济青工程，指示要对明渠和管道方案做进一步比较。5月，国家计委下达《关于请进一步论证引黄济青方案的通知》，要求山东省进一步做好引黄济青工程方案的比较、论证工作。7月18—20日，《山东省引黄济青设计任务书修正说明》论证会在济南市召开，卢洪主持会议，大部分与会人员推荐明渠输水方案；7月26日，省政府第82次常务会议确定引黄济青工程采用明渠方案，由省水利厅会同省计委、建委，根据论证会的意见，抓紧修改《设计任务书》。8月2日，省政府将《关于兴建山东省引黄济青工程的补充报告》上报国务院；8月7—17日，卢洪一行15人赴京汇报《山东省引黄济青工程修正设计任务书》。10月19日，国家计划委员会批准《修正设计任务书》；12月10日，《山东省引黄济青工程初步设计》全部完成，由省水利厅上报省人民政府；12月25—29日，山东省人民政府商同水电部、建设部在济南齐鲁宾馆召开《山东省引黄济青工程初步设计》审查会，卢洪主持会议，会议认为《山东省引黄济青工程初步设计》符合国务院对《山东省引黄济青修正设计任务书》的批复精神，其设计深度和广度基本上达到国家规定的要求，设计的指导思想、总体布局、工艺流程等是合理的、可行的。

1986年4月2日，全国人大常委会委员长万里、中共中央书记处书记郝建秀在青岛八大关小礼堂查看引黄济青工程示意图，并和省、市领导及水利专家一起研究工程建设，要求集思广益付诸实施。同年，省政府印发《关于〈山东省引黄济青工程初步设

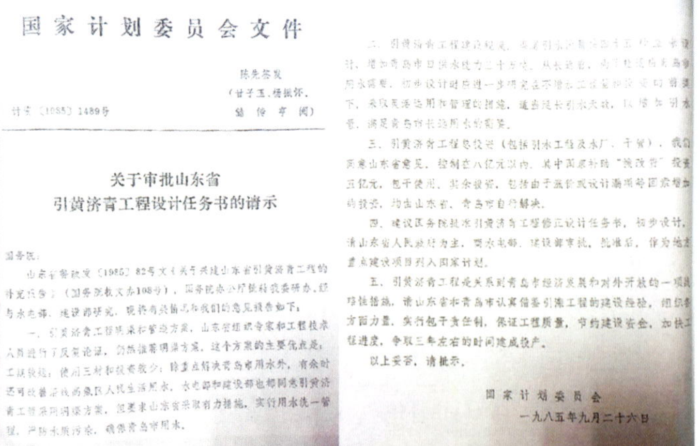

国家计划委员会文件

计字〔1985〕1489号

陈先签发
（甘子玉、杨振怀、
骆伶亨阅）

关于审批山东省
引黄济青工程设计任务书的请示

国务院：

……

五、引黄济青工程是关系到青岛市经济发展和对外开放的一项战略性措施，请山东省和青岛市认真借鉴引滦工程的建设经验，组织各方面力量，实行包干责任制，保证工程质量，节约建设资金，加快工程进度，争取三年左右的时间建成投产。

以上妥否，请批示。

国家计划委员会
一九八五年九月二十六日

《关于审批山东省引黄济青工程设计任务书的请示》

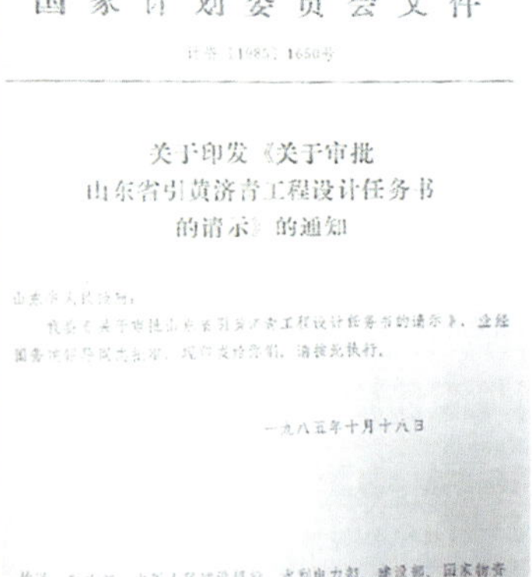

国家计划委员会文件

计资〔1985〕1650号

关于印发《关于审批
山东省引黄济青工程设计任务书
的请示》的通知

一九八五年十月十八日

《关于印发〈关于审批山东省引黄济青工程设计任务书的请示〉的通知》

计〉的批复》文件，引黄济青工程转入施工准备阶段。1986 年 4 月，省委、省政府成立引黄济青工程指挥部，卢洪任总指挥，有关市、县也成立了引黄济青工程指挥部。工程建设以招标竞争的方式，组织省内外200余家专业队伍、千余名指挥者和工程技术人员、近百万民工参加工程建设。

水库建设 1986 年 4 月 15 日，山东省引黄济青工程开工典礼在棘洪滩水库配套工程——胶县桃源河改道工地举行。桃源河改道工程由驻鲁部队承建，解放军投入 1 个旅和 4 个团、5000 余名官兵昼夜施工，其中魏家庄、张家庄进驻参加桃源河改道工程的解放军官兵近千名，工程于 1986 年 7 月 10 日竣工；12 月 4 日，山东省引黄济青工程指挥部委派青岛市引黄济青工程指挥部与水电部第五工程局第一分局签订棘洪滩水库施工合同，并于 1987 年 4 月正式施工。1988 年 4 月，水电部第五工程局第二分局分包承建 1.3 千米水库大坝；10 月，铁道部第三工程局承建 1.4 千米水库大坝。此后，又有多个施工单位参加施工。工程施工高潮时，共有 10 多个建设单位，360 台（套）大型机械，3000 多名建设者投入。

棘洪滩水库坝体为黏土结构，内砌石护坡，外植棉槐等植被保护。建设棘洪滩水库，工程总投资 13471 万元，共完成开挖量 44917 万立方米，动用土石方 67.5 万立方米，坝体填筑量 903 万立方米，砌石 20.15 万立方米，开挖库区排水沟 10.25 千米，暗渠 20 多千米，铺设通往青岛市区的地下管道 100 多千米，搬迁胶县杨家庄和即墨县桥西头、

山东省引黄济青工程棘洪滩水库施工现场（1986 年）

造福于人民的工程——山东省引黄济青工程棘洪滩水库（2000 年）

新立以及崂山县毛家屋子、徐家屋子 5 个村庄，3100 多人。水库建设占用崂山县耕地 13351.41 亩，涉及棘洪滩镇 10 个村庄和 1 个单位的耕地，毛家屋子、徐家屋子、西毛家庄 3 个村的土地全部或基本全部被征用，村民由农业人口全部转为非农业人口，毛家屋子、徐家屋子两个村 173 户、691 人全部迁徙。

1989 年 11 月 25 日，经过千余名指挥员和工程技术人员、万名解放军官兵、百万名建设者历时 3 年 7 个月的团结奋斗，山东省引黄济青工程圆满竣工。山东省委、省政府在潍坊市王褥泵站举行山东省引黄济青工程通水仪式。同日 15 时 27 分，黄河水进入棘洪滩水库；12 月 9 日 16 时 25 分，棘洪滩水库向青岛市区正式供水，从根本上解决了青岛市缺水的老大难问题。

山东省引黄济青工程棘洪滩水库，坐落于青岛市城阳区棘洪滩街道西北部，横跨即墨市、胶州市和城阳区三市区交界处，库区占地 14.422 平方千米，围坝长 14.227 千米，坝顶均高 14.24 米，最大坝高 15.24 米，坝顶宽 8 米，设计水位 14.2 米，总库容 14568 万立方米，调蓄库容 11018 万立方米。水库从博兴县打渔张引水闸引水，渠水流长 290 余千米，跨越 14 个市县。黄河水进入棘洪滩水库后，经库东输水口入日处理 36 万立方米的清水消毒加压站处理后，以124平方米/秒的流量，每天向青岛市供水50万立方米，年供水1.3亿立方米，供应着青岛市市区90%以上的居民用水。2005年起，棘洪滩水库又承担了向黄岛区每年供水1000万立方米的供水任务。

库区移民

搬迁 山东省引黄济青工程棘洪滩水库动工建设后，毛家屋子、徐家屋子2个村土地被工程全部或者基本全部征用，其中徐家屋子村淹没库底。1986年11月29日，毛家屋子、徐家屋子村2个村在棘洪滩西岭，204国道北侧，中华埠村南，由山东省引黄济青工程投资299万元，征地333亩，建起整齐划一的平房、楼房相间的新村。1987年7月3日和1988年3月，两个村的居民陆续迁入新居。

赵家堰村地处棘洪滩街道最西北部，位于“鸡鸣三县”的即墨、胶州、城阳三市区交界处，北依胶济铁路，西靠桃源河，南临山东省引黄济青工程棘洪滩水库堤坝，不仅地势涝洼，且地处偏僻，交通不便，特别是棘洪滩水库建成后，改变了地域周边的排水环境，夏秋时节洪涝灾害时有发生，全村120户、345人生产生活极为不便，群众搬村迁居愿望强烈。1995年10月，该村在棘洪滩西岭，中华埠村南，毗邻毛家屋子和徐家屋子新村征地157.94亩，其中耕地74.05亩、非耕地83.89亩，投资500万元，进行新村建设，所建新居均为楼房，全村建筑面积18200平方米，其中民居建筑面积1.1万平方米、公共建筑面积800平方米、生产建筑面积6400平方米。1997年8月15日，村民整体迁居。

安置 1987年，毛家屋子、徐家屋子、西毛家庄3个农转非村共有467户、1107人，仅安排就业349人，未就业人员由国家提供平价粮油。1993年，国家粮油价格放开后，

1986年11月29日，毛家屋子、徐家屋子新村奠基

赵家堰新村（1998 年）

不再提供平价粮油，但由于 12 月粮价上涨幅度过大，直接影响群众生活。1994 年 3 月 1 日，青岛市财政局比照市区在职人员对其实行粮油补贴，每人每月享受 19.8 元补助；12 月 14 日，青岛市财政局下发青财商〔1994〕40 号文件，把补贴标准提高到每人每月 30 元。2000 年 8 月 10 日，城阳区政府确定新的补贴标准为：18 周岁以下每人每月增补 50 元，19 ~ 44 周岁每人每月增补 30 元，45 ~ 59 周岁每人每月增补 40 元，60 周岁以上每人每月增补 60 元。2002 年 7 月 31 日，城阳区政府第 3 次常务会议确定自 2002 年 1 月 1 日，对男年满 55 周岁、女年满 50 周岁的库区移民，参照城阳区 2002 年城市居民最低生活保障线每人每月 192 元的标准全额发放生活补贴，并在此后随城阳区城市居民最低生活保障线调整而作相应调整。对不满 18 周岁的人员，仍发放生活补贴，但生活补贴不发到本人手中，改投农村社会基本养老保险，待男年满 55 周岁、女年满 55 周岁后，领取基本养老保险金，但 2007 年 7 月 31 日户口迁入人员（不包括新出生和婚嫁迁入）和 2007 年 7 月 31 日后户口迁入人员（包括新出生、婚嫁迁入）不享受此待遇。

1987 年 6 月 1 日，对山东省引黄济青工程占地村小胡埠、中华埠、段家庄 3 个村缺粮农民的口粮按统销粮供应，全年口粮（原粮）不足 230 千克的补助到 230 千克，每人每年发放 165.5 千克统销粮。1990 年，由发供应粮改发粮食补贴，每人每年 88 元。2004 年，调至每人每年 150 元，相当于 3 袋面粉的价格标准。2011 年 1 月 1 日，粮食补贴仍按每人每年相当于 3 袋面粉的价格标准，调整为每人每年 240 元，其中区和街道财政分别负担 2/3 和 1/3。

帮扶 2004 年 10 月 20 日，投资 99.1 万元，历时 1 个月的库区移民困难村自来水安装工程竣工。该工程从中华埠供水站黄河水出口引水，铺设管道3.5万米，日供水量1000立方米，改善了小胡埠、段家庄、东毛家庄、西毛家庄、毛家、徐家屋子饮水。

2006年3月16日至6月26日，棘洪滩街道投资396万元，其中市、区财政各拨付100万元，实施库区移民村及周边村道路建设，完成含韩洼至北万的中华埠、西毛家庄、段家庄进村土路的硬化，总长度6.97千米。5月17日，国务院下发《关于完善大中型水库移民后期扶持政策的意见》，自2006年7月1日，对大中型水库移民再扶持20年，扶持标准为每人每年600元，转为非农业户口的农村移民不再纳入后期扶持范围。10月2日，中华埠、小胡埠、段家庄、东毛家庄4个社区被确定为生产安置村；10月8日，根据青岛市人民政府办公厅青办发〔2005〕17号文件《关于加快解决库区移民村问题的意见》精神，对毛家、西毛家庄、段家庄、小胡埠、中华埠5个社区实施库区移民帮扶工程，建设通用厂房，增加集体和居民经济收入。该工程投资1427.2万元，占地94亩，建筑面积27122平方米，2007年上半年竣工，对外租赁后，每年可为社区增加集体经济收入200余万元。

2007年9月18日，作为库区移民帮扶工程的段家庄幼儿园交付使用。该工程建筑面积348平方米，在驻该村城阳区“三帮一”（区直单位+强企+强社区对口帮扶一个班子软、经济弱的社区）工作队的帮扶下，投资35万元建设。

2009年3月20日，东毛家庄投资23.62万元，铺筑混凝土路面3060平方米，砖砌排水沟304米，工程于4月30日竣工；5月1日，徐家屋子投资1.68万元，铺筑混凝土路面288平方米，工程于5月10竣工；6月1日，小胡埠投资75.66万元，铺筑混凝土路面4180平方米。这些工程均得到库区移民工程专项资金扶持。

2010年，小胡埠社区用5个月工期，完成街巷硬化7.03千米，面积3.24万平方米，砖砌排水沟4.92千米，铺设混凝土管道702.25米，工程投资309.02万元，全部利用库区移民工程专项资金。

2011—2014年，每年投入大中型水库移民后期扶持资金80万～100万元，用于小胡埠、中华埠、段家庄、东毛家庄4个社区的社会养老、医疗保险补助。

2013年春，使用大中型水库移民后期扶持资金200万元，完成小胡埠社区自来水改造工程。

2015年，投入大中型水库移民后期扶持资金590万元，建设中华埠社区集体增收项目花卉大棚4座、8000平方米；投入大中型水库移民后期扶持资金41.34万元，帮助段家庄社区购置集体增收项目网点房；投入库区移民工程专项资金24.768万元，用于小胡埠、中华埠、东毛家庄 3 个社区居民的社会养老、医疗保险补助。

西部供水

机构成立 为解决西部工业园区和群众生活用水问题，1661 年 1 月 10 日，青岛市人民政府、山东省引黄济青管理局青岛分局、青岛市自来水公司、四方机车车辆工厂棘洪滩客车分厂、棘洪滩镇人民政府等 9 个单位进行专题研究，决定建立西部供水厂。所建水厂占地 49.66 亩，按日供水 3 万吨能力设计，日供水 1 万吨能力施工，铺设送水管道 3184 米，总投资 338 万元。1993 年 8 月，水厂建成后被崂山区水利局接管，称为崂山区水利局西部供水处；1994 年城阳区建立后，更名为城阳区水利局西部供水处。

“引黄入户”工程 1994 年 12 月至 1995 年 6 月，棘洪滩镇从城阳区西部供水处铺设管道 3800 米，实现摩天岭区域供水。同时，从港北铺设管道 2100 米，引水至徐家屋子，解决该区域供水紧张的问题。1995 年 9 月 19 日至 1996 年 4 月，棘洪滩镇按照供水标准 35 千克 / 人・天，日供水总量 2750 吨设计，铺设管道 8 条，长 3789 米，造价 55.2 万元，解决了 18 个村的生活用水。

1996 年 5 月 6 日，西部供水处进行供水工程扩建，建设日处理水 2 万吨水厂 1 座，铺设输水管道 3.2 千米，工程量 3 万立方米，投资 2000 万元。

1997 年 3 月 1 日至 5 月 15 日，前海西、后海西 2 个村共投入资金 153.87 万元，其中市、区财政补贴 32.96 万元，铺设 160 毫米塑料管道 2300 米，从城阳区西部供水处引水，使 2 个村 2300 多户、7500 多人饮用上黄河水。

1999 年，中华埠村对自来水工程实施改造。投资 70 余万元，铺设主管道 2.5 千米、支管道 3 万米，实现自来水入户。

2001 年 2 月 18 日，西部供水处再次对供水工程进行扩容，完成 2 万吨水厂设备安

山东省引黄济青工程棘洪滩水库全貌（2000 年）

装，建设 1000 立方米蓄水池 2 座、渠道泵站 1 座，工程量 1.6 万立方米，投资 720 万元。供水处经 2 次扩建，除满足棘洪滩镇供水外，还负责上马、河套、红岛 3 个镇的生产生活用水。

2004 年 4 月 5 日，由城阳区西部供水处承担 500 万元，棘洪滩街道办事处承担 250 万元的棘洪滩供水工程开工建设，于 2005 年 5 月竣工。工程铺设 800 毫米水泥管道 3.36 千米、600 毫米水泥管道 3.87 千米，日输水能力达 3.3 万立方米，有效解决了青大工业园供水不足问题。

2005 年 6 月，城阳区西部供水处管网配套工程开工建设，自山东省引黄济青工程棘洪滩水库水厂至西部供水处铺设 800 毫米水泥管管道 4.73 千米，由棘洪滩水库水厂向城阳区西部供水处管网供水，日供水能力增加到 4.5 万立方米，为棘洪滩、上马、河套、红岛 4 个街道、69 个社区、726 家企事业单位的 16 万余人工业生活用水提供可靠保证，彻底改变城阳西部居民的“水荒”和水质不达标问题。

人造坝筑平原水库（2000 年）

园区强镇

20世纪90年代始，域内不断调整产业结构，扩大招商引资力度，吸纳科技型、生态型、智慧型的现代化工业产业，打造园区强镇。

至2015年年底，青岛最大的橡胶工业园——青岛橡胶工业园、国家“863”计划项目产业化基地——青岛新材料工业园、青岛市六大重点物流园区之一——青岛城阳物流产业园等相继落户域内，涵盖电子信息、机械加工、海洋生物、纺织服装、食品药品、橡胶和现代物流等行业，成为棘洪滩经济持续发展的支柱。

橡胶工业园

青岛橡胶工业园坐落于金岭工业区内，2000 年 12 月 26 日成立，占地 2000 亩，是青岛市十大工业园区之一，核心企业为青岛黄海橡胶集团股份有限公司和青岛橡六集团有限公司。2015 年，青岛橡胶工业园完成产值 18.6 亿元，外贸出口 5.2 亿元。

青岛黄海橡胶集团 前身为青岛太阳鞋厂，始建于 1933 年。1945 年，成立齐鲁企业股份公司青岛橡胶厂。中华人民共和国成立后，成为全民所有制企业，更名为山东橡胶总厂。之后，企业名称和隶属关系多次变更。1979 年，定名为青岛第二橡胶厂，隶属青岛市橡胶工业公司。因其产品畅销全国，享有国内橡胶“四大家族”美誉。1994 年 7 月，青岛市橡胶工业公司撤销，以青岛第二橡胶厂为核心组建青岛橡胶集团公司。2000 年，按照现代企业制度要求，组建青岛黄海橡胶股份有限公司，实现集团规范化运作。年底，以青岛橡胶（集团）有限责任公司为主体，成立青岛黄海橡胶集团有限责任公司。随后以此为核心，以青岛胶带（集团）有限责任公司、青岛同泰有限责任公司、青岛双蝶集团股份有限公司、青岛橡胶制品有限责任公司、青岛橡胶机械厂、青岛钢丝绳厂、青岛橡胶工业供销总公司、青岛橡胶工业研究所、青岛橡胶工业设计院、青岛橡胶机械联合公司、青岛前卫炭黑化工厂（原 9732 工厂）11 家企事业单位作为紧密层企业，组建青岛黄海橡胶集团。

2000 年，青岛黄海橡胶集团有限责任公司计划在青岛橡胶工业园总投资 40 亿元，建设 12 个项目。至 2003 年年底，投资 16 亿元的国家“九五”重点项目“270 万套轮胎结构调整项目”竣工投产，企业平均月产值和日产量分别达到 2.45 亿元和 11028 条的历史最高水平。全钢载重子午线轮胎和半钢轿车、轻卡子午线轮胎，日产量分别创下 2178 条和 5555 条的历史新高纪录。2005 年，青岛黄海橡胶集团炼胶和全钢子午胎生产线迁至橡胶工业园。重新组建的企业在子午线轮胎轻量化设计、配方调整、硫化测温、轮胎

青岛黄海橡胶集团（2008 年）

的剖析试验等方面的研究和开发取得初步成效。企业厂区占地 38 公顷，有职工 6233 人；实现营业收入 34 亿元、利润 0.9 亿元，工业增加值 6.6 亿元，出口交货值 7 亿元。在轮胎、胶管、输送带及乳胶制品生产领域，具有国内领先的技术水平，生产的“黄海”牌载重汽车轮胎、乘用汽车轮胎、工程机械车辆轮胎、农用机械轮胎，可提供子午线轮胎和斜交轮胎共 80 多个规格、300 多个品种。

2007 年，青岛黄海橡胶集团从青岛市区整体迁至青岛橡胶工业园，成为中国化工集团橡胶总公司的国有独资企业，占地 39 万平方米，建筑面积 19 万平方米，注册资本 1 亿元，固定资产 7.12 亿元，职工 1130 人，配有供热中心、变电站、污水处理站等生产配套设施，率先通过 GB/TI 9001—ISO 9001 质量体系认证和产品质量认证，是国内首批获得“双认证”的企业。拥有国家级技术中心、博士后流动工作站、国家重点试验室等科研机构，为国内多家轮胎企业输送众多技术、管理人才，被誉为全国轮胎行业的“黄埔军校”。先后投资 18 亿元，建成年产 180 万套全钢载重子午胎和 600 万套半钢轻卡轿车子午胎两大系列 150 多个规格、400 多个品种的轮胎生产基地，跻身国内轮胎行业前列。炼胶中心拥有 12 条密炼胶生产线，年产混炼胶 25 万吨，为亚洲最大的炼胶中心。胶囊厂采用国际一流的生产设备和工艺，年产胶囊 5 万条。企业拥有“黄海”“力霸”“路通达”“海奥”四大自主民族品牌，是山东省和中国名牌产品，拥有山东省著名商标，研发的多种产品多次被评为省市和国家级新产品，获得国家优质产品金、银质奖，山东省科学技术奖，国家质量管理奖，产品畅销欧美、东南亚、大洋洲、非洲等国家和地区。

青岛橡六集团有限公司 前身为青岛橡胶总厂第三分厂，始建于 1952 年。曾用名有国营青岛第六橡胶厂、青岛第六橡胶厂，主要从事输送带产品设计和制造。1999 年，企业改制为国有独资企业，成立青岛胶带（集团）有限责任公司。2001 年，青岛胶带（集团）有限责任公司正式更名为青岛橡六集团有限公司。

2009 年 5 月 21 日，由中国化工集团投资 7 亿元，从青岛市区迁至青岛橡胶工业园。企业属国有独资企业，隶属于中国化工集团橡胶总公司，占地 0.2 平方千米，建筑面积 10 万平方米，注册资本 1.1288 亿元，资产总额 6.8 亿元，职工 500 人，年产输送带 2500 万平方米，是国内大型从事输送带设计、研发、制造、销售的专业生产厂家之一。先后通过 GB/TI 9001—2000 标准质量管理体系认证、GB/T 24001—2004 标准环境管理体系认证、GB/T 28001—2001 标准职业健康安全管理体系认证。拥有中国第一家高强度输送带生产基地和国家级技术中心，完成国家重点项目及国家级新产品项目 20 多项、技术开发项目 60 多项，产品拥有完全自主产权，有专利技术 16 项，其中国际发明专利

青岛橡六集团（2010 年）

3项、国家发明专利7项，是青岛市高新技术企业。企业拥有“橡六”“中华”两大著名输送带品牌，产品先后获得青岛、山东和中国名牌，中国驰名商标等称号，其全面的质量管理体系，先进的检验设备，为产品质量提供可靠的保证。生产的两大品牌高强力输送带广泛应用于煤炭、矿山、港口、水泥、电力、钢铁6大行业中，销往国内30个省、市、自治区，市场占有率居全国前列，并远销欧洲、美洲、亚洲等几十个国家，综合经济实力在同行业中首屈一指。2015年，完成产值5.326亿元，实现利税2407万元，利润1891万元。

国家“863”计划项目产业化基地

2001年5月18日，青岛新材料工业园成立于青大工业园区，是青岛市重点发展的四大产业之一，是国家“863”计划（国家高技术研究发展计划）项目产业化基地、国家重点实验室成果转化生产基地和国家火炬计划青岛新材料生产基地。

青岛新材料工业园（2005年）

工业园部分新材料产品（2005 年）

园区核心区占地 100 公顷，按照科技型、生态型、现代化工业园区进行规划，具有技术创新基地、高新技术企业孵化基地、创新创业人才聚集培养基地、高新技术产业辐射基地 4 项基本功能。

园区经过多年的发展，建立起一支有百余名的专家、教授和科研人员的队伍，拥有省级以上企业技术中心和研发机构 4 个，国家级公共服务平台 1 个，研发投入 3.6 亿元，专利申请 845 项，引进和培育 30 余家新材料产业企业群体，以青岛国恩科技股份有限公司、青岛乾运高科新材料有限公司、青岛润兴塑料新材料有限公司、青岛旭域土工材料有限公司等骨干企业为依托，重点引进和发展无机非金属新材料，金属新材料，高分子新材料，材料的先进设备、成型、加工技术及高性能产品，精细化材料等五大领域项目和电池及电池材料，形成以先进陶瓷无机非金属材料、锂离子电池材料、高性能塑料合金材料、生物环保材料、新型绿化建材和土木合成材料为主体的产业群体，涵盖高分子材料、锂电池材料两大领域，产品广泛应用于家电、汽车、电子产品等领域。

2015 年，完成产值 86.87 亿元，出口交货值 22.47 亿元，实现利润 3 亿多元。

青岛国恩科技股份有限公司 成立于 2000 年 12 月，占地 11.2 公顷，注册资本 6000 万元，是国家高新技术企业、青岛市首批创新型企业、青岛市创业明星企业，于 2015 年成功上市。主要产品为改性塑料粒子、改性塑料制品两大类，产品广泛应用于家电、汽车、电子产品领域，其中主导产品之一“国恩”牌贯流风扇被评为青岛市名牌产品。随着企业生产规模和组织机构的不断优化，实现了跨越式发展，拥有浙江长兴、江苏南京、安徽合肥3个分公司。企业建有一整套严格的内部质量控制体系，建立起国内同行业领先的检测实验室，技术中心为市级企业技术中心，与国内多家知名家电和汽车厂商结为战略合作伙伴。2015年，完成产值7.5亿元，出口交货值0.123亿元，实现利润0.8237亿元。

青岛乾运高科新材料有限公司 于2004年3月9日落户青岛新材料工业园，是一家从事大型动力电池、储能电池、大型不间断电源，以及笔记本电脑电池、手机电池，数码产品电池、矿灯电池、等锂离子电池中正极材料研发生产的企业，是研发生产高技术新材料的科技密集型企业，是国家高新技术企业和国家火炬计划重点高新技术企业，国家重点支持发展的行业。企业拥有省级企业技术中心以及大型锰酸锂生产线10条、磷酸铁锂生产线8条、三元材料生产线6条，年产锰酸锂材料8000吨、磷酸铁锂材料1500吨、三元材料2000吨。产品以锰酸锂、磷酸铁锂、三元材料为切入点，形成十大系列数十种规格，其中锰酸锂、磷酸铁锂、镍钴锰酸锂等产品通过国家科技成果鉴定，技术水平达到国际先进、国内领先水平，尤其锰酸锂被认定为国家重点新产品。2015年，完成产值1.32亿元，实现利润0.143亿元。

青岛润兴塑料新材料有限公司 成立于2008年5月，位于青岛新材料工业园核心区，是青岛大学高性能聚合物研究物中试与产业化基地。企业拥有双螺杆挤出生产线近20条，年产能力超过3万吨，是以塑料色母料、功能母料、高性能改性塑料的研发、生产、销售和服务为主的创新型企业，产品主要应用于家电、汽车、电子、工程、包装等行业。2015年，企业完成产值1.136亿元，实现利润578万元。

青岛金岭工业区

园区沿革 于1992年5月18日成立，始称锦城开发区，后更名为金岭开发区。1993年1月22日，被青岛市人民政府正式批准为金岭工业园，是青岛市批准的沿烟青

金岭工业区（2005年）

公路、青济公路、环海公路“三线”设立的55个工业园区之一。2001年8月31日，青岛锦绣工业园成立。该园区地处棘洪滩街道北部，为204国道桃源河至摩天岭段以北区域，规划面积7.8平方千米。2003年4月3日，青岛金岭工业园与青岛锦绣工业园合并为青岛金岭工业区，园区规划为26.1平方千米，分为工业区、生活区、商住娱乐区和管理服务区。

规划发展　金岭工业园位于棘洪滩镇西部，204国道南侧，南张铁路青岛盐业运输专用线以西，开发建设面积2平方千米，分为工业区、商业区、娱乐区。随着对外开放的深入和园区建设开发的不断拓展，金岭工业园按照国家一流开发区的规划设计标准，由山东省城乡规划设计院等进行总体规划和完善，修订完善后的金岭工业园总规划面积13.8平方千米，其中一期规划面积6.71平方千米，将功能区域调整为工业区、生活区和管理服务区等。

青岛金岭工业区成立后，一期开发配套14平方千米，基础设施建设实现“九通一平”，成为规划高标准，园林式特色突出，吸纳科技含量高、附加值高、投资大的精品项目，园区服务向深层次发展的高、特、精、深的工业园区，形成以高速列车、电子信息、机械加工、海洋生物、纺织服装、食品药品和橡胶等为主导的产业。到2010年，金岭工业区累计完成基础设施建设投资3.5亿元，吸引10多个国家和地区的294家内外资企业到此投资创业，其中外资企业95家、内资企业199家，合同利用外资5.4亿美元，实际利用外资 1.98 亿美元，合同利用内资 187.48 亿元，实际利用内资 110.62 亿元。

青大工业园

园区沿革 始称青岛台商国际工业园区，简称为青台工业园，于 1995 年 5 月 7 日设立。1998 年 7 月 8 日，因青岛市与韩国大邱广域市结为友好城市，为方便工作开展，将青岛台商国际工业园更名为青大工业园。1999 年 10 月 29 日，青大工业园与青岛市人民政府确定的青岛市民营科技工业园暨青岛市私营经济工业园共享一个园区。

青大工业园（2010 年）

规划发展 工业园位于棘洪滩镇东部，东临胶济铁路，西邻洪江河，南至前海西、后海西村，北到204国道，规划开发面积6平方千米，开发时间为6年，其中一期开发面积1.2平方千米，开发时间2年，是以工业为主体，集工业、商业、住宅、休闲于一体的综合性开发区，园区开发计划投资7亿元人民币，其中一期投资1.5亿元人民币。1999年10月园区共享后，棘洪滩镇聘请山东省城乡规划设计院等对园区进行细致的规划完善，规划面积30平方千米，其中一期规划面积16平方千米，按区域功能划分为外商投资区、高新技术产业区、高新技术成果孵化基地、高教区、商贸居住区5个区域。2001年后，对青大工业园区再次进行规划，使一期规划面积达16.9平方千米，不断完善园区的基础设施建设，水、电、路、通信等各项配套面积达13.2平方千米，园区基础设施实现“九通一平”，形成以电子信息、海洋生物、新材料、纺织服装、医药食品、石油化工、商贸物流为主导的科技型工业园区。到2010年，青大工业园累计完成基础设施建设投资2.6亿元，吸引10多个国家和地区的260家内外资企业前来投资发展，其中外资企业176家、内资企业84家，合同利用外资8.9亿美元，实际利用外资4.3亿美元，合同利用内资80.7亿元，实际利用内资47.4亿元。

青岛城阳物流产业园

园区成立 2008年12月27日，青岛物流分拨交易中心落户棘洪滩，标志着青岛城阳现代物流产业园成立。该园区东靠墨水河，西邻洪江河，南依正阳路，北至前海西社区，占地1700亩，是青岛市六大重点物流园区之一。

规划发展 产业园规划为2个功能区，其中综合物流区占地1400亩，主要用于发展物流产业；综合配套服务区占地300亩，主要为园区物流企业生产生活提供配套服务。

2009年始，产业园先后投资6000万元，对园区进行水、电、路、通信等基础设施建设，实现“九通一平”，吸引了近百家知名物流企业的入驻营运，其中包括投资6000

青岛城阳物流产业园（2010 年）

万元，占地 103 亩、储棉 5 万吨的青岛地区唯一专营原棉、化纤等纺织基础原料的青岛市棉花交易市场；投资 3.75 亿元，占地 200 亩的上海宇培物流；投资 8 亿元，建筑面积 7.5 万平方米的青岛物流分拨交易中心；投资 1000 万美元，占地 30 亩的台湾联强国际物流；投资 42 亿，占地 805 亩，建筑面积 97 万平方米的青岛雨润国际物流；投资 7 亿元，占地 200 亩的青岛烟草物流；投资 9000 万美元，占地 150 亩，建筑面积 10 万平方米的世界 500 强企业香港华润万家物流；投资 1.5 亿元的葡萄酒物流；投资 1.5 亿元，占地 48 亩，建筑面积 3 万平方米的锦润供应链物流；投资 1.5 亿元，占地 10 亩，建筑面积 5000 平方米的洁神集团总部；投资 2.5 亿元，占地 50 亩，建筑面积 3 万平方米的申通物流；投资 1.5 亿元的中国物流，以及中远物流、航空物流、普洛斯物流等，使物流产业成为棘洪滩街道第三产业新的经济增长点。

动车小镇

1986 年，作为国家“七五”期间的大型建设项目——铁道部四方机车车辆工厂客车扩建系统落户域内。2004 年，四方机车车辆工厂整体迁至棘洪滩，带动域内轨道交通产业迅速发展。

2011 年，棘洪滩调整产业结构，将高速列车产业作为核心产业，打造国内最大的高速列车产业化基地。为进一步推动轨道交通产业的发展，先后 3 次对轨道产业园区进行规划，明确以产兴城、产城融合、镇园一体，加速实现新型工业化、新型城镇化，建立世界级动车小镇。

动车小镇总面积 27.3 平方千米，按功能划分为核心产业区、城市生活区、基础产业区、产业服务区，突出自然化、生态化、人性化，建设胶州湾北岸最具活力的经济聚集带和宜业宜居的现代化产业新城。

建设规划

概念性规划 2011 年，棘洪滩街道根据产业布局，突出重点，将城镇建设调整为以高速动车产业为核心，以建设世界级小城市为目标，打造现代化、世界级特色动车小镇，对动车小镇初步规划。其范围与城阳高速列车产业园区重叠，即东起洪江河，西至金岭 5 号路，南起金岭 14 号路，北至锦绣 1 号路，规划面积 15.5 平方千米，其中动车产业核心区（高速列车研发、设计、调试以及装配等上游产业）4 平方千米、配套产业区（高速列车下游配套产业）5.5 平方千米、商务区（商务办公、金融、休闲娱乐等产业）0.5 平方千米、生活区（低密度、生态型高端居住区）5.2 平方千米、动车公园（科普性、趣味性高速动车产业旅游观光、动车博物馆）0.3 平方千米。规划期为 2011—2020 年，其中近期 2011—2015 年，远期 2015—2020 年。

控制性规划 2013 年 7 月，棘洪滩街道根据动车小镇建设的推进，结合《青岛轨道产业开发区总体规划》的实施，城镇建设确定以加快建设宜居幸福的胶州湾北岸新城为目标，以打造现代化、世界级动车小镇为主攻方向，以新型工业化、新型城镇化为突破口，坚持以产兴城、产城融合、镇园一体，突出自然化、生态化、人性化，加快独具特色的动车小镇建设，棘洪滩街道成为胶州湾北岸最具活力的经济聚集带和宜居宜业的现代化产业新城。规划动车小镇以轨道交通装备制造产业为主导，集居住、休闲、商贸、文化、旅游等功能于一体，以成为产城融合、宜业宜居的产业新城为目标。其定位是现代化、世界级动车小镇，生态宜居新城。范围东起洪江河，西至桃源河，南起正阳路，北至胶济铁路，总面积 27.3 平方千米。按功能划分为核心产业区，以青岛四方机车车辆股份有限公司、青岛四方庞巴迪铁路运输设备有限公司、四方车辆有限公司为龙头，以整车装配、调试、研发等上游产业为主的高速列车核心产业区域，位于小镇东部及北部区域；城市生活区沿棘洪滩街道驻地204国道和岙东公路两侧布置；基础产业区位于核心产业区东侧和青岛金岭工业区，布置高速列车配套产业；产业服务区沿金岭14号路布置，以总部、研发商务办公的形式为各产业提供现代配套服务。规划工业用地994.3公顷、公共服务用地340.8公顷、居住及住商混合用地543公顷，道路、绿地、广场、水域等用地879.1公顷。规划总建设规模2925.4万平方米，对工业建设规模、研发办公建设规模、物流仓储建设规模、居住及住商混建规模、商务建设规模、行政办公及文化休闲等公共设施建设规模均作出明确规划。规划分近期和远期，近期规划为2013—2020年，远期规划为2020—2030年。

青岛轨道交通产业开发区

2009年，棘洪滩街道调整主导产业结构，将高速列车、新材料、橡胶、石油化工四大特色产业调整为高速列车、新材料、橡胶三大特色产业。高速列车产业作为三大特色产业之首，重点培育以整车制造、车辆零配件制造、车辆维修、有轨电车全产业链和轨道交通相关产业等为主导，生产性服务业和生活性服务业相结合的现代产业体系。

园区规划 2011年，初步规划城阳高速列车特色产业园15.5平方千米，范围东起洪江河，西至金岭5号路，南起金岭14号路，北至锦绣1号路，规划范围内有棘洪滩村、上崖、下崖、铁家庄、院后庄、港东庄、港北、毛家、徐家屋子、赵家堰10个社区，其中规划产业核心区4平方千米、产业配套区5.5平方千米、商务服务区0.8平方千米、生活配套区5.2平方千米。其目的通过规划的建设实施，辐射带动青岛高新区、上马街道、即墨市、胶州市等周边区域相关产业的发展。

2012年，将城阳高速列车特色产业园更名为城阳轨道交通装备功能区，亦称青岛轨道交通产业开发区，对其进行控制性规划，规划面积40平方千米，范围东起洪江河，西至桃源河，南起向阳路，北至胶济铁路即墨界，包括棘洪滩街道大部分和上马街道部

青岛轨道交通产业开发区核心区（2012 年）

分区域，其中规划产业核心区 9.5 平方千米、产业配套区 8.2 平方千米、商务服务区 6.8 平方千米、生活配套区 15.5 平方千米。

2013 年 7 月 5 日，青岛轨道交通产业开发区管理委员会成立后，对轨道交通产业开发区重新进行规划。2014 年 4 月 17 日，《青岛轨道交通产业开发区总体规划（2013—2030 年）》通过由国家发改委、工信部和国内知名专家组成的专家组评审。该开发区规划 83 平方千米，范围东起墨水河，西至桃源河，南起上马街道向阳二号路，北至胶济铁路即墨界，与棘洪滩街道行政边界重合，兼含上马街道部分区域，除棘洪滩街道 27 个社区外，还有上马街道西蓝家庄、海东屯、王林庄 3 个社区，共 30 个社区，其中规划产业核心区 40 平方千米、商务居住配套区 17 平方千米、辐射产业区 26 平方千米。

园区建设 青岛轨道交通产业开发区设立后，为促进轨道交通产业的长远发展，按照世界动车小镇、生态宜居新城的定位，低碳、智能、环保理念，不断完善开发区内基

青岛轨道交通产业开发区规划图

础设施建设，提高产业园区的承载力。由于开发区范围与青大、金岭、新材料、橡胶等工业园区重合，除这些园区投资对其基础设施进行建设外，青岛轨道交通产业开发区自2010年以来，每年投入资金1.2亿元，进行园区基础设施建设，新修道路12条，完成路面铺筑32千米、37万平方米，铺设雨污水管线25千米，砌筑明渠5182米，安装路灯2200盏，亮化道路62千米，绿化面积2300亩，供热面积113万平方米，开发区基础设施配套达到水、电、路、通信等“九通一平”标准。

按照政府主导、市场化运作的总体要求，实施镇园一体、产城融合的发展战略，着力打造以轨道交通装备制造业为主导，集居住、休闲、商贸、文化、旅游于一体，产城融合、宜业宜居的世界级、现代化动车小镇。作为省级开发区，青岛轨道交通产业开发区成为青岛十大先进制造业功能区之一，拥有一条青岛市重点培养的千亿级产业链，是山东省优质产品基地、国家轨道交通装备产品重要出口基地、中国最大的高速列车产业化基地、全国新型工业化产业示范基地、全国高速列车研发制造产业知名品牌创建示范区。

高速列车产业化基地

青岛轨道交通产业开发区以打造千亿级轨道交通产业链为中心，高速列车产业发展优势明显，本地产业配套率达 35.1%，拥有 120 多家整车装备生产和零配件配套企业，成为国内装备水平最优、产能最大的高速列车高新技术产业化基地，产量占全国总量的 66%，在线运营动车组占全国总量的 42%，为京沪、京广、武广、沪杭等 13 条高速铁路和客运专线提供了 800 多辆动车组。2015 年，高速列车产业完成产值 576 亿元，出口交货值 35.05 亿元，实现利润 42.2 亿元。

全国最大的高速列车产业化基地——青岛轨道交通产业开发区高速列车产业核心区（2012 年）

智能化高速列车

100% 低地板有轨电车

双层客车

城轨列车

地铁车辆

氢能源有轨电车

CRH380A 高速动车组

高速列车整车制造龙头企业

中车青岛四方机车车辆股份有限公司、青岛四方庞巴迪铁路运输设备有限公司、中车四方车辆有限公司 3 家企业在高速动车组、城市轨道车辆、铁路客车、高原客车等制造领域处于国内领先地位，是青岛轨道交通产业开发区内整车制造龙头企业。2015 年，3 家高速列车整车制造企业完成产值 545.74 亿元，出口交货值 35.05 亿元，完成税收 27 亿元，实现利润 39.82 亿元。

中车青岛四方机车车辆股份有限公司 其前身是 1900 年建厂、被誉为“中国铁路机车车辆故乡”的青岛四方机车车辆厂。1952 年，该厂成功研制出中国第一台蒸汽机车。在此后的岁月里，又创造了机车车辆工业史上的众多“第一”，被誉为新中国机车车辆的“摇篮”。

1992—2015 年中车青岛四方机车车辆股份有限公司生产史上的众多“第一”一览表

表 4

时间	成　　就
1992 年	中国第一列“希望”号空调旅客列车研制成功
1993 年	中国首辆公务动车研制成功
1993 年	中国第一列准高速空调列车研制成功
1994 年	东风 4E 型内燃机车（4860 千瓦）研制成功
1995 年	中国新一代 25.5 米高级公务车试制成功
1998 年	中国第一列单层液力传动动车组
1999 年	中国第一台交流传动内燃机车“捷力”号研制成功
1999 年	中国首列健康快车研制成功
2007 年 12 月	中国首列国产时速 300 千米高速动车组下线
2008 年 6 月	中国首列时速 200 千米长大编组高速动车组下线
2008 年 12 月	中国首列时速 200 千米长大编组卧铺动车组下线
2010 年 4 月	中国具有完全自主知识产权首列新一代高速动车组下线
2011 年 12 月	更高速试验列车下线
2012 年 11 月	中国首列城际动车组 CRH6 下线
2014 年 2 月	中国首列 100% 低地板永磁电机驱动现代有轨电车下线
2015 年 3 月	世界首列氢能源 100% 低地板现代有轨电车下线

1986 年 7 月 21 日，作为国家“七五”期间的大型建设项目，铁道部四方机车车辆工厂客车扩建系统落户棘洪滩。项目投资 22998 万元，建设占地 131 万平方米，建筑面

高速列车产业核心区（2015 年）

积 17.5 万平方米。四方机车车辆工厂客车扩建系统先后更名为四方机车车辆工厂棘洪滩客车分厂、四方机车车辆厂客车分厂、四方机车车辆厂客车制造本部。2000 年，中国铁路机车车辆总公司分为中国南车、中国北车两大集团公司，四方机车车辆厂划归中国南车集团。2002 年 7 月 22 日，由国家经济贸易委员会批准，四方机车车辆厂改制成立青岛四方机车车辆股份有限公司，辖四方和棘洪滩 2 个生产基地。2004 年，四方生产基地整体搬迁至棘洪滩街道。2014 年 12 月 30 日，中国南车、北车两大集团合并为中国中车股份有限公司后，企业更名为中车青岛四方机车车辆股份有限公司，是中国中车股份有限公司所辖的国有独资核心企业、中国高速列车产业化制造基地、铁路高档客车的主导设计制造企业，国内地铁、轻轨车辆定点生产厂家和国家轨道交通装备制造行业的龙头企业和重要的产品出口基地，铁道部确定的 6 家装备现代化重点扶持企业之一。

企业主要从事高速动车组、城市轨道地铁车辆、高档铁路客车和内燃动车组等高端轨道交通客运装备产品的研发、制造、检修和服务，形成高速动车组、城际动车组、地铁车辆、现代有轨电车、高档铁路客车、内燃动车组、单轨车辆 7 大产品。作为中国主

中车青岛四方机车车辆股份有限公司生产车间（2015 年）

要机车车辆产品出口基地，其高速列车产品在满足国内市场需求的同时，还出口非洲、中亚、南亚、东亚、南美洲等 20 多个国家和地区。

企业拥有国内首个高速列车工程实验室，技术创新能力强大，先后获得高速动车组各项专利 660 多项，主持或参与编制百余项国家或行业标准，研制成功的中国标准动车组，在 13 个技术领域搭建了“中国标准”。其中，“青藏铁路工程”青藏高原铁路客车获国家科技进步特等奖，CRH2 型高速动车组转向架获国家科技进步一等奖，具有自主知识产权的 CRH380A 高速动车组获设计“红星奖”。

2015 年，企业制造高速动车组 198 组、城轨地铁 822 辆，完成产值 395.5 亿元，出口交货值 30.4 亿元，实现利润 30.1 亿元。

青岛四方庞巴迪铁路运输设备有限公司 始称青岛四方—庞巴迪—鲍尔铁路运输设备有限公司，创建于 1998 年 11 月 27 日，由四方机车车辆厂与加拿大庞巴迪公司、毛里求斯鲍尔有限公司合资建设，2001 年 10 月 17 日投产。

企业是中国规模最大的中外铁路客车生产合资企业。2008 年，庞巴迪公司收购鲍尔公司的股份，将企业更名为青岛四方庞巴迪铁路运输设备有限公司，简称 BST 公司，主

青岛四方庞巴迪铁路运输设备有限公司（2015 年）

要设计生产高档铁路客车、普通客车车体、电动车组、豪华双层客车、高速客车和城市轨道车辆等。2010 年 12 月企业增资后，成为国家发改委、铁道部批准的具有城市轨道车辆生产资格的企业之一，是国内唯一的中外合资铁路客车及电动车组制造商，是铁路市场最富竞争力的高档铁路客车供销商，是中国重要的客运装备制造企业之一，是庞巴迪集团在亚洲最大的高速列车生产基地。

企业致力设计研发制造城市间铁路高档客车、客车车体和轨道车辆，承担着国内城间客车和轨道车辆生产的重任，具有年产 350 辆高档铁路客车和 640 辆电动车组的生产能力。企业生产的时速 200 ～ 250 千米长编卧车动车组是世界首列长编卧车动车组。2015 年，企业完成产值 22.85 亿元，实现利润 7192 万元。

中车四方车辆有限公司　于 2002 年 11 月 17 日落户青岛轨道交通产业开发区，始称中国南方车辆集团青岛四方机车车辆股份有限公司轨道车辆修理基地。2003 年 7 月 28 日，成立隶属于中国南方车辆集团股份有限公司的国有独资企业——南车四方车辆有限公司。中国南车、北车两大集团合并为中国中车股份有限公司后，企业更名为中车四方车辆有限公司。至 2015 年，四方车辆有限公司是中国中车集团有限公司所辖的全资子公司，是国内重要的铁路机车车辆制造、修理和零部件制作企业，是国家高新技术企业。

青岛四方庞巴迪铁路运输设备有限公司生产的 CRH1E 型 250 千米改进卧铺动车组（2015 年）

南车四方车辆有限公司（2008 年）

企业主要从事铁路高档客车、动车组、城轨地铁的制造与修理，各类机客车、城轨地铁等轨道交通装备的修理、加装、改造，公路铁路两用车及各类铁路特种车辆的制造，铁路机车车辆和能源设备配件制造，机车车辆技术服务，金属热加工，物流及外贸

中车四方车辆有限公司生产的出口伊拉克的时速 160 千米内燃动车组（2013 年）

等业务。先后制造中国第一辆低重心客车、双层客车，中国首列援助坦赞铁路客车，第一辆大功率发电车和第一辆提速高压空调发电车，是承担制造各类高档公务车的主要生产厂家之一。具有年产 800 辆高速动车组、检修 800 辆铁路高档客车、新造 200 辆公路铁路两用车、200 辆铁路特种车、800 个转向架、修造 1 万条轮对和大批量生产铁路电气件、结构件的能力。2015 年，企业位列青岛百强企业第 50 位，完成产值 127.4 亿元，出口交货值 4.7 亿元，实现利润 9.04 亿元。

高速列车制造配套企业 高速列车制造产业是现代高新技术产业的典型代表，技术范围广、专业门类多、科技含量高、产业链条长、拉动作用强。青岛轨道交通产业开发区有为高速列车装备制造产业配套的企业 120 多家，其中规模以上配套企业 26 家，所配套的零部件主要有空气

为高速列车配套的餐椅（2005 年）

为轻轨地铁车辆配套的系列产品（2008 年）

弹簧、车钩、缓冲器、受电弓、电控制动阀、电器箱、操纵台、车门、车窗、贯通道、卧铺、座椅等。

2015 年棘洪滩境内部分轨道交通配套产业规模以上企业一览表

表 5 单位：亿元

企业	主要产品	产值
青岛四机宏达工贸有限公司	铁路客车不锈钢、铝合金配件	6.77
青岛康平铁路玻璃钢有限公司	铁路客车卫生间、地铁座椅	3.55
青岛铁路橡胶厂	铁路客车橡胶配件、塑料制品、橡胶轮胎、五金加工	2.20
青岛冷弯型钢有限公司	铁路客车、汽车及轮船冷弯型钢材料加工	0.42
青岛四方新诚卓志客车配件有限公司	铁路客车内饰	0.20
青岛科林铁路设备有限公司	铁路客车门窗、线路配件、座椅、路牌灯箱等	0.88
青岛金江源工贸有限公司	机客车配件、制冷配件、锻焊钣金、橡胶制品	0.59
青岛铁路客车防寒材料厂	铁路客车防寒材料	0.77
青岛锦绣铁路客车配件有限公司	铁路客车配件	0.81
青岛恒新聚业科技有限公司	机车电器设备、普通机械设备	0.45
青岛弘信源动力设备有限公司	机车电器设备	0.89

续表 5

企业	主要产品	产值
青岛路锐轨道交通新技术有限公司	机客车电器设备、厨房设备、冷藏设备	0.33
青岛泰弘轨道装备有限公司	铁路客车配件、机械设备加工维修	0.81
青岛锦铁机车车辆配件有限公司	机车配件	0.94
青岛铁路卧铺制造有限公司	铁路客车卧铺、座椅等	0.58
青岛联城宏达轨道交通设备有限公司	铁路客车铝合金加工	2.37
青岛锦业城铁路设备制造有限公司	铁路客车刹车蹄、刹车片、轨道交通设备器材	1.31
青岛锦绣铁路客车配件有限公司	铁路客车配件	0.80
青岛宏达青田交通设备有限公司	铁路客车配件	2.57

宜居城镇

1994年，棘洪滩被确定为青岛市13个小城镇建设试点镇之一，拉开宜居城镇建设的序幕。

此后，棘洪滩城镇规划不断修订和完善。将湿地保护和造林绿化作为推进生态环境建设的重要载体；以旧镇改造和城镇中心区建设为重点的城镇化水平不断提高；水、电、热、气等市政公用设施逐步与城市接轨；科教文卫体等民生事业全面发展；安老慈孤、扶危济困、助医助学等社会保障不断完善；以精神文明镇、村、户为主要内容的精神文明创建活动不断深入，形成文明向上的新风尚。

经过20余年的建设，一个以产兴城、产城融合、生态绿色、宜居宜业的现代化城镇呼之欲出。

生态建设

湿地保护　棘洪滩街道河流纵横、沟汊交错，有丰富的湿地资源。在城镇建设中，注意把湿地保护作为推进生态文明建设的重要内容。在编制《棘洪滩街道绿化工程系统规划》中，将桃源河、洪江河、墨水河、羊毛沟、棘洪滩水库的湿地保护纳入规划，实现湿地生态系统和野生动植物资源保护有机结合。通过河道疏浚扩挖，生态护坡，对湿地进行修复提升，提高河道防洪除涝能力，同时，杜绝湿地各类开垦侵占、无序开发、挖沙取土、违章搭建等破坏湿地资源的行为，并先后实施截污工程、治污工程，确保河流水质清澈。适度控制湿地放牧，严控超载过度放牧，对水生植物，特别是芦苇不再割烧，保持水草葳蕤，不使草场退化。

棘洪滩街道的湿地是亚太地区候鸟，特别是珍稀水禽栖息、繁殖和越冬的“驿站”，每年过境鸟类有数百种，且因湿地地处沿海、河流入海口，沼泽地海鸟和其他野生动物

改造后的墨水河湿地（2008 年）

繁多。域内坚持开展群众性猎枪和猎杀其他野生动物器具的收缴工作，取缔悬挂网具，依法惩治捕杀各种鸟类和其他野生动物的行为，保持生物的多样性。在沿河堤坝、水库周边、沿海堤岸植树种草，建设沿河保护长廊、库区密林带和沿海防护林。结合万亩生态林建设，在保持湿地原生态风貌基础上，对湿地进行适度保护性开发建设，打造湿地生态旅游，先后开发建设桃源江景、棘洪滩水库绿色长廊、羊毛沟花海湿地等旅游景点，吸引大量游客。“船行鸟鸣两岸绿”的棘洪滩街道湿地，发挥了涵养水源、净化水质、御洪防灾、调节径流、控制污染、调节气候、美化环境的重要作用。

造林绿化 1954年后，分别在铁路、公路和河岸种植防护林和水土保护林，并适量种植经济林和用材林。1959年，23个生产大队组织造林专业队，并发动青年、妇女、学生抓住有利时机，大搞群众性植树造林运动，全社造林2094亩，其中经济林776亩、用材林775亩，棉槐和平柳等防护林284亩、桑树247亩、苦楝12亩，是往年造林的5倍多。20世纪60年代，结合农田水利基本建设，在桃源河、洪江河、羊毛沟沿岸和水库、坝塘及台田、条田、机耕路旁，广植刺槐、柳树、杨树等防护林。此后，造林数量和面积逐年有所增加。90年代，造林绿化呈现新高潮。1991年，全年参加义务植树7000人次，植树1.4万株。1992年，新建农田林网11644亩。

1994年，棘洪滩被确定为青岛市小城镇建设试点镇后，植树造林围绕城镇建设进行。到1997年，农田林网达3.09万亩。1998年，对204国道棘洪滩段绿化，植树10.3

万亩生态林（2004年）

千米，宽度 13 米，采取针叶林、阔叶林混交，镇驻地、村庄、企事业单位花园式绿化等形式，栽植合欢、中林杨等 14337 株，栽植各种花灌林 17663 株。1999 年，新植沿海防护林 100 亩，四六行结合，栽植绒毛白蜡 5000 株；铁路沿线完成绿化 0.9 千米，完善 12.3 千米，栽植中林杨 6100 株；济青高速公路路域林带完成 1000 米，栽植毛白杨 2000 株；团结路两侧绿化 1100 米，栽植毛白杨 850 株；青大工业园高标准绿化 1.2 万平方米，实行乔木、灌木、花、草相结合，栽植龙柏、樱花、黑松等 3800 株，新建农田林网 1000 亩。

2000 年，棘洪滩镇被确定为山东省中心镇后，以增效富民、绿化全镇为重点，突出经济林发展，提高城镇、村庄、路域绿化档次，使全镇达到道路成荫、村庄成绿、农田成网、“四旁”成材标准，沿桃源河河堤造林 5 千米，栽植绒毛白蜡 1 万株；青大工业园区道路绿化 2.4 千米，宽度 13 米，栽植龙柏、蜀桧、法桐、樱花 3.12 万平方米；西南片结合中低产田开发，建设林网 5000 亩，栽植毛白杨 1.2 万株；南万至前海西段完成绿化 2 千米，栽植法桐、紫荆、蜀桧 2700 株；完成韩洼至北万段绿化 0.5 千米，栽植法桐、冬青 670 株；完成棘洪滩国家粮库东侧绿化 1.5 千米，栽植法桐、冬青 1000 株；镇林果基地发展经济林，栽植杏、石榴、大枣等 200 亩。2001 年，完成绿林 1030 亩、绿地 140 亩、绿带 700 亩，使林地累计达 8010 亩，绿化覆盖率 25%，森林覆盖率 18%。2001 年后，棘洪滩街道制定绿色生态城镇建设近期和远期规划，编制《棘洪滩街道“三绿”工程系统规划》，制定严格的责任目标和管理考核制度，确保每年造林任务的完成。2003 年，结合“绿色通道”建设，退耕还林 5000 亩。此后，年年退耕还林。按照绿色通道建设的要求，以森林景观大道、森林生态大道为目标，将 204 国道、岙东公路、洪江河建成样板路、样板河。结合迎奥运环城林带建设，投资 1800 万元，完成绿化 2745 亩，植树 40 万株。其中 2004 年，实施迎奥运环城林带、城镇亮点景观、沿海防护林、绿色通道“四大工程”建设，按照“人在花园里、城在绿树中”的生态城镇建设要求，加快园林式城镇建设目标，全年绿化 2745 亩，其中环城林带 1847 亩、沿海观光林带 480 亩，并在山东省引黄济青工程棘洪滩水库周边广植速生杨经济林。

2004 年后，沿 204 国道、济青高速路、双元路、岙东路、团结路、棘赵路等公路，按照“一片一特色、一路一景观、一街一景点”的要求，建成总长度 33 千米，宽度 10 ~ 15 米，面积达 50 万平方米的森林大通道，实现上有乔木、中有灌木、下有地被，高中低结合、混交密植的立体绿化格局，呈现三季有花、四季常青的景观效果。2006 年，

彩叶大道（2008 年）

棘洪滩街道提前完成小康社会建设绿化目标。2007 年，被评为城阳区唯一的青岛市绿化示范镇。2008 年，获“绿色城阳”工程一等奖。青岛金岭工业区道路绿化工程、中华埠社区成片造林工程分获“绿色城阳”精品工程二、三等奖。2010 年后，棘洪滩街道城镇

春意盎然的居民小区（2015 年）

建设被确定为打造动车小镇，全街道绿色生态建设的重点做好青岛轨道交通产业开发区核心区、生活区等的植树绿化，使动车小镇建设提档次、上水平，推动动车小镇绿化水平。全街道以混胶密植、乡土多彩、生态自然、碳汇平衡为理念，以“见缝插绿”和更替高绿化美化价值树种为主，积极打造三季有花、四季常青、色彩丰富的彩叶大道。

至2015年年底，全街道义务植树活动尽责率达到95%，累计栽植各类树木150余万株，完成生态林建设15000多亩，营造沿海河防护林5500多亩，形成环棘洪滩水库、胶济铁路、桃源河防护林三大林带，林木覆盖面积4.2万亩，森林覆盖率37.6%，街道驻地绿化面积50万平方米，绿化率42%，人均公共绿地6.7平方米，构筑起森林生态系统，27个社区绿化率均达100%，其中东毛家庄、魏家庄先后被评为山东省绿化示范先进村庄，北万、下崖、铁家庄等6个社区被评为城阳区绿化模范社区，中华埠社区被评为全省生态文明乡村建设先进社区，棘洪滩街道被评为青岛市花园式单位，并一直保持2011年获得的山东省首批绿化模范镇称号。

中心区建设

1994年7月，棘洪滩被确定为青岛市13个小城镇建设试点镇之一，镇党委、镇政府对城镇建设进行多次规划，加快基础设施建设，按照以城镇驻地为中心，以青大工业园、金岭工业园为两翼的“一城两园”开发建设思路，积极实施旧镇改造。2000年2月29日，棘洪滩镇被确定为城阳区唯一的山东省中心镇；6月9日，被确定为青岛市小城镇建设16个重点镇之一。年内，城镇建成区面积达5平方千米，被确定为城阳区唯一的山东省小城镇建设试点镇，并被评为青岛市小城镇建设“十佳”镇。

2001年后，城镇规划不断修订与完善。2004年，被青岛市人民政府确定为6个卫星镇之一；2011年，被确定为青岛市动车小镇。随后，累计投入资金10亿余元用于城镇开发建设，城镇中心区建设扩展到10.2平方千米。

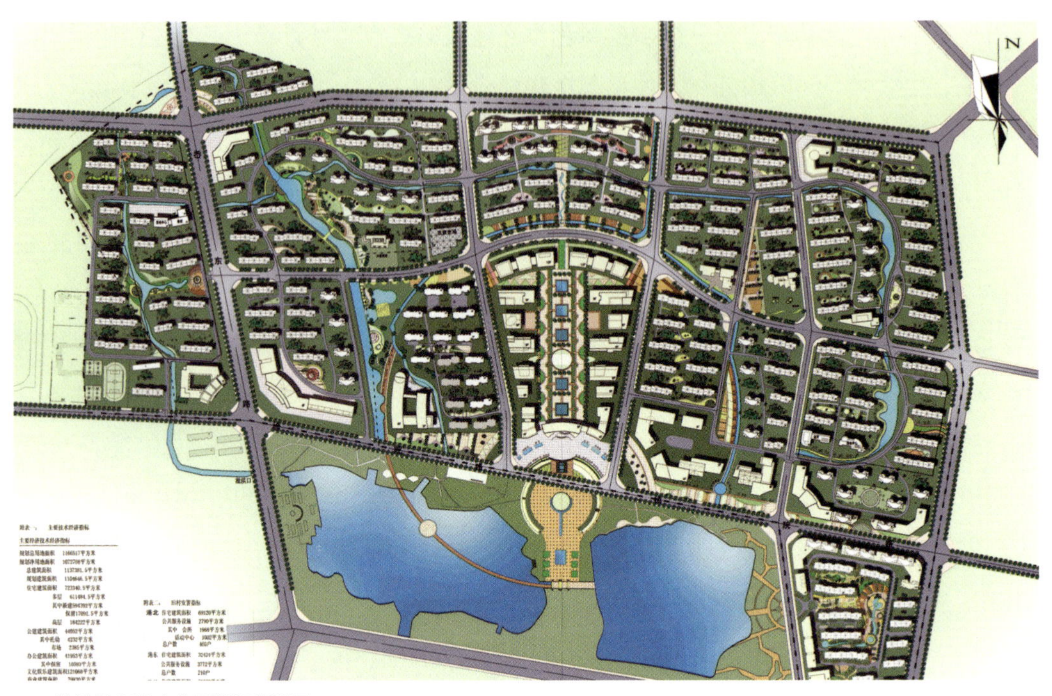

棘洪滩街道中心区详细规划图

住宅小区　20世纪90年代初，域内城镇基础建设差，驻地虽已形成规模，但居民住宅基本为平房，未改造的旧镇比例高达90%以上，沿204国道和岙东公路两侧需拆迁改造5万平方米。1995年，镇政府筹集资金启动旧房拆迁安置工作。1996年3月14日，棘洪滩镇成立以镇长为组长的拆迁领导班子，建立领导分工责任制，按照产权互换、差价互补原则，大力实施旧城改造。3月21日，棘洪滩镇对按期拆迁的居民每户奖励3800元，并对原有经营网点房，给予每平方米60元的一次性停业补偿。同时，降低房地产开发费用，协调银行方便农民贷款购房，减免3600多万元的开发费用让利于开发商，从而降低商品房价格，使农民买得起、住得起。1999—2001年，镇驻地共拆迁房屋360余处，拆迁4万平方米，盘活存量土地81亩。

针对住宅消费成为城镇新的消费热点和经济增长点的状况，棘洪滩镇适时推出加快住宅建设的重大举措，按照统一规划、合理布局、综合开发、配套建设原则，实施住宅小区开发建设工程。

2011年后，为推进动车小镇建设，街道投入5亿元，对动车小镇中心区港东庄、港北、院后庄3个社区进行旧村改造，拆迁民房1261处，建设安置楼61座、24万平方米。河南头社区抓住山东省重点工程——青荣铁路开建的机遇，积极争取政策和资金，实施

居民小区（2010年）

整村搬迁，投资1.3亿元，建设8个楼座、4万平方米。棘洪滩村社区投资2000万元，建成8500平方米的农民经济适用房；北万社区投资7000万元进行农民经济适用房建设，

锦绣生活区（2010年）

“动车小镇”居住区（2015 年）

新建 6 个楼座，建筑面积 2.83 万平方米；韩洼社区投资 3500 万元进行农村经济适用房建设，新建 2 个楼座，建筑面积 1.58 万平方米。至 2015 年年底，全街道累计完成拆迁面积 8 万多平方米，新建居民小区 28 万平方米，城镇化率达 62%。

作为青岛轨道交通产业生活区配套建设，投资 20 亿元、占地 22 亩、建筑面积 38 万平方米的碧桂园综合开发项目和投资 17 亿元、建筑面积 45 万平方米的中车小镇项目，可容纳近 3 万名周边社区居民和产业工人入住。

商贸市场 棘洪滩交通便捷，宜于货物集散。1993 年，棘洪滩集贸市场被崂山区人民政府列为全区四大农贸市场之一。棘洪滩镇政府随即对其实施改造，建设锦都商城。改造共投资 700 万元，商城占地 150 亩，场地硬化 2.5 万平方米，建设网点房 1 万平方米，摊位扩大到 1000 个，建起商贸大棚 800 平方米、售货台 850 平方米及西、北大门 2 座，

岙东路商业街（2000 年）

金城商贸街（2010 年）

使其成为融物资交易、餐饮服务、休闲娱乐为一体的综合集贸市场。2000 年，镇政府投资 1500 万元，开发岙东路商业街，建设商业网点 1.5 万平方米；投资 1000 万元，并结合 204 国道拓宽，对 204 国道两侧的金城商贸街进行完善，建设商业网点 1.5 万平方米。2006 年，投资 5000 万元、建筑面积 3500 平方米的利客来棘洪滩超市营业；9 月 30 日，投资 200 万元、建筑面积 2000 平方米的棘洪滩农贸市场建成投入使用。2008 年 11 月 26 日，投资 230 万元、占地面积 2000 平方米的上下崖集贸市场建成投入使用。2014 年，投资 3690 万元，对棘洪滩农贸市场进行改扩建，使其成为 2000 平方米的室内农贸市场；投资 370 万元，建起占地 7 亩多、建筑面积 3738.47 平方米的中华埠社区农贸市场。

至 2015 年年底，商贸市场、特色商业街开发建设取得成效，使街道驻地成为工商贸易、农副产品交流、餐饮娱乐等功能完备的商业物资集散、交易流通之地。

学校建设 1994 年，镇政府投资 140 万元，建起建筑面积 2800 平方米的教师宿舍楼。1998 年，结合青岛市九年制义务教育示范镇创建和农村中小学办学布局调整，新建后海西小学；同年，投资 70 万元，建起占地 10 亩，建筑面积 845 平方米的棘洪滩镇成人教育中心。1999 年 4 月，投资 200 万元，新建占地 8319 平方米、建筑面积 3767 平方米的棘洪滩小学，将位于福海花园内的原棘洪滩小学东迁至新校。2000 年 8 月，投资 400 万元，新建占地 50 亩、建筑面积 4300 平方米的学校，整合为新城阳第二十中学。2003 年，投资 300 万元，新建锦绣小学。2007 年 8 月，投资 1100 万元，新建建筑面积 5600 平方米的中华埠小学新校。2009 年 5 月，投资 500 万元，新建建筑面积 3100 平方米的街道中心幼儿园。2010 年，投资 350 万元，建成城阳七中和南万小学共用的塑胶操场；投资 810 万元，建起建筑面积 5217 平方米的南万小学教学楼；分别投资 220 万元，为城阳七中、二十中建起师生餐厅。是年，全街道中小学合并调整为 2 处中学、4 处小

棘洪滩街道文化广场（2015 年）

学，中小学全部迁入现代化教学楼，并均配备接送学生专车和师生餐厅。

2010 年后，随着青岛轨道交通产业开发区的规划建设和高速列车产业的快速发展，大量外来务工、经商人员不断涌入，产业工人队伍逐年增长，棘洪滩街道的教育设施不能满足办学需求，尤其是外来人员子女入学问题突出。对此，棘洪滩街道加大学校建设力度。2011 年，投资 1200 万元新建南万幼儿园，全年投资 1100 万元，实施中小学幼儿园建设配套，并新建城阳二十中多功能教学楼和塑胶操场。2012 年，投资 2160 万元，实施 6 项中小学教学设施配套完善工程，建设中华埠小学、锦绣小学塑胶操场，铺设人造草坪，硬化篮球、排球场地，加固城阳七中、二十中教学楼、实验楼 10466 平方米。2013 年，投资 9330 万元，新建街道中心小学加挂城阳区实验小学动车小镇分校牌子，和占地 9879 平方米，建筑面积 6485 平方米的棘洪滩街道中心幼儿园。并改善其他中小学的办学条件。2014 年 11 月，投资 2000 万元，占地 15 亩、建筑面积 6500 平方米的后海西幼儿园和投资 6000 万元，占地 52 亩、建筑面积 1.5 万平方米的海西小学同时开工建设，2015 年竣工，城镇的学校基础设施更加完善。

公用设施

供水　棘洪滩街道的生产和生活用水引自山东省引黄济青工程棘洪滩水库，由城阳区西部供水处负责。西部供水处供水管线长200多千米，日供水能力4.5万吨。为棘洪滩、上马、红岛、河套4个街道生产生活用水提供保证。2015年，全年供水2090万吨，其中棘洪滩街道工业园和居民生活用水660万吨。

排水 20世纪80年代，域内通过开挖排水沟，使排水顺畅自然。90年代，对排水沟进行石砌，有的改明沟为暗渠。进入21世纪，随着城镇化建设进程加快，域内污水处理管线日趋完善。至2015年，域内对雨水、污水分别处理。雨水充分利用地形地势，就近排入河道直流入海。工业生活污水统一经过管网系统，进入上崖污水泵站，经加压由羊毛沟污水干管收集输往上马污水处理厂，通过一体化污水处理设备处理达标后排放。

供电 有变电站3座，其中棘洪滩变电站110千伏，装机主变压器2台，容量6300千伏安；青大变电站35千伏，装机主变压器2台，容量4000千伏安；机电变电站110千伏，装机主变压器2台，容量12600千伏安。全街道安装工业变压器700台，装机容量30800千伏安，村中台区安装变压器196台，有9245千伏高压供电线路36条，总里程22千米。2015年，全街道工农业生产和居民生活用电4.6914亿度。

供热 有集中供热热源1处，为青岛金海热电厂，占地6.75公顷，供热能力3×20吨/小时蒸汽+2×75吨/小时高温水。部分道路敷设高温和蒸汽供热管道，提供居民和工业用汽面积113万平方米。2014年12月，在青岛市率先成片采用101台空气源热泵新能源技术为街道驻地港北、港东庄、院后庄3个社区和新建棘洪滩街道中心幼儿园26万平方米集中供暖。

棘洪滩供电所（2008年）

燃气　燃气气源为天然气和液化石油气。至 2015 年，天然气由青岛新奥燃气公司沿 204 国道、岙东公路等主要道路敷设 62 千米中压燃气管道，采取从主管道衔接支管道引气街道驻地及周边各居民小区进入居民家庭和企业的方式供气，气源引自城阳区古庙头次高压——中压燃气调压站。液化石油气由街道 4 处液化石油气站，瓶装供给农村社区居民家庭使用。

环卫　街道每年投入大量资金，常年开展环境综合整治，进行药物灭鼠、改水改厕、灭蚊除蝇，清理排水沟渠，回填污水塘湾，清除粪堆、草堆、沙土堆“三大堆”，抓好卫生死角的清理，治理脏乱差。至 2015 年年底，建立起 403 名环卫保洁人员组成的队伍担负环卫保洁任务，2600 个垃圾桶、200 多个果皮箱遍布全街道。积极推进城乡环卫一体化。通过政府购买服务，将 27 个农村社区和街道中心区的垃圾清运、卫生保洁、绿化管理等服务外包，由专业化公司统一管理。开发建立环卫、城管智慧管理系统，实现对生活垃圾清运车辆、环卫设施定时定位、调度监控和清运统计等，8 辆垃圾清运车辆全部加装 GPS 定位和视频摄录设备，2200 多个垃圾桶安装芯片，借助数字天网平台，对环卫作业实现全过程实时监控。

邮政　棘洪滩邮政支局广泛应用计算机技术，相继实现特快专递信息查询、邮政编码查询、汇款包裹查询、报刊发行、邮政金融、邮政营业窗口电子化、信息化、自动化处理，形成布局合理、技术先进、功能齐全、邮运快捷、服务优良的邮政网络。至 2015 年年底，共有 15 名职工，负责辖区内 5 个投递段、301 千米的邮政业务。

环卫保洁工程队伍（2010 年）

棘洪滩邮政支局（2015 年）

电信 中国联通青岛高新技术产业开发区分公司棘洪滩电话局有职工 12 名，有接入网机房 11 个，宏站 87 座、拉运站 43 座，大对数光纤（48 芯以上）40 条，小对数光纤 650 条，环路光缆（144 芯以上）3 条，主干光缆（144 芯以上）7 条，大型三层交换机 1 台，小型数据交换机 10 台，容量 240 条宽带 IP，已安装使用 163 条，另有其他通信设备 20 多台套，SDH 专线业务 74 条。2015 年，拥有固定电话 2.2 万部，手机人均 1.2 部，光纤宽带用户 0.85 万户。

广播电视 1966 年，各生产大队通有线广播，社员户户安装舌簧喇叭，实现村村通广播。20 世纪 70 年代初，各种品牌的收音机陆续进入普通人家。1990 年，始建广播电视节目信号共缆传输系统。至 1991 年年底，8 个村实现广播电视节目信号共缆传送。1992 年，开始建设有线电视工程，有线广播逐渐退出历史舞台。此后，有线电视入户加快。城阳区广播电视中心在棘洪滩街道驻地建有有线电视前端机房，至 2010 年年底，有线电视入户率达 57%。随着数字电视的推进，特别是网络步伐的加快，信息化水平不断提高，互联网、广电网、电话网“三网合一”的推行，使数字电视主光缆总里程达 500 千米。2015 年，数字电视入户 4.6 万户，占全街道总户数的 98%。

民生保障

教育 域内居民，自古以耕读传家，尊师重教之风盛行。许多富有家族纷纷延请塾师教育家族或有血亲关系的子弟。清宣统二年（1910），魏家庄人魏德果创办魏家庄魏氏私立小学，并自任半日制教师，为域内最早的私立小学。1934 年，上崖人孙毓坦倡导募捐 3000 银圆，创立即墨县上下崖孙氏私立小学，占地 1.2 万平方米，初设时有 1 ～ 3 年级 3 个班，学生 85 人，后增设 4 ～ 6 年级，共 6 个班，学生 111 人，有教师八九人。该校是当时即墨县西南一带创立较早、规模最大、办学最规范的一所完全小学。1941 年后，前海西、后海西、南万、北万、韩洼、魏家庄等村设立公立小学。

中华人民共和国成立前的后海西学堂旧址（矫氏祠堂）（2010 年）

至中华人民共和国成立前夕，域内有 19 个村办有私塾，共有 116 个班，塾生 2037 名，塾师 102 人；棘洪滩村、东毛家庄、南万、海西、北万、韩洼、院后庄、港北、古岛等村办过学堂。

中华人民共和国成立后，人民政府在接管旧学校的同时，将私塾、学堂进行改建改造，对小学进行裁撤合并，调整办学布局，兴办人民教育事业，由人民政府统一管理，教育事业得以迅速发展。

1950 年，第十区有小学 14 处，其中完全小学 2 处、初级小学 12 处，学生中 1226

1998 年 10 月，举行后海西小学新校舍落成启用典礼

人，教师34人。1964年前，域内没有初中学校，学生小学毕业后需到莱阳、青岛、即墨、城阳等地考取初中入学。1964年12月，棘洪滩、南万、东毛家庄建起3处农业中学。1970年，农业中学全部停办。

1982年，棘洪滩镇政府在南万村南新建南万中学。1987年，有小学19处，145个班，5020名学生。1990年8月，推行签订实施九年义务教育入学合同，学校建立巩固学生责任制，对学生入学合同书进行公证，依法保证适龄儿童完成九年制义务教育，全镇适龄儿童入学率、巩固率和毕业率均达100%。

2002年，青岛飞洋职业技术学院落户棘洪滩，成为域内唯一的高校。

至2015年年底，全街道调整合并为南万、棘洪滩、锦绣、中华埠4处小学，共124个教学班，学生5403名，教职工281名；全街道有城阳第七中学、城阳第二十中学2处初级中学，共37个教学班，学生1740人，教职工130人。

医疗 明清和民国时期，域内没有正规的官方医疗机构，民间疫病的诊治以中医为主，西医殊少。中医或坐堂应诊，间亦出诊，或自设药铺，开方卖药。他们或世家祖传，或投师习医，或自修成医，多数以农为主，兼之行医，但也有大夫不仅在本地行医，而且在外地坐堂开诊。西毛家庄罗从善先后在即墨县蓝村、七级、大信村开办药房，坐堂行医。另有集市卖药的游医、走方郎中，但为数不多。外地大夫不乏在域内行医坐堂者。即墨县乔哥庄江作全、济南人徐风廷等于20世纪30年代至中华人民

棘洪滩医院（2005年）

共和国成立前夕，先后在前海西一带开办中西医，医疾疗伤，济世益民。1949 年，域内有药铺 22 家，中医近 30 人。

中华人民共和国成立初期，棘洪滩、南万、毛家庄 3 家成立合伙性质的医疗机构联合诊所，有卫生技术人员 20 多人。西医渐兴。1950 年，山东胶澳盐工医院在南万设立卫生所，对社会全面开放，为盐工、盐民及其家属和农民服务。同年，进行霍乱、伤寒等疫苗接种，并对易暴发流行、严重危害人民群众健康的天花、回归热、黑热病、性病等传染性疾病开展防治。1951 年 10 月，预防麻疹，第十区完成初种 457 人、复种 1854 人。1959 年 10 月 1 日，棘洪滩公社卫生院成立后，与 60 年代各生产大队成立的卫生室一起，肩负起社会卫生管理和预防保健的重任。1970 年，锦红滩公社实行白喉、百日咳、破伤风“白百破”三联疫苗接种。1979 年，对 7 周岁以下儿童免疫登记建卡。1980 年，对儿童白喉、破伤风、麻疹、流行性脑脊髓膜炎、脊髓灰质炎、流行性乙型脑炎、百日咳、肺结核 8 种疫苗实行计划免疫，并向儿童发放肠道寄生虫药片（丸）。80 年代末，推行乙肝等疫苗和口服药，并实行集中门诊接种。2003 年 1 月 1 日，乙肝疫苗纳入新生儿计划免疫，新生儿乙肝疫苗接种实行免费。2005 年 6 月 1 日，儿童接种第一类疫苗全部实行免费。2015 年，全街道有公立棘洪滩街道卫生院和民营棘洪滩医院、青岛城阳华慈医院，以及正在建设中的公立城阳第二人民医院，有 18 家社区集体卫生室、5 家诊所、1 家厂企医务室、34 家个体卫生室，社区集体卫生室有工作人员 41 名，其中乡村医生 37 名、护士 4 名。儿童卡介苗、“白百破”三联疫苗、麻疹疫苗、脊髓灰质炎疫苗、乙肝疫苗“五苗”免疫率达 100%。

体育

域内居民素有健身娱乐之风，传统项目有武术、踢毽、跳绳、打苗、打瓦、放风筝、荡秋千、捉迷藏、游泳、下棋、打陀螺、“撞钟”、跳方、掰手腕、拾面单、拾饽果（石头）、滑冰等 20 余种。这些活动形式简单，取材方便，适宜各种人群。

中华人民共和国成立后，棘洪滩体育事业蓬勃发展，体育设施不断健全和完善，群众性体育运动开展得更加广泛。1990 年，棘洪滩镇被评为青岛市体育工作先进镇；1992 年，被评为山东省体育工作先进镇；1995 年，被评为山东省亿万群众健身活动先进镇。1997 年，被评为全国群众体育先进镇；1998 年，被评为全国全民健身活动先进单位；2000 年，被评为全国体育先进镇。2004 年，棘洪滩街道举办首届市民运动会。至 2015 年，全民健身活动继续得到开展，各种群众性体育活动强健了人们的体魄，涌现出一批

拾饽果（1993年）

跳绳（2012年）

体育工作先进社区。

武术 民间习武之风古已有之。清雍正年间（1723—1735），中华埠村的傅姓老妇善使棍棒，能飞檐走壁。棘洪滩村的毛从胜，又称毛崇胜，为清乾隆年间（1736—1795）人，与胶州拳师孙可让、莱阳拳师宋允通、傅家埠拳师傅士古号称“胶东四杰”，孙、傅二人均为毛之师兄。20世纪40年代初，中华埠村孙丕瑞、王本明、孙学才等人在青岛码头、洋火公司出苦力期间，工余于青岛武术馆习武，练就一身功夫。中华人民共和国成立后，他们利用冬闲在村内或到外村向青少年传授武术，其中孙丕瑞常年利用业余时间教授武术爱好者。20世纪80年代，孙丕瑞虽已年过花甲，但仍收徒50余名。1959—1965年，上崖村成立武术班。1990年8月，在崂山区举行的武术比赛中，棘洪滩镇有6人参加。1992年，段家庄小学成立由100人组成的业余武术队，生洪仁任教练，坚持业余习武，多次在棘洪滩镇全民运动会上进行武术表演。进入21世纪，习武之风不泯。

全国体育先进镇 20世纪50年代中期，随着复员退伍军人的增多，中华埠、棘洪滩、上崖、下崖、南万等村的复员退伍军人同小学教师组成篮球队，进行交流比赛。60年代后期，兴起乒乓球热，学校师生与农村青年利用早晚闲暇开展乒乓球比赛。70年代中期，城市知识青年到锦红滩公社农村插队劳动，各生产大队的农村青年与城市下乡知识青年组成篮球队、排球队进行锻炼，并开展长跑、羽毛球等体育比赛，丰富青年们的体育生活。1980年后，农村掀起一股“台球热”，锦红滩公社驻地和较大的村庄均设有台球桌，人们在闲暇进行台球比赛。一些老干部、老工人、老教师早晚习练太极拳、太极剑、鹤翔庄气功、太极气功等。80年代中期，棘洪滩镇组建农民男子田径队、篮球队、乒乓球队、长跑队和老干部门球队，开展经常性体育训练，积极参加始于1988年的全镇职工、农民、中小学生春季运动会，篮球邀请赛、乒乓球赛、越野赛和崂山县举办的各类体育比赛。80年代末，棘洪滩、东毛家庄、棘洪滩棉纺织厂、青岛十八针织厂等村庄和企业组织妇女、女职工开展健身操锻炼，每年在春季召开的全镇职工、农民、中小学生春季运动会上，组队进行大型健美操、韵律操表演，推动全镇群众性健身活动的开展。

1995年，各村、单位体育运动队达78个，其中田径队篮球队各30个、乒乓球队10个、排球队5个、武术队2个、老年门球队1个，并依法将参加群众性体育活动的人群向农村老年人、残疾人延伸，充分体现体育的群众性和参与性。1996年8月，民营青岛远达鞋业有限公司组建职工业余足球队，经常与镇机关足球爱好者和企业足球爱好者切磋技艺，并代表棘洪滩镇参加城阳区举办的足球比赛，推动全镇足球运动的开展。1988年，参加经常性体育锻炼的人数占全镇总人数的18%。1988年后，群众性体育活动蓬勃开展，参加体育锻炼的人数逐年增加。到1995年，参加经常性体育锻炼的人数占全镇总人数的40%，进入21世纪，参加经常性体育活动的人数占全镇总人数的52.3%。

2004年5月21日，棘洪滩街道举办首届市民运动会。此后，将每年举办的市民运动会作为一条主线，贯穿全街道年度内体育活动的开展。中小学在设学点布置调整中，结合新校建设配套运动场地等体育设施。各社区结合新农村建设，新建一大批街心公园、休闲广场，并配有体育活动场地和设施，极大改善了群众参加体育运动的条件，促

棘洪滩街道中小学运动会（2005年）

魏元邦（右）参加 2008 年北京奥运会火炬传递活动

群众性体育比赛（2006 年）

进全街道体育活动的蓬勃开展，全民健身活动丰富多彩，特别是 2008 年结合迎奥运活动的开展，举办迎奥运、强身体系列体育活动，组建起三十多支健身操表演队伍，举办门球、羽毛球、乒乓球、拔河等比赛，各公园、广场打太极拳、练太极扇的人群随处可见，篮球、足球、排球、乒乓球等比赛一如既往地开展。棘洪滩籍残疾运动员魏元邦参加了 2008 年北京奥运会火炬传递活动。

体育设施　中华人民共和国成立前，无专门体育设施，民间体育活动因陋就简，自择场地，自备器械。1934 年建成的上下崖孙氏私立小学，备有篮球场和体育器械。1941 年后办起的公立小学，有简单的体育器械和活动场地。

中华人民共和国成立后，体育事业蓬勃发展，体育设施不断增加。1986 年后，各学校均设有体育场，备有篮球、排球、单双杠、木马、跳箱、垫子、铅球、铁饼、标枪、手榴弹等体育运动器械。

1989 年，棘洪滩镇政府机关建起篮球场。同时，镇村共同投资建设和完善中华埠体育场，各村建篮球场 6 个。1992 年，各村、单位建起乒乓球室 25 个。1995 年，70% 的村建起体育场和体育活动室，96% 的单位有体育活动场地，并有体育运动器械。到 2001 年，拥有标准体育场 7 处、篮球场 29 处、乒乓球场（室）45 处、溜冰场 1 处、晨练点 30 个。

2001 年后，随着经济发展和群众精神生活需求的提高，街道加大对体育设施的投入。街道驻地结合中心广场建设，完成一批体育场地和设施建设。2002 年 10 月 21 日，投资 10 多万元，沿中心广场建起 4 条健身路径。2007 年 5 月，投资 18 万元，建起占

锦绣小学操场（2010 年）

青大社区中心游泳馆（2015 年）

地 500 多平方米的街道机关篮球场。2009 年 11 月 28 日，投资 200 万元，于水上公园内建起体育场，12 月 20 日交付使用。至 2015 年年底，累计投资 470 多万元，安装健身路径设施 870 余件，使 27 个社区均建有健身场所 1 处、健身路径 1 套，社区健身场所覆盖率达 100%。街道驻地、青大片区、金岭片区、中华埠、魏家庄、东毛家庄、黄家庄 7 处社区中心均建有体育场，其中街道驻地除拥有锦绣公园、水上广场等体育设施外，社区中心还有 8300 平方米的体育场，青大、金岭片区社区中心各有 2.2 万平方米的体育场，其跑道均为 400 米塑胶跑道，单双杠、篮球、排球、足球、乒乓球等器材和场地齐全，助力城阳区成为全国足球场密度最高的城市。除此之外，青大社区中心还设有 4 米高的攀岩训练区、10 米高的攀岩比赛区和 6000 平方米的 U 形极限运动区，可举办中小型训练比赛。体育场周边设有 300 米看台，可容纳 3000 多人观看体育比赛。

社会保障 中华人民共和国成立后，各村鳏寡孤独老人由人民政府和各村对其实行保吃、保穿、保住、保医、保葬“五保”政策，享受此政策者称为“五保”户。20 世纪 70 年代，有条件的 2 个生产大队建起敬老院。80 年代，有 8 个村办起敬老院，对“五保”老人集中供养。1997 年，实施贫困群众生活保障制度。1999 年 10 月，棘洪滩镇建起敬老院，对全镇 43 位“五保”老人进行集中供养。2003 年 11 月，由街道办事处投资 528 万元建设的敬老院投入使用，94 位“五保”老人入住。2003 年、2004 年，先后实施新型农村社会基本养老保险和新型农村合作医疗保险制度，全街道每年参与 2 项保险的人实现应保尽保。2004 年，实施“千户扶贫”工程，同时实施残疾人“安居工程”和白内障患者“光明健康工程”“双百”工程。2005 年，对大病居民实施医疗救助。2006 年，对百岁老人实行生活补助，并建立 80 岁以上老人体检补助制度。2008 年，在城阳区率

棘洪滩街道老年公寓（2005 年）

先启动贫困群众危房修缮制度，并实施居民生活困难临时补助救济制度，实现帮扶救助的全覆盖。2009 年，建立街道残疾人托养中心，实现残疾人居家抚养服务，并开展 70 岁以上独居老人居家养老服务，同时建立 90 岁以上老人生活补助制度，全街道“五保”老人全部纳入财政供养。2010 年，改为为 85 岁以上老人发放生活补贴，棘洪滩街道敬老院被评为全国模范敬老院。

2012 年，免除居民丧葬服务项目费用。2013 年，每年设立 300 万元的棘洪滩街道“惠民基金”，重点解决群众反映集中的困、老、病、住、学五大热点问题，发挥助医、助学、助困、安居、安养“三助两安”救助体系作用，到 2015 年，助医 614 人、助学 652 人、助困 62 人、危房修缮 8 户、居家安养服务 42 户。2013 年 8 月 22 日，下崖社区

2013 年 6 月 6 日，棘洪滩街道举行“惠民基金”启动暨助医资金发放仪式

成立全街道首个社区慈善基金会，收到社会捐赠 45 万元。“惠民基金”自费部分补助模式，将个人承担的医疗费用部分平均降低 20%，有效减轻了因病致贫、返贫问题。2015 年始，街道每年设立不少于 300 万元的社区民生项目专项补助资金，用于社区民生建设类项目的补助。

2015 年，全街道共有城镇低保户 27 户、37 人，农村低保户 401 户、554 人，全年发放低保金 442.5 万元，实现应保尽保。

文明城镇

中华人民共和国成立后，棘洪滩始终坚持在群众中进行爱国主义、集体主义和社会主义思想教育活动。20 世纪 60 年代，掀起学雷锋、树新风的热潮。80 年代，广泛开展“五讲四美三热爱”和“您好、请、谢谢、对不起、再见”10 字礼貌用语普及活动，并有重点地开展社会公德、职业道德和家庭美德“三德”教育。1993 年，开展创优良秩序、优美环境、优质服务，做文明市民“三优一做”活动。1995 年，结合传统节日开展各种形式的爱国主义教育；同时，开展听百首爱国主义歌曲、读百部爱国主义书籍、看百部爱国主义影片“三百”活动，丰富爱国主义教育的内容。2005 年，全街道思想道德建设以讲文明、树新风为主题，以创建文明城市、文明社区、文明行业“三大创建”活动为重点，有针对性地开展道德实践活动。2006 年，在群众中大力开展“八荣八耻”社会主义荣辱观教育活动。2015 年，棘洪滩街道共有省级文明社区、文明单位 3 个，市级文明社区、文明单位 15 个，区级文明社区、文明单位 32 个，创建各级十星级文明户 11662 户，含文明洁净家庭、和谐家庭在内的镇村两级五好家庭 6516 户。

文明镇创建 1995 年 8 月 16 日，棘洪滩镇党委、政府作出创建城阳区文明镇规划，将城镇建设同文明镇创建紧密结合起来，加强镇驻地精神文明基础建设。结合青岛市卫生城市创建，做好驻地单位“门前三包责任制”的落实，各单位建立卫生保洁制度，做

棘洪滩街道开展全民大教育活动（2003 年）

好室内外保洁。镇政府在镇驻地建起垃圾池，实行生活垃圾定点投放，并为镇环卫保洁队配备环卫车辆，成立城镇管理中队，负责镇驻地的管理。搞好金城商贸街、岙东路商业街和集贸市场规划管理，抓好配套设施建设，规范各摊点经营，禁止乱设摊点，保持市场卫生整洁，取缔“马路”市场。各村和工业园区加强村容村貌和园区环境建设，抓好脏乱差治理，清除土堆、草堆、垃圾堆“三大堆”，争创优美环境。根据街、巷、户配套原则，各村加大投入，对主要街巷进行高标准、高质量整修，并植树栽花，绿化美化，争创文明村庄，提高了全镇精神文明建设整体水平。年内，评为城阳区文明镇。1996 年始，又连续 2 年制定青岛市文明镇创建规划。充分利用小黑板报、小宣传栏、小图书室、小文体活动室、小广播室“五小”阵地和各村文化大院，开展思想道德教育；棘洪滩被城阳区评为全区 3 个领头雁镇之一。1997 年，棘洪滩镇被评为青岛市文明镇；2001 年，棘洪滩镇被评为青岛市文明单位标兵。

2001 年后，棘洪滩街道确立争创省级文明镇的工作目标，进一步加强思想道德建设，开展“三优一做”活动，每年开展不同形式的全民大教育活动。群众性系列文化活动广泛深入开展，以节庆文化为主线，抓好广场文化、社区文化、企业文化、校园文化和家庭文化建设，精心组织特色文艺演出队伍，创作新曲目，丰富群众业余文化生活，不断提高文明社区、文明单位质量。2007 年，获得山东省文明单位称号，至 2015 年始终保持该称号。

文明村庄（单位）创建 1982 年始，制定相关标准，开展文明村庄（单位）创建活动。各村充分发挥村民自治的作用，先后制定各自的《村规民约》，在不断实践完善基础上，形成《依法治村细则》或《村民自治章程》，户均 1 册。各村先后建起文化大院，

文化山墙（2010 年）

组织开展各种健康有益的文体活动，丰富人们的精神生活。同时，加强文明村庄基础设施建设，创建优美整洁的环境，结合村庄规划，狠抓改水改厕工作。各单位开展“岗位学雷锋、行业树新风”优质服务活动，提高文明创建的质量。1989 年，棘洪滩税务所被评为青岛市文明单位标兵，是全国税务系统 100 个基层文明税务所之一、青岛市税务系统唯一的全国文明税务所。90 年代初始，在港东庄、院后庄、毛家、徐家屋子 4 个村改建无害化厕所成功试点基础上，全镇推广无害化厕所改造。同时，加大投入，加强村庄环境整治，实施旧房拆迁通街、街巷拓宽、整修硬化、路灯安装等工程，大搞植树造林、栽花插绿活动，开展环境卫生综合治理，清除“三大堆”，建立垃圾池和环卫保洁队，增加车辆和器械，对生活垃圾日产日清，确保村庄卫生整洁，并开展文明小区、“十佳”文明街、五星级文明街创建活动，按照整、洁、美、绿、净标准，做好村庄环境管理。各单位以“三优一做”活动为重点，做好“门前三包”责任制的落实，突出抓好优质服务，提高服务质量，树立行业新风。1992 年，毛家屋子被命名为棘洪滩镇第一个青岛市文明村庄标兵。2000 年，山东省引黄济青工程棘洪滩水库管理处被评为山东省文明单位。当年，文明村庄（单位）创建内容得到进一步细化，提出文明村庄、文明单位建设绿化、美化、硬化、净化、亮化、文明化、稳定化、有线化、安全化、规范化“十化”标准。2001 年，全镇创建各级文明村庄（单位）30 个。

2001 年后，棘洪滩街道仍然将文明社区（单位）创建作为精神文明建设主要内容来抓。2004 年，结合文明社区创建，各社区建立 1 ~ 2 条高标准示范街、1 个文明居住组团、

山东省文明单位——山东省引黄济青管理局青岛分局棘洪滩水库管理处（2000 年）

1 个文明片。2005 年，各社区开展和谐示范点创建活动，将棘洪滩村、东毛家庄作为和谐示范点创建试点社区，带动全街道和谐示范点的创建。2007 年 8 月 31 日，开展构建文明和谐社区活动。2009 年，各社区大力开展文化山墙建设和社区读书月活动，增强精神文明建设的亮点，推动社区文化建设。在区、街道的支持下，各社区改扩建文化教育中心，纷纷成立锣鼓队、秧歌队、健身队、合唱团等文艺团体，以节庆等为载体，开展社区文化周周演、月月新活动，做到周周有活动、月月有特色。2010 年，全街道组织开展文艺培训、民间艺术节、市民节、社区艺术节、纳凉晚会、戏曲电影专场等各类群众性文化活动 100 余场（次），丰富多彩、喜闻乐见的文化活动的开展，营造了欢乐祥和的文化氛围。2011 年后，积极营造环境优美、资源节约、景观优雅、功能协调的生态家园。各单位继续开展“三优一做”活动，突出抓好内部管理，落实“门前三包责任制”，开展优质服务，树立行业新风，巩固和提高文明创建成果。2015 年，全街道共有文明社区、文明单位 33 个，其中省级文明社区 1 个、省级文明单位 2 个，市级文明社区 6 个、市级文明单位 9 个，区级文明社区 18 个、区级文明单位 14 个。

文明户创建 1982 年，在社员家庭中开展“五好家庭”创建活动。至 1994 年，全镇评选出各级“五好家庭”5921 户。

1995 年 5 月 11 日，结合小城镇建设，为使农村爱国主义、社会主义和集体主义教育更加深入，使思想政治工作更加具体化，实现群众自我教育、自我约束、自我管理，在农村家庭中开展十星级文明户创建活动。全镇十星级文明户创建活动在北万、棘洪滩、港北、港东庄、院后庄、小胡埠、徐家屋子、毛家和东毛家庄 9 个村试点，采取半年初评、年终总评的办法进行。1996 年，在全镇推广，以“弘扬中华民族美德、建设文

毛家社区居民开展文明创建活动（2005 年）

为“五好文明家庭”挂牌（2012 年）

明温馨家庭”为主题，实施优化家庭行动，开展创建“五好文明家庭”活动。1997 年，开展创建“五好文明家庭”、实施家庭美德建设系列行动，确定“五好文明家庭”、好婆婆、好媳妇、好邻居评选标准。重点开展家庭文化建设一百本书、一个书橱、一份报刊、一幅字画、一盆花“五个一”特色文化入户创建活动。1998 年，制定“美在家庭活动”三年规划。1999 年 1—3 月，开展人人参与、美化家园环境集中整治活动，着力改善家庭生活环境，提高生活质量。城阳区为发挥典型示范带动作用，于 8 月 19 日在全区命名包括铁家庄、港东庄、院后庄、毛家在内的 29 个村庄为“美在家庭”活动示范点。2001 年后，继续实施家庭文明工程，开展“五好家庭”、十星级文明户、“五好文明家庭”创建，使家庭文明作为精神文明建设的重要组成部分，构成棘洪滩街道文明创建体系。2005 年，街道妇联在妇女中实施评百佳文明户、进千户家门、访万名妇女“百千万”文明工程。2006 年，在全街道开展争创国家卫生镇、弘扬文明洁净家风为主题的“文明洁净家庭进万家”活动。6 月 20 日，棘洪滩村社区在全区率先创办首家父母学堂。2007 年，在构建文明和谐社区活动中，将文明示范街、示范小区、示范楼院创建和文明和谐使者评选、文明洁净家庭创建等活动结合起来，开展垃圾不落地、文明在手中活动。2007 年后，开展和谐家庭创建，每年都有一大批和谐家庭受到表彰。2011 年后，围绕动车小镇的打造，广大居民积极践行社会主义核心价值观，参加“道德讲堂”学习，争登善行义举“四德榜”。以做文明居民、建和谐家园为主题，以家庭的平安，带动和促进社会的平安。

2015 年，全街道共创建市级“五好文明家庭”36 户、区级“五好文明家庭”157 户、镇级“五好文明家庭”1155 户。

潍里文化

曾经的棘洪滩，因地势低洼，域内河流较多，再加上受海潮顶托，经常导致洪水漫涣，水荒过后，留下一片泥滩泽国，于是得名“潍里”。

恶劣的自然环境，铸就了棘洪滩人坚韧不拔、乐观向上的精神。丰富的渔盐资源、便利的交通条件，吸引了八方商贾，融汇了各地文化。千百年来，薪火相传，形成具有浓郁地方特色的潍里文化。

海西龙王节寄托人们祈求平安出行、满载而归的梦想；秧歌旱船表达人们对五谷丰登、安居乐业的向往；一首首民乐丰富了人们田间地头、农闲时节的生活；一幅幅剪纸勾勒出人们丰衣足食、幸福生活的愿望。更有被誉为“胶东之花”的柳腔，一曲唱罢缠绵悱恻、荡气回肠……

海西龙王节

海西龙王节发轫于棘洪滩街道前海西社区，始于明末，鼎盛于清代和民国年间，为海西村所独有，是胶州湾北部沿海劳动人民在长期的生产生活中所孕育而成的具有浓郁地方特色的节日，在民间有着相当广泛的社会影响。2007 年 12 月 30 日，海西龙王节被列入城阳区首批区级非物质文化遗产名录。

渊源 明万历年间（1573—1620），有一年农历六月十三，天降暴雨，洪水在海边冲出一个龙王牌位，被前海西人捡到。由于海西多海洋捕捞、海上运输和海水制盐者，他们深信龙王能保佑海事平安，风调雨顺，便于村东南盖了 3 间龙王庙，将龙王的牌位供奉起来。从此，每年农历六月十三，船家、盐户、渔民及其他民众自发地到龙王庙焚纸烧香，许愿还愿。年复一年，终成海西所独有龙王节，又称“龙王会”或“雨节”。

农历六月十三前三四天，前海西村要到邻近村庄跑香会。所谓“跑香会”，就是由村里会首组织，船家、盐户、渔民等出资组成百余人的队伍，由 6 人抬着供奉泥塑龙王的大轿前行，高跷、旱船相随，绣有蛟龙的彩旗和鼓乐队伍随后，到邻近村庄和灵山、马山、平度等地演出，借机宣传和扩大龙王节的影响。跑香会时，旌罗伞盖，彩旗招展，锣鼓喧天，浩浩荡荡，好不热闹。所到之处，各地除施舍香火或银钱外，还略备酒饭款待。

六月十三这天，从事海事活动的船家、盐户、渔民和近海下小海的（亦称赶海者），天不亮就来到龙王庙前祭祀龙王，有祭祀的时辰越早越好，保佑平安，占先发财之说。龙王节祭祀仪式由前海西村三官庙道士主持诵经，所诵经文《秋雨颂》，其寓意是保佑船东、渔家秋天出海风平浪静，海上平安；保佑秋天风和日丽，免降暴雨，使盐户海盐有个好收成；保佑秋天风调雨顺，金秋时节农家五谷丰登。祭祀之前，要摆供被称为“三牲”的猪、鸡、鱼，连同大馒头、水果、糕点、糖果等均由三官庙道士准备，其费

龙王节祭海仪式（2010 年）

用从三官庙庙地祭田收入中支付。祭祀一般在日出之前进行，供奉的整猪须去掉内脏。大家富户独备一头，普通人家则三五家合备一头。前海西村海事昌盛之时，有海运和捕捞的船只达 300 余艘。由于前来祭祀者众多，上百头整猪，最多者达三百余头整猪依次排开。祭祀开始，先由会首行三拜九叩大礼首祭，后船家、盐户、渔民等依次叩拜。龙王庙前秉烛燃香，焚纸祭酒，烟雾缭绕，锣鼓欢腾，鞭炮齐鸣，响声震天，叫买叫卖的摊贩、打把式卖艺的江湖艺人、海西的亲朋好友从各地赶来，人山人海，摩肩接踵，蔚为壮观。

祭祀仪式结束后，海西人各自回到家中，迎宾待客，美酒佳肴款待亲友。

传承 龙王节先前为前海西独有。20 世纪 80 年代农业生产责任制实行后，后海西村受其影响，也于每年农历六月十三过龙王节，使龙王节规模得到扩大。随着改革开放和经济社会的发展，龙王节这一海西独特的传统节日更加被人们所重视，但祭祀仪式要简单得多，除由村内德高望重的长者主持摆供上香焚纸，鸣放鞭炮外，还增加了村干部讲话，祝福乡亲和家乡的内容，使龙王节不再是一种单纯的祭祀，而赋予了时代的气息，成为海西的一项传统文化和胶州湾沿海的一种民俗活动，内容也由传统的祭祀龙王，变成亲朋欢宴、预祝丰收，祝福人民群众幸福安康的盛大节日。

民间文艺

民间乐队

流传的古乐曲不多，主要有《苏武牧羊》《满江红》《赏春》《梅花三弄》《节节高》等 10 余首。这些古代乐曲，多为粗通音律乐理的民间艺人以笙、箫、管、唢呐、二胡等演奏，也有人在茶余饭后、闲暇之时吟唱。清末至 1958 年以前，民间乐队除春节等传统节日为民间文艺演出伴奏外，主要服务于百姓的婚嫁迎娶、富家寿宴和丧葬出殡，以此收取资费，养家糊口。民间乐队喜庆多演奏《百鸟朝凤》《罗成叫关》《将军令》等乐曲，丧事则吹奏《哭长城》《小寡妇上坟》《一枝花》等。民间乐队中尤以古岛和中华埠的 2 个鼓手班比较知名。20 世纪 50—60 年代，2 个鼓手班先后停止演出。80 年代后，民乐演奏有所兴起，各种文艺演出均有民乐演奏。除传统曲目外，一些流行歌曲、影视插曲和经过改编的管弦乐曲演奏，使人耳目一新，富有时代气息。

古岛鼓手班 创建于清末，以家族成员为主，班内笙、管（单管、双管）、笛子、唢呐、二胡、锣鼓、大小长号等乐器齐全。至第三代传人高以福、高以禄、高以寿、高以禧四兄弟时，演技更为成熟，兄弟四人对乐器样样拿得起、放得下，且各有特长，在即墨县西南乡，特别是棘洪滩及马哥庄、阴岛、河套一带颇有名气。1958 年“大跃进”后，高氏鼓手班第四代传人停止演奏。20 世纪 80 年代后，高氏族人重新组班，受丧葬人家之邀，从事殡葬民乐吹奏，但班底规模和乐器数量已不如从前，是棘洪滩街道目前唯一尚存的鼓手班。

中华埠鼓手班 民国年间，中华埠程宗理、王希丰、张作明等人组建鼓手班，班内吹、拉、弹、唱各色齐全，在乡间小有名气，程宗理、张作明吹奏的唢呐功夫精道，欢则高亢欢畅，激越悠扬；悲则凄婉如诉，催人泪下。20 世纪 60 年代初，因生活困难，该班停止活动。

舞龙 清末，民间就有舞龙活动，多在农历正月十五闹元宵时或庙会上表演。龙身以竹篾支撑，捆扎成圆筒形状，用布幔围裹，通体用油彩涂画龙鳞，辅扎龙爪，龙身成数节，每节由木棒固定，供舞龙者持舞，龙头扎有龙角，安装龙睛，有龙须可随风摆动。舞龙时导引者手持绣球不停轮转，舞龙人则随着绣球的晃动摇摆，或弯曲盘旋，或腾空跃起，或俯伏于地，或张扬翻卷，不停变换着各种动作，让人看得眼花缭乱，惊叹不已。抗日战争爆发前，各村农历正月十五元宵节有舞龙活动，中华埠村每年农历正月十一庙会上，舞龙是必不可少的表演节目。时至今日，舞龙活动仍为节庆活动的重要民间艺术形式。

旱船 俗称“跑旱船”。旱船用竹木扎制而成，饰以彩绸、穗缨，船身长不足2米，宽约0.8米。船中装假腿，有一人扮坐船女子，内扎背带，系于船沿固定，两手提船控制平衡，边行边舞。行进间，有串八字、串花、猛回头等花样，冲、退、颠、旋、摇、摆等动作，另一人扮作艄公，手执船桨，做各种划船动作，与船中女子配合对舞。为渲染气氛，船四周有扮作鱼、鳖、虾、蟹者伴舞。跑船时配以鼓乐或吹奏乐。“文化大革命”前，前海西、小胡埠、中华埠、东毛家庄等村每逢春节都有演出。“文化大革命”期间被视为“四旧”而停。改革开放后，前海西、北万、小胡埠、下崖、崂山第三棉织厂等春节举行文艺演出时又有表演。

高跷 俗称“跑高跷”或“踩高跷”。跷腿用木头做成，高约0.5～1米，绑在脚上。参与踩高跷的大都是年富力强的青壮年，演出的剧目多以《西游记》等神话故事中的人

旱船表演（2000年）

物和传统戏剧中的人物为主。演出人数不定，但不少于 10 人，由一人扮“丑”在前开路，其他人物根据自身特点，或插科打诨，或诙谐幽默，做出各种姿态，逗人发笑，引人入胜，演出为行进形式，配以鼓乐。

民国初期，古岛村宋庆茂、黄泽云、矫扶顺、矫扶学、崔志贤、孙毓贤等发起组织由四五十人组成的舞狮和高跷相结合的民间演出队伍，每年冬闲进行舞狮和高跷排练，所需费用由村按地亩部分均摊，余者由乡绅“守璞堂”宋希祥供给。每年农历正月初三至二月初二，演出队伍抬着供奉“庄稼佬”的轿子，到周边村庄巡回演出，祈求苍天风调雨顺、保佑世间五谷丰登，俗称“跑会”。演出时，两只雄狮欢腾跳跃在前，风趣诙谐的高跷队伍相伴，飞舞招展的彩旗随后，两套打击乐和一套管弦乐根据表演的情节，伴以优美动人的乐曲，烘托表演气氛，把演出推向高潮。此外，中华埠、小胡埠、南万等村时有高跷演出。新中国成立后，因忙于农业生产停演。1993 年，小胡埠村组织 20 余人的高跷队，代表棘洪滩镇参加崂山区农历正月十五举办的民间艺术节文艺演出。进入 21 世纪，各社区在节庆时仍有高跷演出。

花棍 又称“花棍舞”，俗称“打花棍”。道具简单，用 1.2 ~ 1.5 米长的木棍，加彩色布绸缠绕，两端系彩缨，称为“花棍”。伴奏乐器为锣鼓或其他简单的打击乐，多为十几岁青少年彩装演出。表演时，花棍可在肩、背、手、脚部多处击打，表演形式有走打、卧打、对打、跑打、跳打等多种花样。花棍舞始兴于新中国成立初期，在节庆、欢送新兵入伍、春节慰问烈军属时表演。“文化大革命”后停止表演。20 世纪 90 年代后，东毛家庄对花棍舞进行挖掘整理，在节庆时演出。

扁担官 又称“抬灯官”，是一种在晚上进行的民间艺术表演。抬灯官每组由 3 人组成，道具仅是一条扁担，扁担中间用布缠绕，供“灯官”端坐其上。灯官为丑官扮相，倒戴官帽，一手持折扇摇摆，一手握长约 1 米的烟斗，烟斗杆上挂绣花荷包。2 名抬扁担者抬着灯官，左右颤悠、上下晃荡。灯官须双腿盘坐扁担之上，既要做出各种扮相，风趣十足，又要做到任凭抬担者上下、左右摇晃颠簸而稳坐扁担之上，难度之大可以想象。1958 年前，中华埠村每年农历正月十五闹元宵时有演出。

秧歌 是一种古老的民间集体歌舞，以胶东大秧歌为基本表演形式。中华人民共和国成立前，每逢节庆、庙会，各村的秧歌队走街串巷进行演出。秧歌队少则十几人，多则几十人。表演时，锣鼓开道，演员列队居后，头戴彩花，身着彩衣，手持彩绸，载歌载舞。队员多踩“十字步”，主要动作有进、退、跳、跃、扭、套、走、卷等，队形变换灵活多样。其表演形式有“大场”和“小场”之分。大场表演时全体演员出场，领舞者一手执伞，一手执铃，以铃为号令，以伞为标识指挥演出。先由各类角色依次出场亮相，后变换各种队形进行跑场，常见的队形有“剪子股”“龙摆尾”“蛇蜕皮”“四门斗”“五股穿心”等。演员根据队形的变化做出不同的舞蹈动作，跑场间隙，领舞者可即兴发挥；小场俗称“扮故事”，由演员边歌边舞，表演一些有故事情节的段子，常演的有《锯大缸》《绣荷包》等。秧歌伴奏大场用锣鼓等打击乐，小场则用二胡、唢呐、笙等管弦乐。

中华人民共和国成立后，一些来自老解放区曲调欢快、舞姿活泼的新秧歌传入。20世纪50年代初，大多数村以妇代会为主组建秧歌队，在欢庆土地改革、欢送抗美援朝新兵入伍、春节慰问烈军属时，以欢快的秧歌，抒发翻身解放、当家做主的喜悦，表达对抗美援朝应征入伍青年和烈军属的赞美。“文化大革命”期间，秧歌舞被“忠”字舞替代。90年代，棘洪滩、东毛家庄等村由妇女组成秧歌队，不但在村内演出，还经常参加全镇的节庆活动。进入21世纪，棘洪滩村、铁家庄、前海西等社区秧歌队多在节庆表演，并多次参加市、区秧歌文艺调演。

跑驴 用纸壳或旧布片打（浆）的板子，或用板条做成毛驴状，装饰驴尾、驴鬃和彩绸等，驴的脊背设假腿，并留一方口。扮骑驴的表演者从方口处把驴绑在自己的腰间，手护驴鞍，边行进边做骑驴的动作，另一人持缰绳扮牵驴者，还有一人持鞭扮赶驴者。牵驴者时而被驴摔在地下打滚，时而被驴拽着倒退，赶驴者则经常被驴踢倒、翻跟头，其表演诙谐滑稽，妙趣横生。20世纪90年代末期，北万村的跑驴表演，参加区镇春节民间艺术演出。

跑驴表演（2015年）

腰鼓表演（2013 年）

腰鼓 俗称“花鼓”，因表演者将鼓系于腰间，用两根木棒击打表演，故称“腰鼓”。1956 年秋，中华埠完全小学组建 20 余人的腰鼓队，南万、上崖等小学也组建具有同等规模的腰鼓队，演员以小学生为主，由各校教师指导。各学校腰鼓队利用业余时间排练，主要在节庆演出或春节期间慰问烈军属。1959—1961 年，各校腰鼓队停止活动。1963 年，中华埠、上崖两校的腰鼓队恢复演出。1986 年，中华埠小学腰鼓队发展到 40 余人。1994 年，上崖小学腰鼓队发展到 60 多人。这两个学校的腰鼓队常年坚持演出。2006 年 8 月，上崖小学合并于锦绣小学后仍有腰鼓队。2013 年，下崖社区组建老年腰鼓队，坚持在节庆演出。

锣鼓 表演历史悠久，或为其他艺术形式伴奏，或单独表演，多在欢送新兵入伍、慰问烈军属、节庆、喜庆时进行。1996 年 11 月，棘洪滩村青岛铁路客车弹簧厂投资 5 万元，组建棘洪滩村华丰锣鼓队，有演职人员 80 余人，鼓乐 85 件，聘山西省侯马市威风锣鼓队 2 名艺人执教，借鉴山西威风锣鼓演出，其表演时犹战鼓催阵，气势磅礴，恢宏激越；时如行云流水，舒缓柔和，赏心悦目。该鼓乐队多次参加区镇节庆演出和大型庆典活动，并屡屡获奖，受到广泛好评。1999 年 3 月，因企业生产任务繁重而息鼓。2008 年，后海西小学组建由 46 名学生组成的盛世盘鼓队。初由学校教师辅导。2009 年，从青岛市专业艺术团体聘请 1 名教练作辅导。该队鼓点张弛有度，不断变换鼓点节奏，时而慷慨激昂，时而雄浑深沉，随着鼓点，队形不断变换，展现出当代青少年朝气蓬勃、昂扬向上的精神风貌。该队多次参加市、区、街道组织的节庆活动。2010 年 9 月，

棘洪滩村华丰锣鼓队表演（2010 年）

在城阳区、青岛市教育艺术节演出中均获一等奖。

抡花　80 年代前，中华埠村一些烟花爱好者在春节期间，利用灯笼外罩或铁丝编织的铁笼，内装自制木炭、生铁屑，找一宽敞地方，地下挖一小洞，立一结实圆木杆于洞中，将圆环套在木杆上部，用一长绳系住铁笼，另一端拴圆环，将木炭点燃，由青壮年挟杆合力抡转铁笼成平环状，火借风势，风助火威，铁屑熔化摔落地下，满场开花，形成直径 60 多米的银花世界，令人叹为观止。改革开放后，再无人抡花。

小礼炮　将一根长 40 厘米的铁管，一端固定在一硬木上，形如枪托，靠近木托处铁管极端钻一小孔，装入自制火药长约 10 厘米，安装引信，点燃后鸣放似礼炮。中华人民共和国成立前，中华埠村富家大户年节、喜庆、丧葬、嫁娶均有鸣放，普通人家只在春节、祠堂祭祀时燃放。中华人民共和国成立后，被烟花爆竹替代。

民间工艺

泥塑　明清时期，民间艺人靠自己的想象和临摹用泥巴捏成不倒翁、老虎、猴子、青蛙等人物、动物，春节期间到集市上出售。各村庄庙宇的鬼神塑像，由于技艺要求较高，艺术水平上乘，多请外地艺人泥塑，少有当地人泥塑。1946 年，中华埠村关帝庙中关羽、周仓、关平等的群塑，由中华埠村泥塑艺人宋延根所塑，其塑像神态逼真，形象生动，尤其所塑“关公月下读《春秋》”一尊，其神态、着色可与年画媲美。他所泥塑的三国人物、《西游记》人物神态各异、栩栩如生。20 世纪 50 年代中期，中华埠小学教师迟耀庭喜爱泥塑，所塑造的人物、动物生动传神，并在课堂上开展泥塑教学。1958 年，泥塑教学停止。现今，域内无泥塑艺人。

绣花 民间又称“扎花”。中华人民共和国成立前，农家女子大都要学绣花。绣花是农家女红的主要组成部分。所谓绣花，一是用一根钢针，穿引各种颜色的绣花线，在衣服、枕头、鞋面、鞋垫、手帕等物品上绣织花鸟鱼虫等各种美丽的图案，另则是绣荷包。荷包分两种，一种是女子出嫁时，为丈夫的兄弟和亲朋好友提前绣织的荷包，婚后第四日，俗称“望四日”，新媳妇把荷包分给他们。荷包取其谐音“活宝”，新媳妇一进门就送“宝”，其寓意明显，这种荷包是用来盛旱烟的。另一种荷包是每年临近端午节时做的，内装香草、艾蒿及其他香料，故又称“香布袋”，系在腰间或收藏，起到闻香驱虫的作用。这两种荷包都用丝绸和丝线缝织，大的数寸，小的不足一寸，造型各异，绣工精细，下垂流苏，带串美珠，特别是后一种荷包，深受少年儿童和青年女子的喜爱。中华人民共和国成立后，农村妇女参加农业生产集体劳动，学习绣花的人渐少。20 世纪 70 年代，能见到的绣品多是农村女子结婚时为丈夫及其亲友绣织的鞋垫。20 世纪 80 年代后，随着机织绣花、电脑绣花的出现，手工绣花绝迹。

面塑 其历史悠久，花样繁多。主要分两类，一类是节日面塑，另一类为喜庆面塑，其用意皆为祝福、喜庆，按不同节日，农家制作不同的面塑。节日类面塑主要是春节做枣饽饽、花卷、鱼花等；农历正月十五做神虫、莲花灯、十二个月灯、狗灯、鸡灯等面灯，这些面灯留有盛油灯穴，蒸熟后在灯穴内倒入花生油或豆油，按上灯芯点燃；农历五月端午节做活页；农历七月初七磕饽花。饽花是将和好的面，置入镂刻成小猴

面塑圈

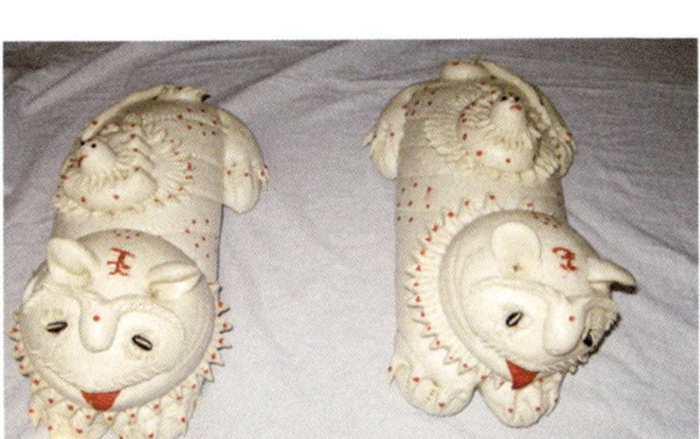

面塑老虎

子、小金鱼、小猫、小葫芦、小老虎、莲蓬等各种图案的俗称“榼子”的硬木模具压制焙烙而成；农历八月十五做月光等。喜庆类面塑主要是小孩三日、满月做圈；男孩百日做老虎，女孩百日做燕子；老人过生日做寿桃、打寿糕；儿子结婚做龙凤饽饽等。由于面塑为节日和喜庆增添了色彩，深受人们喜爱，至今仍流行面塑制作。

纸扎 其工艺分两种。一种主要用于房屋装饰。特别是青年男女结婚装饰洞房时，要请人扎糊棚。所谓糊棚，即仰棚。扎糊棚时，先用高粱秸沿房梁下，绑扎成平整的顶棚框架，再用带“喜”字的彩纸，连同房内四周墙壁张贴，顶棚四角用黑纸裁剪成比较大的蝙蝠，每角贴一个，中间则剪成一个直径 30 ~ 40 厘米的变形“寿”字，顶棚四边、窗边、墙边同样剪贴花鸟虫鱼等各式图案装饰。因洞房装饰讲究牢固、结实、平整，图案花样清晰美观，需请专业工匠劳作。持此种手艺的工匠，既要有精湛的木工技术，又要有相当高超的剪纸艺术，人们称他们为“扎才”。80 年代后，随着民宅质量的提高和结婚洞房布置的时尚，年轻人结婚不再扎糊棚。另一种纸扎则是专事制作丧葬和祭奠用品，人们称之为“扎纸草”。“文化大革命”期间，“扎纸草”绝迹。

剪纸 是一门古老的民间艺术。掌握剪纸艺术的多为心灵手巧的妇女，其剪纸作品题材广阔，有传统的四季花鸟、喜鹊登枝、龙凤呈祥、十二生肖等，有反映日常生活和生产劳动的王小赶脚、家乡新貌、四季农时、丰收图、农家乐等，有民间故事和名著人物牛郎织女、天女散花、梁山伯与祝英台、武松、鲁智深、林冲等。每当春节或喜庆，人们便根据节庆内容，剪纸张贴。这些剪纸作品，构图新颖、形象逼真、线条流畅，具有较高的审美价值和浓郁的乡土气息。为传承剪纸艺术，域内各中小学美术课开设剪纸教学，一批学生剪纸爱好者的作品先后参加上级组织的美术创作展览。

柳腔

柳腔，被誉为“胶东之花”，被列入全国非物质文化遗产名录，素有“南昆北弋，

棘洪滩柳腔剧团柳腔戏演出（2010 年）

东柳西梆”之说。著名诗人贺敬之在观赏柳腔表演之后，即兴写下“杯接田单饮老酒，醉人乡音听柳腔”的精彩诗句。棘洪滩为柳腔的发源地之一。

柳腔始称“周姑子”或“肘鼓子”，初用四胡伴奏时，因没有乐谱，琴师演奏和演员演唱不相协调，他们就互相配合着往上“溜”，因而被人们称为“溜腔”。后来，艺人们觉得“溜”字不雅，就借用同音字“柳”字，正式定名为“柳腔”。柳腔唱腔有悲调（大慢板）、慢板、花调（原板）、散板、摇板、哭头、二六、流水、快板、尖板、反调、南锣及娃娃腔等板式，其中悲调和花调是基本唱腔，被称为“母曲”，其甩腔尾声向上翻的“勾勾腔”是柳腔的典型唱腔，表现出特有的韵味。悲调也称“悲宫”，其特点是悲哀凄凉，如泣如诉，适宜于表现悲愤咏叹的感情，板式上多为一板一眼，眼起板落。由于悲调用于悲痛的叙述，因而唱腔多采用下滑音，经常运用真假声相结合的唱法，表现人物饮泣吞声的悲切心情。花调亦称“花腔”，其节奏欢快跳跃，变化灵活，适宜于抒发欢乐喜悦的心情，表现出柳腔唱腔的独特韵味。柳腔采用民乐伴奏，分文场和武场。文场由弦乐和管乐组成。弦乐乐器有俗称“四根弦”的四胡、二胡、中胡、琵琶、月琴、三弦、扬琴等，四胡是伴唱的主要乐器。管乐有笙、唢呐、笛子等，主要用于吹奏过门曲牌，起到过渡和创造气氛作用；武场乐器有板鼓、大锣、小锣、吊钹、碰钟、大小堂鼓等，用于打击伴奏，乐谱和鼓点多借用柳子戏和京剧的套路。柳腔的曲牌大部分由当地民歌发展而来，也有一部分是从其他剧种移植过来的。柳腔的唱词和念白运用地方方言，通俗易懂，朴实亲切，充满生活气息，具有浓烈的乡土风味，同时还吸收大量的歇后语和顺口溜，并运用比兴和夸张的手法，增强艺术感染力。

域内柳腔演出历史悠久，前海西、后海西、南万、北万、韩洼、上崖、港北、魏家庄、张家庄、段家庄等村先后组建业余柳腔剧团。在众多民间柳腔剧团中，较为知名的是东毛家庄、棘洪滩、古岛、中华埠、小胡埠等村的业余柳腔剧团。至 2015 年，仍有棘洪滩柳腔剧团和小胡埠桃源柳腔剧团活跃在民间表演舞台。

东毛家庄柳腔剧团 清末，于守汉、李维桐、李壮德、于瑞宝等发起组建东毛家庄柳腔戏班，演出被称为“四大京”的《东京》《西京》《南京》《北京》和“八大记”的《罗衫记》《绣鞋记》《玉杯记》《金簪记》《风筝记》《钥匙记》《丝兰记》《火龙记》中的传统剧目及其折子戏。后柳腔戏班经吕本召、毛德华、毛兆彦、韩高伟等进行继承和发展，著名柳腔艺人毛秀美经常回村指导及搭班演出，使东毛家庄柳腔戏班在即墨县颇有名气。其间，东毛家庄柳腔戏班排演的主要剧目除“四大京”“八大记”外，还排演了《刘公案》《韩渊借粮》《秦香莲》《梁山伯和祝英台》《小姑贤》等传统剧目。70 年代，东毛家庄生产大队柳腔剧团改编演出的现代戏《红灯记》《智取威虎山》等，除在锦红滩公社巡回演出外，还应邀到即墨、胶县等社队演出，并参加崂山县和青岛市的业余文艺调演。80 年代，因演职人员务工经商，剧团停止活动。

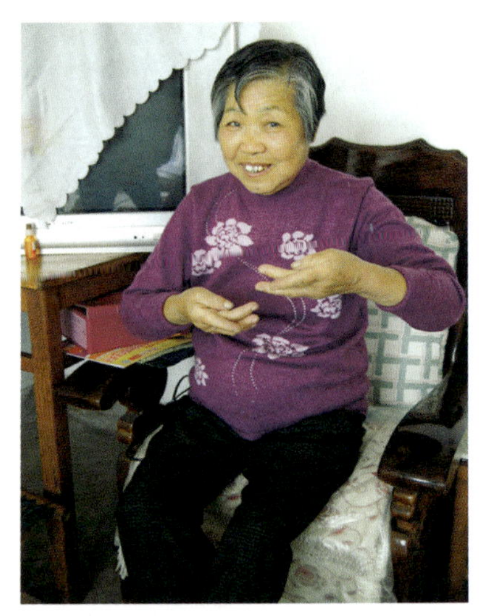
柳腔名伶毛秀美

棘洪滩村柳腔剧团俱乐部 清咸丰七年（1857），柳腔传入，村中始有人清唱柳腔。1915 年，刘作尧发起组建棘洪滩村柳腔戏班，由 19 岁学艺、22 岁出山的王敦玢和刘吉福以及艺名“小机会”的于水任柳腔师傅，演员 7 人组成，演出剧目多为“四大京”和“八大记”中的传统剧目及其折子戏和《寻工夫》《井台会》《借年》《白蛇传》《三滴

棘洪滩村柳腔剧团演出柳腔戏（2010 年）

血》等传统剧目。中华人民共和国成立之初，棘洪滩村业余柳腔戏班更名为棘洪滩柳腔剧团，有演员 26 人。该村柳腔传至第六代时，演员增至 41 人，演出《三节烈》《秦香莲》《墙头记》《三拜花堂》《桃花案》《莲花案》《彩楼记》《茶瓶记》《辕门斩女》《打狗劝夫》《孔雀东南飞》等传统剧目。在应邀到胶州、即墨和崂山等县的 20 多个乡村演出传统剧目的同时，又先后排演《三世仇》《白毛女》《刘胡兰》等现代剧目。60 年代初至“文化大革命”之前，棘洪滩生产大队柳腔剧团改编《铡赵王》《打龙袍》等传统剧目和现代剧目《夺印》，除在村内演出外，还到周边生产大队和临近县社巡回演出。1962 年，棘洪滩生产大队柳腔剧团排演的保留剧目《白蛇传》，于春节期间参加崂山县业余文艺会演获得一等奖。1966 年“文化大革命”开始后，传统剧目被禁止上演，锦红滩生产大队柳腔剧团解散。20 世纪 70 年代初，锦红滩生产大队重新组建柳腔剧团，先后排演《红灯记》《杜鹃山》《沙家浜》《枫树湾》等现代剧目。1976 年，演出的新编历史剧《西门豹》获崂山县业余文艺会演一等奖。农业生产责任制实行后，各村庄的业余柳腔剧团大都停止活动，但棘洪滩村柳腔剧团仍演出不辍，并多次参加市区的演出比赛。2003 年 12 月 13 日，棘洪滩街道 8 家民营企业出资 20 多万元，对棘洪滩村柳腔剧团进行重新组建，有演职人员 35 人。2004 年 11 月 15 日，棘洪滩村柳腔剧团更名为棘洪滩街道柳腔剧团俱乐部，但仍以原名对外演出，足迹遍布青岛市各市区，所演剧目以传统柳腔戏为主，年演出传统柳腔戏 200 多场次。2010 年，棘洪滩街道柳腔剧团俱乐部代表城阳区参加青岛市第二届群众文艺创作会演，并选调参加山东省第二届农村文化艺术节演出。

古岛村柳腔剧团 清末，柳腔传入古岛村。肖维文、王永学、张丛俭、张丛正、吕思高、吕思训、黄泽河、黄泽田、纪善传、纪财传等发起组建古岛村柳腔戏班。戏班生、旦、净、末、丑各角色齐全，演出剧目为“四大京”和“八大记”传统剧目及其折子戏。其间，经常与海东屯及周边村庄柳腔戏班切磋技艺，演艺日臻成熟。1922 年，海东屯人、该村柳腔戏班的发起人之一、33 岁的被称作“戏母子”的李赞文迁徙至古岛村定居，积极参加柳腔戏班的演出，并任被称为“师傅”的艺术指导。戏班除继续演出“四大京”和“八大记”传统剧目及折子戏外，还赶排了《小姑贤》《借年》《打渔杀家》《小女婿》等传统剧目，巡回演出于山角底、潮海、阴岛、马哥庄、程哥庄、郭家庄、李仙庄、上崖、下崖等。中华人民共和国成立后，除继续演出“四大京”“八大记”中《火龙记》等部分剧目及《杜十娘》《闹学堂》《彩楼记》《借年》《小姑贤》《秦香莲》等传统剧目外，配合婚姻法的宣传和农村阶级教育及农业合作化运动，演出《李二嫂改嫁》《三世仇》《李顺达互助组》等现代剧目。由于《龙凤面》《兰瑞莲打水》《彩楼记》等剧本失传，新中国成立之初组建的青岛金星柳腔剧团团长宋洵广、张秀云夫妇多次向李赞文索取剧本。李赞文凭记忆口述，由其长孙记录整理，向青岛金星柳腔剧团提供一大批剧本。“文化大革命”后期，剧团演出《红灯记》《沙家浜》《智取威虎山》和《砸烂魔窟》《追报表》等现代剧目，除在周边社队演出外，还到青岛南万盐场慰问演出。1978 年，到青岛机床开关厂慰问演出《难忘的血泪》后停止演出。

中华埠村柳腔剧团 民国初年，赵永灿、毛玉俊、赵显文、李福祥等发起组建中华埠村柳腔戏班，排练剧目演出。20 世纪 30 年代中期，中华埠村戏班邀请柳腔艺人刘森搭班演出，并向刘森学艺。在刘森的言传身教下，该戏班的演出水平得到很大提高。中华人民共和国成立前，除逢节日、庙会在村内演出外，还到周边村庄演出，所演剧目主要有《王定保借当》《彩楼记》《赵美蓉观灯》《狮子楼》等。中华人民共和国成立后，中华埠分为 3 个村，村村都成立柳腔剧团，3 个村的柳腔剧团或合演，或单独演出。50 年代中期，3 个村剧团合演的柳腔《梁山伯与祝英台》在周边村庄颇受欢迎，应邀到胶澳盐业职工俱乐部连演数场，并参加即墨县业余文艺调演。1964—1965 年“四清”期间，中华埠村柳腔剧团先后到即墨、胶县的多个生产大队演出《箭杆河边》《刘四姐》等剧目，受到广泛好评。“文化大革命”期间，根据现代京剧改编的《红嫂》《沙家浜》等剧目参加崂山县业余文艺调演。70 年代后期，在周边生产大队演出传统剧目《穆柯寨》《屠夫状元》等。80 年代，由于演职人员忙于务工经商，无暇组织柳腔排演，该柳腔剧团解散。

小胡埠桃源柳腔剧团 20 世纪 30 年代，魏焕光、刘明信、代方义、代方睦等发

小胡埠桃源柳腔剧团演出柳腔戏（2008 年）

起组建小胡埠村柳腔戏班。初期，受条件所限，戏班利用春节期间打地摊演出。代方义、侯文信等人在青岛纱厂做工，工余到四方剧院跟柳腔名伶张秀云、龙乐、小焕、王玲等学戏并同台演出，积累了厚实的柳腔演唱功底。中华人民共和国成立后，代方义、侯文信等回乡务农，加入村柳腔剧团参加演出。该柳腔剧团于 50 年代达到鼎盛，有演员 40 多人，乐器、行头完备，生、旦、净、末、丑角色齐全，文、武场戏皆能上演，演出的传统剧目有《彩楼记》《钥匙记》《桃花案》《莲花案》《东京》《西京》《秦香莲》《孔雀东南飞》《狮子楼》《割肉孝母》《罗衫记》等 40 多部。“文化大革命”期间，先后改编演出《红灯记》《东风解冻》《沙家浜》等现代剧目。1980 年后，该柳腔剧团停止演出。2006 年 7 月，居民张辉娇组建小胡埠桃源柳腔剧团，有演职人员近 50 人，年演出 130 多场次，所演传统柳腔剧目 20 多个。

曲艺

演变 域内传统曲艺有即墨大鼓、胶东大鼓、撇咣咣、打牛骨头、快板等多种说唱形式。由于说唱贴近生活，使用方言，通俗易懂，为群众喜闻乐见。操此业者多为盲人或江湖艺人，其社会地位低下，生活贫苦。他们演无定所，多于村镇集市或街头巷尾择地演唱，赖以糊口，喜欢听说唱的多为中老年人。每当说唱到扣人心弦之处，艺人们便会戛然而止，乞请听书人捐赏钱币。演唱的书目多为公案、演义和武侠类，也掺杂一些民间通俗、诙谐的段子，比较流行的有《三国演义》《包公案》《刘公案》《水浒传》《响马传》《杨家将》《呼家将》《三侠五义》《七侠五义》等。20 世纪 80 年代后，由于广播电视的普及，说唱艺人演出市场逐渐萧条，盲艺人文艺宣传队下乡也只是象征性演出。每到一地，村庄广播通知人们观看曲艺演出，到场的只有为数不多的老年人。进入 21 世纪，域内再无人学习和继承曲艺。

代表人物 域内较著名的艺人有魏喜章、胡维明、毛德友等。

魏喜章系中华埠村人。年轻时在青岛做苦力时，闲暇时到东镇听刘明刚等艺人演唱胶东大鼓，并拜师学艺，回乡后，遂说唱大鼓。说唱的主要书目有《金鞭记》《张廷秀私访》和《杨家将》等，平日里走街串巷说唱，集日里到集市演出。50 年代，他说唱的大鼓，在即墨县重要村镇中华埠、蓝村和南泉一带小有名气。

胡维明系赵家堰人，1937 年生。自幼拜即墨县南张院王知会为师，学习柳腔、即墨大鼓、胶东大鼓、快板等演唱。从艺后，擅长大书演唱，主要是《呼家将》《说岳全传》《刘公案》《包公案》《响马传》等15 种大书目及柳腔若干片段，伴奏乐器有小鼓、铜板、三弦、胡琴等，足迹遍及崂山县境各个村庄。1952 年 3 月，胶州专署举办盲艺人文艺宣传学习班，组织胶县、即墨、平度三县的盲艺人参加学习，第十区胡维明便是其中之一。是年，即墨县成立盲艺人说唱工作研究会，由县文化馆组织安排胡维明等盲艺人到全县轮回演出。1963 年清明节期间，崂山县成立盲艺人文艺宣传队，胡维明等参加宣传队，常年坚持在全县农村巡回演出。除演出传统曲目外，60 年代，参与《红灯记》《沙家浜》《烈火金刚》《林海雪原》《战地红鹰》和以刘胡兰、焦裕禄、雷锋、王杰等英模事迹改编的新曲目的创作演出。“文化大革命”期间，把毛主席的《为人民服务》《纪念白求恩》《愚公移山》《反对自由主义》等重要著作改编搬上曲艺舞台。1986 年，胡维明担任崂山县盲艺人文艺宣传队西片队队长，带领为数不多的盲艺人定期深入崂山西部农村演出。2001 年后，胡维明年事已高，不再演出。

毛德友系毛家屋子人，1949 年生。1963 年，师从即墨县南泉公社挪城村盲艺人高克君学唱即墨大鼓和胶东大鼓。1968 年，参加崂山县盲艺人文艺宣传队，除演唱大鼓书目外，还演唱柳腔片断，善吹俗称“口哨”的小管子。自参加县盲艺人文艺宣传队以后，常年随队演出。2001 年后，由于演出缺少搭伴，不再演出。

文物古迹

中华人民共和国成立前，上崖村东南曾出土有古石磨。1958 年秋大炼钢铁时，中华埠村群众在挖掘古墓中，出土大量汉代五铢钱；同年冬季，下崖生产队在西岭以西开展农田水利基本建设时，亦出土数量不菲的五铢钱。1965 年春天，上崖生产大队在其西岭开展农田水利基本建设时，出土数量不菲的五铢钱和汉代贝壳葬墓，在村东南古岛河故道上，出土年代不详的石槽、牡蛎壳等；同年冬季，下崖等生产大队在开展农田水利基本建设时，出土新石器时代的双孔石刀、石斧等。此外，还出土西汉时期的绿釉陶壶。石刀、石斧和绿釉陶壶等均被青岛市博物馆收藏，另有多件清代之前的出土文物散落民间，被居民收藏。

域内古迹主要有庙宇、圩子、砖塔等，以庙宇为最多。中华人民共和国成立前，有 15 个村庄建有庙宇 33 座，中华埠村的菩萨庙、棘洪滩村的真武庙和菩萨庙、海西龙王庙及东毛家庄的三官庙较有名气。清咸丰年间（1851—1861），韩洼、下崖村分别建筑圩子用来防御兵燹匪患，庇护族人和亲朋好友。1966 年之前，上崖、毛家屋子、赵家堰村尚各存有砖塔 1 座。现均已不存。

烟墩 亦称烽火台。明洪武三年（1370），为防御倭寇，加强海防，在即墨县沿海一线设立烟墩，其中海西设 1 座。遇有敌情，白天狼烟示警，夜晚明火传情。

中华埠村菩萨庙 位于村东，始建年代不详，几经修葺，占地约 2300 平方米，建有山门和大殿。山门东南建有钟楼 1 座，大殿共 9 间，分为正、东、西三殿，正殿祀南海观音菩萨，左塑普贤菩萨，右塑文殊菩萨；东殿正中祀庄稼佬（后稷），左塑三只眼的马王爷，右塑送生爷爷、送生娘娘；西殿祀麦姑。该庙平日香火颇盛，农历正月十一庙会香火尤盛。新中国成立后，神像被毁，改为村小学用房，1969 年全部拆除。

棘洪滩村真武庙 是崂山太清宫的两座脚庙之一。明天启年间（1621—1627），太清宫在胶州湾北岸和棘洪滩一带的庙产粮食需要转运，便在落脚泊船之处的棘洪滩新建脚庙真武庙。该庙位于棘洪滩村最西北端，占地 500 余平方米，建有山门，分前、中、后三大殿，前殿东祀土地神，西祀鬼王爷，中殿供奉天七爷，后殿祀真武大帝。清康熙元年（1662），该庙成为刘长生创立的崂山道教“随山派”含太清宫、白云庵、窖石庙、天后宫、常在庵在内的六大庙庵之一。1947 年，国民党军队构筑防御工事，将庙宇拆毁。

棘洪滩村菩萨庙 又称“倒坐庙”，坐落于棘洪滩村南端，始建失考，1935 年重修。该庙占地长 15 米，宽 5 米，共 3 间，正殿门前立有两根直径 40 厘米左右的石柱，院内设钟楼。庙堂正中供奉端坐于荷花瓣中蛟龙脊背之上的菩萨，东祀灵山老母，西祀武当老母，东屋山处是撒痘爷爷、撒痘娘娘的站立塑身，西屋山处是送生爷爷、送生娘娘的站立塑身。该庙平日香火较旺，最盛莫过于每年农历四月十五庙会，善男善女成群结队，顶礼膜拜，祈求赐福消灾。新中国成立后，庙堂被改作人民政府粮库，1996 年夏拆除。

前海西村龙王庙 建于明万历年间（1573—1620），坐落于前海西村东南海崖之上，庙宇 3 间，供奉龙王塑像，潮汐涨落于龙王庙前。庙宇四周建有花墙，形成独院，本无独特，但院内有一汪清泉，形成一池碧水，很是神奇。临海之泉，泉水本应是咸涩的海水，但该泉却甘洌清澈，一年四季泉涌不断，旱年不涸、汛雨不溢、寒冬不冰，人称“龙王池”。池内有自然生成的鲫鱼、河鳗等鱼类，虽然鱼多体长，但由于是龙王池内生长的鱼类，被认为是龙子龙孙，村人不但无人捕捞，还加以保护。龙王庙由该村三官庙的道士管理，只在每年农历正月初一和六月十三开门接纳香火。1947 年，国民党军队为内战之需修筑工事，大肆毁树拆庙，前海西龙王庙和三官庙未能幸免。龙王庙虽毁，但龙王池犹在。20 世纪 60 年代，传言龙王池的水是神水，能治百病，各地前往求水者络绎不绝，龙王池边常常人满为患，影响村民的生产生活，生产大队采取措施，制止接水治病的迷信活动。

东毛家庄三官庙 位于村西，建于清顺治十三年（1656），庙堂供奉天官、地官、水官。三官庙庙宇不大，却与崂山太清宫来往密切，民国时期，太清宫多次派道士来该庙做道场，最多时来做道场的太清宫道众达 7 名。新中国成立后，该庙宇改为村小学。

韩洼圩子 清咸丰年间（1851—1861），韩洼村在村庄周边建筑长 1.75 千米，高 5 米，顶宽 2.5 米的环村围墙，俗称“圩子”，在村东、西、南设 3 个大门，围墙外开挖壕沟，铸造大小 32 门生铁土炮。清同治六年（1867）捻军到此，慑于围墙牢固、惧怕火炮威力，没敢进村扰民。现围墙遗迹荡然无存，重达 2.5 吨的生铁土炮于新中国成立后被供销合作社作为废品收购。

下崖圩子 清咸丰年间（1851—1861），下崖村孙方梧、孙立昶率民众在村庄建筑南北长 350 米，东西长 450 米，周长 800 米，底宽约 2 米，顶宽约 1 米，高 2 米多的环村围墙，称为“圩子”。其墙基由干沟石砌就，墙体由夯土垒筑，设有 8 个大门，2 个便门，除在村南、中、北 3 条主街道首尾各留 1 个大门外，在文昌阁、北墙东北角各有 1 个大门，宽可进出骡马车辆，另留有 2 个便门。1948 年，建有更房，有更夫 3 名，每 2 人一组，使用梆子、铜锣巡更。每 2 个小时为 1 个时辰，每个时辰打更人绕村一周，按更击梆，更梆相同。遇有匪情，鸣锣报警，梆锣齐鸣为特警。清咸丰十一年（1861），该村孙氏祠堂从田产中出资，请外地铁匠铸造火炮 2 门，称之为“大将军”“二将军”，炮筒外径 25 厘米、内径 10 厘米，长 1 米，“大将军”安放于南大街东门，“二将军”安放于村中大街东门，另有 20 门长 2 米多，外径 10 厘米的火炮遍布各街道路首尾。抗战期间，各种火炮被孙氏祠堂收存。中华人民共和国成立初期，围墙遗迹尚辨，生铁土炮被供销合作社作为废品收购。

毛家屋子村砖塔 为供奉毛宗文所建。毛宗文年轻时信奉无名教，平日吃斋念佛，做事行善，近 90 岁时无疾而终。清光绪二十九年（1903），其子孙为其筑建砖塔，塔身为圆锥形，7 层，高 10 余米，其尸身置两口对衔密封的瓷缸供于塔底，砖塔于 1966 年“文化大革命”时拆毁。

赵家堰村砖塔 为供奉胡斋世所建。胡斋世在世时与毛宗文一样修行，年逾八旬而逝。光绪二十七年，其后人为其建塔，塔身亦呈圆锥形，5 层，不足 10 米，其肉身也置于塔底两口对衔密封的瓷缸内，砖塔于 1966 年“文化大革命”中毁坏。

上崖村砖塔 为供奉孙方让所建。孙方让，字礼堂，法号心清，生于清道光三十年（1850）。年轻时随族人一起到村南刨地，出土一石佛，从此吃斋念佛，终日经卷相伴、青灯为伍。1921 年，孙方让 71 岁时坐化。其族人倾其 30 亩良田，从马山请来工匠，在村庄东南为其筑建高 10 米左右的 11 层六棱角砖塔 1 座，内供其镏金塑像，塔底置两口瓷缸，缸口对衔，石灰密封，内盛其尸身，砖塔于 1965 年“四清”中被炸毁。

星石桥 建于清康熙六十一年（1722），位于中华埠村西 3 千米处桃源河上。该桥东西走向，12 孔，长 16.8 米，宽 2 米，高 0.8 米，孔距 1.4 米，为漫水桥，桥身铺料石 60 条，每条料石长 1.4 米，宽 0.4 米，厚 0.3 米，每孔并列横铺料石 5 条，供行人及商贾车马载运通行，是连接蓝村、平度、高密等地的交通要衢。1953 年重修，将桥身延至 20 米，桥宽增至 3 米，高为 1.4 米，石料由当地料石更换为崂山花岗岩。1986 年，山东省引黄济青工程棘洪滩水库建设后，淹没于水库之中。

古树

国槐 又称“家槐”，域内仅存两棵。一棵位于小胡埠社区，据《代氏祖谱》记载，代氏于清康熙四年（1665）由平度朱毛村迁徙该村后种植，树龄 300 余年，树干 13 米余，树径 50 余厘米。20 世纪 90 年代，树干枯烂，但其枝丫梢端却有嫩芽抽出，新绿再生。另一棵位于中华埠社区，是清宣统二年（1910）辛氏在自家院内种植，树龄达百年，树干 8 米，树径 40 厘米，仍枝繁叶茂。

杨树 域内仅存两棵。一棵位于东毛家庄社区，是清光绪年间（1875—1908）种植，树龄 120 余年，树干 14 米，树径 80 余厘米，树冠 15 平方米，被列为国家三级古树。同期，西毛家庄也种植白杨树 1 棵，树龄 110 余年，树干 26 米，树径不足 1 米，树冠 30 余平方米，枝叶茂盛，挺拔参天。另有一棵曾位于古岛社区，是张氏迁徙定居后于村南种植，20 世纪 60 年代树龄已逾 140 年。该树高 50 多米，树干 30 余米，树径 3 人难以合围，树冠遮地半亩，直刺苍穹，竟茂云天，在青岛市沧口、即墨县蓝村可见树冠，从黄海回返的渔船驶入胶州湾，视树如归。该树于 1966 年春被伐。

风俗民情

十里不同乡，百里不同俗。一方水土养育一方人。

棘洪滩历史悠久，民风淳朴，虽说“俗尤朴鲁，人鲜文艺”，然而一代代棘洪滩人以其勤劳和智慧，因地制宜，渔耕并重，孕育了具有鲜明特色的“即墨西南乡”民俗和风情。

传统商贸

集市 据《即墨县志》记载，棘洪滩早在明万历七年（1579）就已设立集市，是即墨县13个乡集之一。清末，有棘洪滩、南万、中华埠3处集市，这些集市每过5天逢集开市。集市以自由交易为主，交易的主要商品有粮食、肉类、禽蛋、禽畜、布匹、烟草、瓜果、蔬菜、手工制品、农渔用具、海产品、木料杂货等。民国中后期，“洋火”（火柴）、“洋油”（煤油）等洋货充斥市场，各类“经纪”与市霸勾结，欺行霸市。

中华人民共和国成立初期，集市交易仍沿旧制，仍保留棘洪滩、南万、中华埠集。

1954年，国家对粮食、棉布、棉絮等实行统购统销，关闭粮食市场。1955年5月，恢复粮食市场。1956年农业合作化后，对粮、棉、油、针织品和以粮食为原料的食品、食油、醋等采取计划供应，在集市上交易极少。1958年，农村取消自留地，停办家庭副业，国营集体商业部门大购大销，集市全部关闭。1959年，又开放集市贸易。“文化大革命”期间，集市被视为“小生产自发势力泛滥场所”，大部分被关闭。域内仅留有锦红滩1处集市，且全县统一集日，锦红滩遇二排七逢集。市场管理部门对集市严格管理，集市交易除蔬菜、小型农具、手工草编、条编等商品外，其他大部分商品由国营和集体商业部门凭票证供应。1978年后，集市贸易日趋繁荣，被关闭的集市又逐渐恢复。同年，南万集恢复。1979年，中华埠集恢复。80年代后，为满足群众的生产生活需要，又增设新的集市，集市交易的商品和品种日益增多，交易额逐年增加。1986年4月7日，增设东毛家庄集。90年代后，小胡埠、前海西、黄家庄、下崖先后开设集市。1997年，为方便群众生活，避免集市扰民，投资241万元，将南万集由村内迁到村外，新建南万集坐落于村东，占地50亩。

2015年，棘洪滩街道有棘洪滩、南万、中华埠、东毛家庄、小胡埠、前海西、黄家庄、下崖8处集市，全街道集市交易额3亿元。

集市交易（2010 年）

2015 年棘洪滩街道集市一览表

表 6

集市地点	逢集日（农历）	设立时间
棘洪滩	二、七	明万历年间
中华埠	五、十	清末；20 世纪 60 年代中期关停；1979 年重新恢复
南　万	五、十	清末；20 世纪 60 年代中期关停；1978 年重新恢复
东毛家庄	四、九	1986 年 4 月 7 日
小胡埠	一、六	1996 年 6 月
前海西	四、九	1998 年春
黄家庄	三、八	2002 年 3 月
下　崖	四、九	2008 年 11 月

山会　棘洪滩山会由来已久，每年的农历二月十七和三月十七为“山会”，而以农历二月十七山会规模最为盛大。山会之日，方圆几十里的商贾摊贩、乡民百姓大清早从四乡八疃或赶着牲畜，或推车挑担，或结伴步行云集而来。前来赶山者除附近乡民商家外，还有即墨、胶县、平度、高密、掖县、莱阳、海阳、江浙、福建等地的客商，他们先前赶到棘洪滩搭货棚、定宿居，以备山会售货。山会之上，人山人海，摩肩接踵，人声鼎沸，热闹非凡。因时值春季农忙伊始，耙、耢、犁locked、手推车、骈篓、抬筐、杈、耙、扫帚、扬场锨、碌碡、磙子、锄、镰、锨、镢、二齿钩等农具居多，

棘洪滩山会（2001 年）

圆斗、簸箕、筛子、菜板、面板、刀铲、擀面杖、桌、橱、柜、椅等农家用具和建房盖屋用的石料、木料、门窗、泥瓦工具，以及粮油、鱼盐、面食、棉布、衣料、烟草、茶叶、皮货、竹编、瓷器等货积如山，应有尽有，成为胶东地区最大的备耕山会。“文化大革命”期间，山会同集市一样被停办。改革开放以后，传统山会得以恢复。如今的山会仍能看到备耕的痕迹，但增加了五金、家电、交电、化工、燃料等商品，日用百货更加齐全。

庙会　有棘洪滩和中华埠两个庙会。棘洪滩庙会于每年农历四月十五举办，会址设于棘洪滩村菩萨庙。庙会之日，方圆数里的善男信女、赶会民众成群结队纷至沓来。庙会上香烟缭绕，纸火熊熊，锣鼓喧天，鞭炮齐鸣，人们顶礼膜拜，祈求赐福消灾，泊船于羊毛沟的船家商贾在庙会上许愿还愿，说书的、唱戏的、打把式卖艺的各路民间艺人各显神通，各种土特产品、面食小吃琳琅满目，众家客商叫买叫卖，热闹非凡。中华人民共和国成立后，庙会停办。中华埠庙会于每年农历正月十一举办，会址设于村东的菩萨庙。庙会之日，周边村庄的民众和商贾摊贩纷纷前来赶会，各路说唱杂耍叫买叫卖者络绎不绝，人声鼎沸。庙会上，举行祭拜仪式，由庙中道士主持咏诵祭文，村中各大姓氏的族长在庙前焚烧纸扎的车、马、旗、轿，善男信女向菩萨焚香燃纸，跪拜祭祀，祈祷新的一年风调雨顺、五谷丰登、平安祥和、诸事如意。1937 年抗日战争全面爆发后，庙会停办。

民间习俗

生活习俗

衣饰　清代，富家大户男子蓄长辫，戴丝结冠玉瓜皮帽，也称“半帽”，穿长袍马褂或短褂，蹬长筒厚底皂靴或两道眉薄底便鞋。未婚妇女的发型后梳一条长辫或鬏髻，前蓄齐眉被称为“娃娃檐”的刘海，已婚者挽圆髻，有的少妇也前蓄刘海，其饰物大致是金银发簪、珠翠绢花和金银珠宝耳环，戴金银玉翠手镯，金质或镶钻戒指，其衣履穿

20 世纪 40 年代衣饰

大襟宽袖花边罩褂和肥管花边裤或扎腿裤，木底绣花弓鞋。普通人家则衣饰简陋，男人穿短褂小袄，戴半帽，穿薄底鞋，女人则穿粗布大襟短褂、长裤，无饰物，即使佩戴饰物，也是质地锡铜的发簪、耳环、手镯、戒指等。1911 年 10 月辛亥革命爆发后，同盟会会员、上崖人孙毓坦及其兄弟五人带头剪辫削发，遭人讥讽为“五和尚”。1913 年，民国政府强令剪辫削发。后富家男子平日穿长袍、马褂，冬季着棉袍，戴皮、棉帽，春秋两季穿夹袍，戴皮帽或礼帽，夏季穿丝绸大褂，戴细草编织的遮阳帽，脚穿黑色呢布圆口鞋或双脸鞋，亦有穿皮鞋者。普通人家男子穿粗布短衣，质料土布“双龙”白布和“阴丹士林”蓝布，裤子为直裆、带腰、宽脚单裤或棉裤，头戴毡毛头或三大扇帽，脚穿自做的布鞋。贫苦人家春秋两季将棉衣里的棉花扒出来做单衣，冬季再将单衣套上棉花做棉衣，夏季光脊梁或找一块布披在身上，称为“披肩”，除冬季穿蒲草鞋外，其余季节皆赤足。富家女子穿旗袍、裙子，裤子较为宽肥，衣装质地颜色随时令变化，脚穿自做的绣花鞋，其发型和所佩饰物与前清大致无异。普通和贫家妇女四季皆穿右襟褂子，粗布裤子。

中华人民共和国成立初期，中青年男子蓄分发，穿中山服、青年服，戴解放帽、八角帽、工人帽，穿布鞋、胶鞋、皮鞋，职工妇女剪短发或梳双辫，穿列宁服、连衣裙，农村妇女则穿大襟褂袄、便裤、布鞋，旧式头饰基本绝迹。20 世纪 60 年代后期至 70 年代，衣料从棉布到棉纱与化纤混纺布、毛纱与化纤混纺布，军便服风行一时，特别是青年男女，尤喜着草绿色军装，衣服样式与色调无明显变化。80 年代后，服饰款式花色丰富多彩，男女皆追求流行时装。男装以西服、运动服、牛仔裤、夹克服、鸭绒服等为主，着运动鞋、皮鞋，并按各自爱好留小胡子，剃分头、平头，留披肩发以及西式发型，女青年穿西服裙、连衣裙、健美裤、牛仔裤、翻皮大衣、羽绒服等，着高跟鞋，多留长、短发，削娃娃头、烫头，少数浓妆艳抹，画眉涂唇，戴耳环、戒指，中年妇女多穿大小翻领上衣和西装裤，穿便鞋或半高跟鞋，农村老人着装一般为便裤、便褂，儿童服饰更是样式繁多。

饮食　中华人民共和国成立前，富裕人家一日三餐主食是馒头、面饼、面条、小米饭，常以包子、饺子调剂，副食多佐以猪肉、鸡蛋、鱼类和蔬菜，喝烧酒、黄酒、茶叶。普通人家冬闲季节一日两餐，春夏秋农忙一日三餐，平日主食高粱饼子、地瓜、地瓜干、小米干饭和高粱稀粥，为数不多的面粉留做待客和逢年过节食用，副食主要是自己腌制的俗称“瓜齑”的咸萝卜和自种的蔬菜，如遇饥馑年景，则以糠皮野菜、树皮、树叶、地瓜叶度荒。贫苦人家以地瓜面掺菜蒸成的菜团充饥，几乎终年不得温饱，沿街乞讨者众，路有饿死之骨。中华人民共和国成立后，随着经济发展，群众生活水平不断提高，饮食结构逐步改善。20 世纪 50—70 年代，人们仍以地瓜、地瓜干、高粱、玉米等粗粮为主食，副食是自腌的咸萝卜，杂以豆腐、粉条、白菜、菠菜、大葱等，偶有鱼肉。20 世纪 80 年代，随着中共十一届三中全会各项政策的落实，特别是农业生产责任制的全面推行，1984 年后，饮食菜肴花样繁多，主食馒头、面条、大米，兼食地瓜、玉米、小米等杂粮，配以肉、鱼及多种蔬菜，一日三餐，饭菜多样，逢年过节及喜庆来

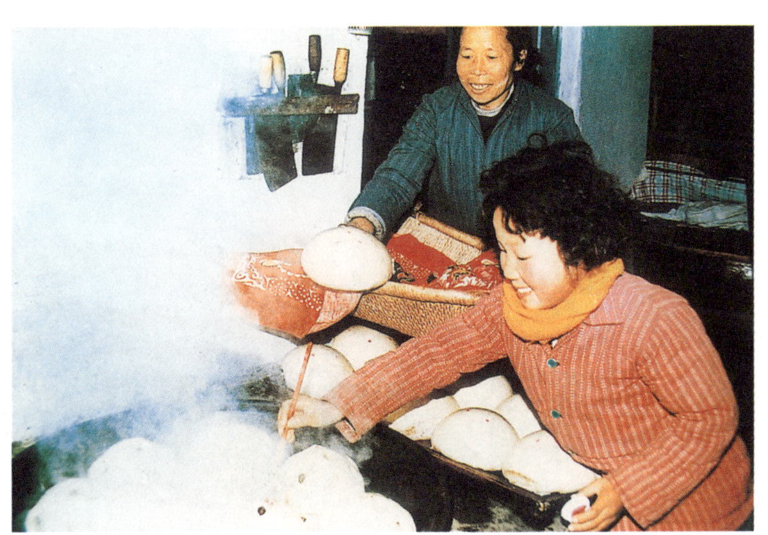

蒸馒头（1995 年）

客，则更是烟酒糖茶齐全、菜肴荤素不拘，极尽丰盛。

住房 清末至民国时期，住房多为独院，不管贫富和社会地位如何，其住房均坐北朝南为正房，坐南朝北为倒屋，厢房坐东朝西或坐西朝东。富裕人家盖瓦房，惯于一明四暗5间房，石基、砖墙，也有的墙角砌砖垛，土坯墙外抹石灰，小瓦顶或在房檐下安2～3行瓦，上面披草，名为“罗汉衣”，木门，雕花窗棂，配东西厢房，砖石院墙，到底后门，有小后院，俗称“护院”，临街巷处筑大门楼，门后再装拦门杠，整个院墙牢固。此外，还建有靠街房、耳房、书房、客屋、粮仓等。普通人家则是一明两暗或一明三暗的狭窄小屋，用俗称“风化石”的安山岩、安山玄武岩、凝灰岩等或俗称“干沟石”的砂礓石垒基，土坯墙，前窗7～9根木棂，后窗极小，5～7根木棂，屋顶起脊呈三角形，屋面披草，名曰“草披屋”，前窗内下砌土坑，土围墙，独成院落，小门楼或无门楼，安装简易木板双扇门或柴门。清末，人们发现碱土渗水慢可作建材之用，将起脊房顶改平顶，用碱土压平，称为“碱泥平房”。

中华人民共和国成立后，居住此房者仍然众多。中华人民共和国成立之初，农村住房仍暗、矮、窄。70年代，随着生活水平逐渐提高，新建住房改为砖石墙，玻璃门窗。

80年代后，各村对村庄建设统一规划，新建住房长、宽、高普遍增加，所建民房均为砖石结构，瓷砖、大理石、地板砖铺筑地面，初为木质全玻璃门窗，后改为铝合金、塑钢门窗，壁纸、三合板、喷塑装修室内，安装土暖气、空调器，建有卫生间和灶房，不少人家还自建楼房和别墅。

90年代后，随着小城镇建设步伐的加快，取消宅基地审批建房，住房统一规划，改建楼房。

上崖社区保存下来的具有明清时期建筑风格的地主庄园（2008年）

70 年代民宅（2008 年）

90 年代民宅（2008 年）

出行 清末至民国时期，寻常百姓出行多为步行，富家则以驴、骡、马等代步，婚嫁乘轿。70 年代，自行车逐渐增多，成为人们出行的主要代步工具。进入 80 年代中后期，少数富裕家庭购买嘉陵等轻型摩托车代步，90 年代后，摩托车进入寻常百姓家庭，基本淘汰自行车成为最主要的出行工具。进入 21 世纪后，面包车、小轿车等现代交通工具日益增多，逐渐取代摩托车，2010 年后，域内半数家庭拥有私家小汽车，大大便利了人们出行。与之相应的是随着汽车的增多，许多家庭为方便就近出行购置了电动车作为代步工具。

中华人民共和国成立前后，人们运送货物多为肩挑手提，或用独轮车。50 年代集体化阶段，则多以牛、马、驴、骡等大型役畜拉地排车运送。进入 60 年代后，少数生产队购买拖拉机作为运输工具。70 年代后期，域内出现汽车运输。80 年代后，下崖、港北等村庄出现一批汽车运输专业户。1984 年，经青岛市交通局批准，棘洪滩成立第一运输公司，是域内最大的具有独立法人资格的民营运输企业。

嫁娶习俗

提亲 即说媒。域内男子结婚叫“将媳妇”，女子结婚称“出阁”或“奏媳妇”。中华人民共和国成立前，男女婚姻全凭父母之命、媒妁之言，先由媒人提亲。媒人可是亲友、街坊邻居，按门当户对、年龄般配、家境相当等条件来往于男女双方家中说合。若双方有意，多是男方向女方求亲，向女方家求亲的人越多，女方家越感到荣耀；如女方向男方求亲，称为“倒提亲”，则会被人讥笑闺女嫁不出门了。若双方都满意，男女之间要互换年庚帖子，帖子上载有男女双方出生年月日时辰，字数还必须是双数，由此推算双方属相和生辰八字是否“冲克”，如不冲克，方可商议结亲之事。

相亲 中华人民共和国成立前，夫妻入洞房后掀开盖头才能见着对方的相貌。为防媒人欺瞒，双方父母暗中打探结婚对象的相貌、品行、家庭成员、贫富状况。如今相亲则简单多了，媒人约男女双方到其家中见面，若彼此相中，即安排女方到男方家验家。

验家 验家往往关系到婚姻的成败。因此，男方要把家里收拾干净或装饰一番，把值钱的东西亮出来，有些东西甚至借用他人的，男方父母穿戴一新，以显示家庭的富足。男方还得准备酒饭和礼金，女方到男方家后若觉得满意，就会留下来吃饭，并称呼男方父母为“爹”“娘”，男方父母掏钱给女方，叫作“见面礼”，这样亲事就算定下来。

订婚 俗称“订婚”“定亲”或“撒媒柬”。过去订婚要换柬，由男方准备柬帖两张，一张写明男方年龄和生辰八字，封面写上“敬求金诺”等求亲字样，用红漆匣盒送往女方家。女方接柬，照样填好另一张，写上“谨遵玉言”或“愿结秦晋”等允婚字样送还男家，表示同意结亲。订婚时，女方设酒宴款待来宾，男方向女方赠送称为“定亲礼”的彩礼，富裕人家赠送金银首饰、绸缎衣料和钱财，普通人家赠送布料，称“送衣裳面”。如今要彩礼之风仍很兴盛，订婚的衣物器具追求高档，钱钞数量不菲，给男方家庭造成财力负担。

送日子 男方将结婚日期写成柬帖，也叫“婚书”，送往女方家。婚书上除载明婚期外，还有新娘下轿的方向等内容。婚书要在婚前100天发送，以便双方互有准备。

抬嫁妆 婚期前一天，男方去女方家将嫁妆抬回到男方家中。中华人民共和国成立前，富裕人家雇用挑夫抬嫁妆，由男傧陪送，送嫁妆的队伍浩浩荡荡。贫寒人家则将女子常用的衣物、被褥等必需品托人送到男家或由男家派人取回，但无论贫富和嫁妆多少，一对长命灯是不能少的，表示“夫妻恩爱、白头到老、长命百岁”之意。送走嫁妆后，女方家要请一个公婆、夫婿、儿女皆全的妇女，给待嫁的女儿开脸和上头。所谓“开脸”，是用红线把脸上的汗毛绞掉，“上头”是把发辫绾成髻，开脸、上头后表示女儿由闺女成为媳妇了。男方将嫁妆抬回当晚，由男方的哥哥安床铺炕，俗称“铺房”，炕铺的四周放栗子、枣，铺上被褥后，再让一小男孩在上面打几个滚儿，以求早生贵子。

娶亲 娶亲前几日，男女双方的亲朋好友多馈赠礼品或银钱，以示祝贺。给男方送礼为“看喜”，给女方送礼叫“添箱”。娶亲之日，男方家中贴喜联，婚礼仪式据家境而定，富奢贫俭。中华人民共和国成立前，富家大户雇轿两乘，一乘叫“官轿”，由新郎乘坐，另一乘叫“花轿”，由新娘乘坐，并有六七人的鼓手班，另有4名打旗者，各2名鸣锣、撑伞、提灯者跟随，一路吹奏喜乐。贫穷人家雇不起好轿子，只能择简陋小轿娶亲。新郎到女方家迎娶，叫“迎亲”。新娘上轿时，双脚不能沾土，由兄弟背着上轿。花轿起轿时，新娘的母亲或嫂子舀一瓢水泼向门外，意思是嫁出去的闺女如同泼出去的水，不再是自家的人了。新娘走后不久，女方家派出新娘的兄弟或叔辈两人或四人为“送客”，到新郎家赴宴；宴毕，与新郎的父母说些客气话，要求公婆善待媳妇。新娘下轿后，先由两个伴娘搀扶进院，与新郎同拜天地，再由新郎用一块红绸牵引入洞房坐时辰。洞房中，新郎用竹竿将新娘盖头挑下，吃连心面，就算大礼告成。结婚当日，男方宴请亲友，晚上闹洞房。俗语“新婚三日无大小”，因而不分辈分大小，亲友乡邻皆可到新房闹洞房，乡俗认为不闹不喜，越闹越吉利。闹完洞房后，新郎、新娘同饮合卺酒，即“合欢酒”，也叫“同心酒”，夫妻关系正式成立。结婚第四天，新媳妇由一小叔牵驴或骑车载乘，与丈夫一起回娘家，俗称“望四日”。中午，新媳妇家大摆宴席，款待女婿。两位新人当天回到婆家。结婚第六天，新媳妇再由娘家的兄弟接回娘家；结婚十一天，再回婆家，称作“叫六还八”，结婚程式才告结束。中华人民共和国成立前，男的就婚于女家，曰“入赘”“招赘”或“倒插门”，俗称“养老女婿”。养老女婿大多是家境贫寒、兄弟众多、无力娶妻的男子。赘婿也举行迎娶、拜堂等仪式，但要比男娶女简单得多。男子妻亡续娶称“续弦”，女子亡夫再嫁称“再醮”，俗称“寡妇改嫁”，娶亲礼仪更为简洁，需在半夜或天不亮乘毛驴到新夫家，以别于初婚。

中华人民共和国成立后实施《中华人民共和国婚姻法》，废除买卖、包办婚姻制度，实行男女婚姻自主，自由恋爱，自主订婚，一夫一妻制，结婚只要登记、领取结婚证，即算合法夫妻，旧结婚仪式的繁文缛节基本废除。20 世纪 50 年代后，结婚不坐花轿，新娘

花轿

官轿

花轿迎亲（20 世纪 50 年代）

当代婚礼（2005 年）

改坐手推车。60 年代，多用自行车娶亲。70 年代，农村举行革命化婚礼，女方或步行去男方家，或男女双方骑自行车结伴入门，有的生产大队还举办集体婚礼。80 年代后，随着经济社会的发展，人们生活水平的提高，人们对婚事操办提出更高的要求。

90 年代后，婚礼始有大操大办者，新郎以数辆高级轿车迎娶新娘，洞房布置富丽堂皇，彩色电视机、VCD 家庭影院、电冰箱、洗衣机、空调器等高档家电应有尽有，高档家具、摩托车一应俱全，甚至还有购置汽车者。

喜庆习俗

生育 在民间，妇女怀孕说“有喜”或“得喜”，婴儿降生说“添喜”，给亲友传送生育音信谓之“报喜”，亲友前来庆贺称“看喜”，左邻右舍主动到产妇家送衣物、食品等礼品，叫“送汤米”。婴儿出生当天或第二天，女婿到丈母娘家报喜。报喜时须带一些猪肉和 20 个煮熟的红色鸡蛋，丈母娘家全部留下，再回赠鸡蛋、小米，并烙一大饼，用红线拴之。

三日 婴儿生育第三天要过三日，亲朋好友都来吃面条，称为“喜面”，还要回赠前来送汤米的街坊邻居每家一碗喜面，以示家添新丁，宗族兴旺。当天，要给婴儿理发，俗称“铰头”。铰头在上午进行，请家族中儿女双全、丈夫健在的老年妇女，用剪刀在婴儿头上自下而上铰三圈，铰下的胎毛用一张面箩接住，再用红布包好缝进婴儿枕头或珍藏。

百岁 婴儿降生一百天，称“百岁”。亲友前往庆贺，礼物多为衣服、鞋帽、花布。正晌午时，在高处或土堆上，给婴儿穿衣戴帽。由婴儿的姑或姨从一个盛满新衣的筛子中，取出衣帽给婴儿穿上新衣戴上新帽，佩戴“百家锁”，又称“长命锁”。该锁既有亲友独家打制，也有众家亲友凑钱购买，刻有“长命百岁”或“长命富贵”等字样。婴儿

长命锁与手镯

抓周物品——虎头帽

穿衣佩锁后，燃放鞭炮，亲友入席喝喜酒、吃喜面，祝愿孩子长命富贵。

抓周 婴儿出生后的第一个生日，在其姥娘家过。除欢饮酒宴外，其中一项重要内容是抓周，也叫“试周”，即在一个大盘子里放上书本、算盘、毛笔、刀剪、钱币等物品，任婴儿随意抓取，以预测其前程和未来。如今此俗已废，即使抓周，也不过是一种家庭游戏罢了。

生日 每逢生日，无论长幼都要做点好菜，吃称为“长寿面”的面条或饺子，以示庆贺。中华人民共和国成立前，50 岁以前称“过生日”，50 岁以后才能做寿，后每 10 年为一大寿。富有人家为老人庆寿，子女亲友赠送寿幛、寿联、寿屏，上书“福如东海、寿比南山”等祝词，也有赠送寿面、寿桃的。祝寿时，晚辈向老人跪拜磕头，俗称“拜寿”，并大摆酒宴，款待亲友。黎民百姓不庆寿，只改善一下生活，也算是庆贺。如今，晚辈给长辈过生日、庆大寿的习俗仍很盛行，但礼仪已完全简化，亲友多送寿酒、寿糕，子女于家中或酒店设宴，为长者庆寿祝福。

建房 亲友邻里盖屋建房，除帮工外，还要赠送米面、酒肉等礼品，以示庆贺。新房落成之日，不管是中午或晚上，房主必设宴款待木瓦匠和帮工人员。

搬家 也称“乔迁”。迁入新居后，亲朋邻居馈赠饽饽、酒肉等礼品以示祝贺，俗称“烧炕”，主人设宴答谢宾客。

丧葬习俗

旧俗讳言“死”字。老人死亡称为“老了”，年轻人死亡称为“少亡”，小孩死亡称为“抛撒”。中华人民共和国成立前用棺椁、兴土葬，礼仪烦琐。

停尸 人病殁之前，亲人为其理发、沐浴、更衣，并守候其前，高声呼喊死者称谓，叫作“叫魂”。人咽气后，由长子抬头，次子抬脚，移尸“停尸床”，也称“灵床”。

此床多用木板临时搭成，放入正屋明间，尸身盖布，压生铁，据称是怕猫狗经过“诈尸”，脸上盖一张黄表纸，口里衔铜钱或金银，床下放一油灯，为死者去阴间照明。

报丧 人去世后，丧主派人到亲友家报告死讯，或写讣告派人送与亲友，谓之“报丧”，并在院墙外大门口旁张贴丧榜。丧榜写法极其讲究，除载明死者生卒年月及寿限外，男的榜文字数必为奇数，女的则是偶数，不足60岁的称“享年”，60～79岁的为“享寿”，80岁以上称“高寿”。

入殓 亦称“盛殓”。时间多在人去世后下午，是向死者遗体告别，经过铺棺、装尸、盖棺三个程序。铺棺由死者长子用笤帚在棺内扫三下，由帮办丧事的妇女铺上谷草，棺内四角各放一对铜钱和栗子、枣，并由死者子女用棉球蘸水在死者脸上象征性擦拭几下，谓之“净面”，然后将尸体装棺。死者子女或帮助料理丧事者抱抬死者头脚，将尸身装入棺内，盖上寿被，放入死者生前喜爱物件，盖棺钉棺，称“封棺”。钉棺时，在场的人各自呼喊着对死者的称谓，大呼“躲钉子”，待7根钉子全部钉完，棺材大头处放一桑木做的弓箭，入殓仪式即告完成。

报庙 死者停尸期间，其子女要披头散发、穿白孝衣、扎白头巾跪拜号哭。停尸时间一般三天。三天内要一日三次到土地庙“报庙”，即“泼浆水”，意为给死者“送饭送水”，称之为“报早庙”“报午庙”“报晚庙”，第三天中午称“报大庙”。报庙期间，民间鼓乐艺人在前，其次是死者的两位子侄，一人手提汤罐，内盛生水、面粉和小米合成的浆水，一人端木盘，上放香纸，随后是死者头戴孝帽的侄、孙，再后是手拖由柳木棍砍做的哭丧棒（也称“哀杖”，俗称“文杖子”）的儿子，妇女排在最后。到土地庙后，在庙门口周围泼洒浆水，点燃香纸，叩头后哭着按原路返回。

送盘缠 人去世后第二天晚上，丧家在土地庙为死者“送盘缠”，焚化纸制马匹、车轿、元宝、银线等，送魂灵向西南走，称之“回云南老家”。

吊孝 又称“吊唁”。死者入殓后，停灵在家，普通人家在家中设灵堂，富家大户第二天在大街或村内空旷场地搭设灵棚、祭棚，灵前放一张桌子，桌上摆有死者牌位、香烛、供品，亲友前来吊孝，死者亲属陪哭，随后跪拜亲友，谓之“谢孝”。

守灵 停灵期间，死者子女日夜守灵，朝夕祭奠。有的人家还为死者早亡的丈夫或妻子另写一牌位，由子、侄去墓地迎回灵堂，与死者牌位并列，共享祭奠。出殡的前一天晚上，守灵的人不能睡觉，谓之“坐夜”。

出殡 又叫“发丧”。中华人民共和国成立前出殡，贫富相差悬殊。富家大户一般在死者亡故三日、五日、七日，甚至更长时间出殡。出殡的前一天晚上，摆祭坛，请僧道诵经超度。当天，在祭棚内张挂挽联挽幛，接受亲友吊祭，有的请葬礼司仪，行“三献礼”，请文职人员用朱笔补点神主上“主”字之一点，称为“点主”，并请民间鼓乐艺人早晨于门前吹奏哀乐。午后，鼓乐声中，十几名背棺人走进灵堂，分前后两侧将灵柩背出，放置彩架之上，围上棺罩，由最少8人，多者32人，将灵柩缓缓抬起，摔碎给死者数日来烧纸的老盆，送殡队伍浩浩荡荡，徐徐启程，旌楼、冥楼等依次行进，旌旗幛幡等仪仗、鬼神侍童等刍灵穿插其间，僧尼道众鸣铃敲钹，鼓乐艺人吹奏哀乐，伴同披麻戴孝的亲属转街过市直奔墓地。出殡路上，沿途设路祭，有亲友祭奠。普通人家出殡则在死者亡故三日，由乡邻将灵柩抬出，其子女亲友送往墓地。贫困人家或鳏寡孤独者无这些礼仪，他们仅能用薄棺入殓或用芦席苇箔代替棺木，于死去当日挖土坑草草掩埋，称之“当日拉”，即当日拉出去埋葬。

安葬 又称“下葬”。灵柩到达墓地后，撤去棺罩，连同陪葬品一并放入墓穴。陪葬品多为纸制童男童女、泥塑车马器皿。接着上石板，铲土掩埋，筑起坟堆，行礼回灵。丧主回家后祭拜死者牌位，宴请帮助料理丧事者和族长、族人。

祭祀习俗

祭坟 死者殡葬后第二天上午，子女带高粱、谷子等粮种到墓地祭扫。先将种子与坟土搅拌后，绕坟正、反方向各转三圈，边撒种子便念叨些死者保佑子孙家业兴旺、高

旧时祭祖

官得做的吉利话，叫作“圆坟”。日后每七天子女到墓地祭奠一次，至“七七”为止，其中“五七”为大祭，亲友参加祭奠，叫“烧五七”。第一百天的祭奠，叫作“过百日”。三年内，每至亡故周年日，都要到坟前祭奠，一周年和三周年为大祭，亡故第九周年再大祭一次，谓之“十年周年九年祭”，亲友参与祭奠。如今人们多于清明、农历十月一、除夕这些节日到坟前祭奠，并提倡改烧香、纸方式为摆设鲜花寄托哀思。

祭祖　中华人民共和国成立前，富家大户或名门望族设祠堂，祠堂内摆设列祖列宗的牌位。每年大年除夕，祠堂内彻夜灯火通明，香烛缭绕，族长带领家族男子入祠举行祭礼。妇女不能进入祠堂，以示对祖先的敬重，同族人认为的不肖子孙没有资格进入祠堂，以示惩戒。

祭庙　中华人民共和国成立前，除夕之夜或大年初一，人们到庙宇焚香烧纸祭祀神明。每年农历二月十七，是棘洪滩山会，赴会进庙焚纸烧香祭祀者众；若久旱无雨，农作物受灾，人们自发到龙王庙烧香摆供，祈求天降甘霖，解除干旱。中华人民共和国成立后，搬神拆庙，废除祭庙。

禁忌

年龄忌　人活到百岁而忌说，仅谓“99岁”，讳于“人活百岁终须死”之意。中年人忌说“41”岁，而说“40”岁或“42”岁，谓“41”岁是称“大王八”的乌龟。

房屋忌　忌正向道路，大门口忌正向屋山，谓“走投无路”“出门碰山”，日子不好。

嫁女忌　出阁闺女忌在娘家分娩，农历腊月二十三辞灶后忌在娘家住宿，否则主娘家来年人丁不旺，日子不顺。

孕妇　产妇　寡妇忌　孕妇、产妇、寡妇被视为不洁之人，凡有喜丧事的人家，不让孕妇和产妇在场，以免其身上的秽气冲了新人的喜气或死者的灵魂，办喜事不用寡妇帮忙，也不欢迎她们到场。

春节忌　过年烧纸、烧香、摆供、敬神等不准妇女插手，否则是对祖先和神明的不敬。出嫁的女子必须在农历腊月二十三辞灶前离开娘家回婆家，农历正月初二晚上送年之前不得再回娘家，更不准在娘家过年，否则主娘家运气不好。春节，特别是除夕夜不能说“死、破、坏、穷、散、苦、断、赔、病、输”等不吉利字眼。农历正月初一、初二两天不能到水井挑水，要去，必须带上烧纸、鞭炮到井台祭井。年除夕至正月初二不准扫地，不准往门外倒脏水，免得扫除好运，泼出财气。

病人忌　家中有生麻疹者，忌生人进门，否则麻疹出不好。忌在下午探视病人，否则主病情加重。药渣不能随意乱扔，要扔在路上。

茶酒水饭忌　倒茶斟酒忌卡壶脖，意为“卡脖子”。倒水盛饭向外翻，意为对人不恭。忌从窗口递食物，意为“囚饭”。

身死异地忌　身死外地异乡称之为“冷骨”。忌冷骨进门，尸身不准进家，只在屋外院内搭棚停放，称若死者鬼魂进家会使家宅不安，入门妨后代。

乘船忌　船家忌言“翻”“倒”之类字眼，吃饭不准把双筷横放碗上，不准把碗倒扣过来，否则主不吉利。

亲属称谓　父亲称“爹”“爸爸”“大大”，母亲称“娘”“妈”。

祖父称“爷爷”，祖母称“奶奶”“妈妈”。

父亲的兄弟按排行称“大爹”“二爹”“三爹”等，其配偶按排行称“大娘”“二娘”“三娘”等或“大妈”“二妈”“三妈”等。

祖父之父称“老爷爷”，其母称“老奶奶”“老妈妈”。

夫称妻为“孩子他娘”，或按其子女名字叫“×× 他娘”，妻称夫为“孩子他爹”，或按其子女名字叫“×× 他爹”。丈夫对外称妻子为“俺老婆”或“俺家里头的”，妻对外称夫为“俺当家的”或“俺汉子”“俺外头的”。现在年轻人多直呼对方姓或名及“俺对象”“俺媳妇”“俺家小×（姓）”，年纪大的则多称“俺老伴儿”。

夫之父母当面称“爹”“爸爸”“娘”“妈”，对外则称“公公”“婆婆”。夫之兄弟当面称“哥哥”“弟弟”，对外兄称“大伯”，弟称“小叔”，其配偶当面称“嫂子”“妹妹”，对外称“妯娌”。夫之姐妹当面称“姐姐”“妹妹”，对外姐称“大姑”，妹为“小姑”，其配偶当面称“哥哥”“弟弟”，对外称“大姑女婿”“小姑女婿”。夫之侄、侄女称“侄”“侄女”。

妻之父母当面称“爹”“爸爸”“娘”“妈”，对外称“丈人”“丈人爹”，“丈母”“丈母娘”。妻的兄弟当面称“哥哥”“弟弟”，对外称“大舅子”“小舅子”，对其配偶当面称“嫂子”“弟妹”，对外称“大舅子媳妇”“小舅子媳妇”。妻的姐妹当面称“姐姐”“妹妹”，对外称“大姨子”“小姨子”，对其配偶当面称“姐夫”“妹夫”或“哥哥”“弟弟”，对外称“连襟”。妻之侄、侄女当面称“侄”“侄女”，对外称“妻侄”“妻侄女”。

公婆对外称儿媳为“媳妇子”，直呼则按孙子、孙女名字叫“×× 他娘”“×× 他妈”。

父母对女儿之配偶当面称“他姐夫”“他哥哥”，对外称“闺女女婿”，或按排行叫

“老大女婿”“老二女婿”。父母对女儿之子女称“外甥”“外甥闺女”。

母亲之父称“姥爷”，其母称“姥娘”。

外祖父之父称“老姥爷”，其母称“老姥娘”。

母亲之兄弟称“舅舅”，其配偶称“舅母”“妗子”。

外祖母之兄弟称“舅姥爷”，其配偶称“舅姥娘”“舅姥姥”，外祖母之姊妹称“姨姥娘”“姨姥姥”。

舅父之子女称“表兄”“表弟”“表姐”“表妹”，当面以兄弟姐妹相称，对外称“姑舅兄弟”“姑舅姊妹”。

舅父对姊妹之子女称“外甥”“外甥闺女”，对姊妹之孙子、孙女称“外孙”，但发音上却与“外甥”相同。

母亲之姐妹称“姨”，按排行称“大姨”“二姨”“三姨”等，其配偶称“姨夫”，按排行称“大姨夫”“二姨夫”“三姨夫”等。姨之子女称“表兄”“表弟”“表姐”“表妹”，当面以兄弟姐妹相称，对外称“两姨兄弟”“两姨姊妹”。

父之姊妹称“姑”“姑姑”“姑母”，按排行称“大姑”“二姑”“三姑”等，其配偶称“姑夫”，按排行称“大姑夫”“二姑夫”“三姑夫”等。姑的子女称“表兄”“表弟”“表姐”“表妹”，当面以兄弟姐妹相称，对外称“姑表兄弟”“姑表姊妹”。

夫妻双方之父母互称“亲家”，或“男亲家”“亲家母”。

对家族中五服内的近支称“自己家里”，远支称“本家”。

土特名产

美食

域内有诸多风味独特的食品，深受当地人们的喜爱。

韩洼豆腐 源于河南头村。清末，该村杜、崔、李等姓人家，摸索出一套精湛的豆腐制作工艺，所产豆腐细腻白嫩、爽滑可口、风味独特。河南头所产豆腐之所以闻名，除选用当地富产的大豆，在大豆浸泡磨浆、豆浆沸煮等有着独特的工艺外，主要得益于清澈甘洌的优质水源洪江河水和海卤点淀（浆）。民国时期，河南头村有30多户人家在青岛专营豆腐生意，从而使其豆腐饮誉岛城。与河南头村一河之隔的韩洼村也有人家从事豆腐生产，并在青岛营业。中华人民共和国成立后，青岛市蔬菜局成立豆腐生产合作社，其骨干职工多为河南头、韩洼人。由于中华人民共和国成立后河南头和韩洼两个村长期为一个高级农业生产合作社或一个生产大队，生产大队以韩洼命名，故而人们把河南头、韩洼所产的豆腐统称为“韩洼豆腐”。60年代后，河南头、韩洼两个生产大队的生产队，每年都抽调劳力专司豆腐营生，成为生产队集体的重要副业。农业生产责任制实行后，河南头、韩洼村出现豆腐生产专业户。2015年，河南头、韩洼社区仍常年生产豆腐，使韩洼豆腐盛名不衰。

韩洼豆腐（2005年）

棘洪滩水饺 饺子俗称“馉馇”，系传统的节日食品和传统风味食品。新中国成立后，“棘洪滩水饺”曾为当地名吃之一。棘洪滩水饺产自棘洪滩供销合作社饭店，饺子的主要原料为精制面粉、猪肉、虾仁、大白菜、韭菜等新鲜蔬菜和花生油及各种调料，所做水饺有猪肉白菜水饺、猪肉韭菜水饺、三鲜水饺等。其制作工艺讲究，饺子皮儿为人工和面，软硬适度，厚薄适中，饺子馅儿精剁细绞，肉菜搭配均匀，皮薄馅足，皱折挪捏平缓结实。急火将锅水烧开后，把饺子投入滚开的锅中，盖锅沸水滚三个滚儿，火候恰到好处，出锅的饺子不进汤、不破皮、不露馅儿，具有香、鲜、嫩的特点和味美鲜香、香而不腻、新鲜可口、诱人食欲的独特风味。1998年，由于饮食服务行业竞争激烈，经营管理不善等因素，棘洪滩供销合作社饭店歇业，但遍布域内的酒店饭庄、饮食摊点，仍可满足人们饱餐棘洪滩水饺的口福。

棘洪滩水库淡水鱼 1990年始，山东省引黄济青工程棘洪滩水库平均年放养大规格鲢鱼、鳙鱼等鱼类100多万尾，对水库的水质起到较好净化作用。由于这些鱼

鲢鱼

类在生长过程中，不投放任何饵料，靠水中的浮游生物和藻类为食，因此生长比较缓慢，10年以上才能长到10千克左右。这些鱼类因食饵单一，远离药物，肉质鲜嫩，富含蛋白质。2007年7月，棘洪滩水库被青岛市海洋与渔业局认定为青岛市无公害水产品生产基地；12月，棘洪滩水库鲢鱼、鳙鱼、鲤鱼、鲫鱼、黄颡、鲶鱼和大银鱼7种淡水鱼通过国家认证监督委员会国家有机食品“引黄济青”牌有机鱼认证，其中最著名的首推文华鱼和大银鱼。棘洪滩水库注册的“文华鱼”是花鲢鱼，俗称“胖头鱼”，最重可达20～25千克。由于棘洪滩水库的花鲢鱼是天然生长，鱼头大而肥，占体长的1/3，肉质雪白细嫩，味道鲜美，丝毫没有土腥味，可制作清蒸全鱼、油炸鱼排、爆炒鱼肚、煲鱼丸汤等数十道菜。大银鱼长6～17.3厘米，鱼体细长，半透明，有银光，无鳞、无刺、无腥，是一种肉嫩味美、营养丰富的小型名贵鱼类，食性以浮游生物和小鱼虾为主，富含蛋白质、维生素、烟酸等多种营养成分，脂肪含量少，具有较高的营养价值，为鱼中珍品，有“水中人参”的美誉。大银鱼可制为香炸大银鱼、大银鱼蛋汤等菜品。

银鱼

海产名吃 地域南濒胶州湾，尽享渔盐之利。以海产品为原料的美味佳肴种类繁多，地方风味浓郁，有“葱油海参”“清炖鲍鱼”“油焖对虾”“清蒸海蟹”“原汁蛤

鲍鱼　对虾　海参
海蟹　泥螺　章鱼

蜊”“红烧鳝鱼”“蒜泥牡蛎”“爆炒大蛸”“凉拌海螺”“油爆泥螺”“红烧鱼”“清炖梭鱼”“葱拌兰蛤”等等。尤以胶州湾内所产小海鲜鲜味浓烈，口味独特而出名。

末蠖 学名“白磷虾”，是胶州湾北岸棘洪滩、上马近海海域入河口和盐田荒水生长的一种甲壳类浮游微虾，由于质优量少，宴宾待客尤显珍贵。末蠖中最负盛名的当数海西末蠖，其白里带青，通体透亮，大小均匀，鲜味浓厚，是绝佳的营养海鲜。富含蛋白质和人体必需的 8 种氨基酸和虾青素、胡萝卜素、另有铁、钙、钾、钠、磷等无机营养元素，有“又是一年三月到，老葱萌发时正茂，穿上油裤忙赶海，打桶末蠖蘸葱好”和“末蠖蘸大葱，喝酒一盅又一盅”的民谣。将捕捞的新鲜末蠖放到刚蒸熟掰开的热馒头上，再将馒头合起，少顷，再将馒头分开，末蠖便不见了，但吃馒头时，倍感鲜味浓郁，末蠖已溶入馒头之中，引得食欲大开。末蠖的食法是将锅内倒入少量海水，无海水则在清水中加少许盐，把末蠖倒入温火慢炖，开锅即为“清炖末蠖”。大葱蘸清炖的末蠖，称“大葱末蠖”。将捕捞的新鲜末蠖加盐和葱花、鸡蛋一起清炖，即是“鸡蛋末蠖”。将捕捞的新鲜末蠖加盐入缸密封，半月后取出叫“生鲜末蠖”，与鸡蛋、葱花一起清炖是佐餐佳品。

末蠖

壕根 鱼类中体态最小，似幼时的鱼，由于生长于胶州湾北岸棘洪滩、上马、河套一带浅海沿岸滩涂壕沟之中而得名。因具有胶州湾沿海鱼类的各种营养成分和多种药用价值，且产量极少，只在清明节前后始见，弥足珍贵，其“韭菜壕根”为名吃。其做法是将壕根洗净上锅蒸熟，与切好的韭菜拌匀，加少许味精、酱油、盐即成。

壕根

嗤蝗 是生长在胶州湾北岸泥滩中的一种贝类，农历六至八月才挖取，产量不多，含有丰富的蛋白质、脂肪、维生素和铁、钙、锌、锰、磷等矿物质，营养价值极高。关于嗤蝗，有一个谜语：“白大袄、黑半帽，腰里缠着红褡包”，说的就是嗤蝗。“白大袄”

指其白色薄壳，“黑半帽”指其嘴部有一块黑灰色的帽状物，“腰里缠着红褡包”指其肉身环绕一根红色线带。嗤蝗的吃法有多种。用海水或清水加少许盐将嗤蝗入锅中炸，开口即熟，剥去皮壳，摘脱帽状物，扯去缠绕周身的红丝线，蘸酱油、米醋、蒜泥、姜末食之，叫作“清炸嗤蝗”。将嗤蝗肉与韭菜、蒜泥拌吃，为“韭菜嗤蝗”。将嗤蝗肉与拉瓜炒食，称为“拉瓜嗤蝗”。嗤蝗还可干食。将其炸熟后晒干打碎后，用簸箕将皮壳扇出，冬春时节用其干肉炒白菜、萝卜、入馅包子别具风味。

土产

苇帘　俗称“帘子”，是春节期间中堂悬挂供奉家族谱系俗称“祝梓”的轴子附着物，为家家户户过年的必需品之一。除夕上午，各家各户都要在正屋中堂挂祝梓、摆供品。祝梓长约2米，宽约1米，纸质印刷，后衬芦苇编织的苇帘，大年初二晚上送年后，祝梓取下，苇帘及两旁的四季画则要一直挂到农历正月十五。桃源河畔河汉沟塘多生芦苇，秋末冬初，沿河村庄赵家堰、毛家屋子、徐家屋子等村庄的人们将秋收的芦苇逐根精挑细选，去除身上的皮屑等杂物，使所挑选的芦苇洁净光滑、整齐划一，用扁担、木架、绳线、铡刀等工具编织。编织时，先将芦苇逐一排列在扁担上，再用绳线将其间隔固定在木架上，利用苇秆的骨节巧妙拼凑成香案、烛台、蜡烛、“福”字等图案，形成帘面，用绳线穿插捆勒结实，最后铡去毛边，苇帘编织完成。所编织的

苇帘

苇帘平整细密、条纹清晰、图案优美、富有自然特色。新春佳节苇帘上的图案与两侧的年画相媲配，珠联璧合，相得益彰，给人以香烟缭绕、烛光闪烁的逼真感觉，增添节日气氛。苇帘编织始于清末，兴于民国，鼎盛于中华人民共和国成立后，已有140多年的历史。

清光绪年间（1871—1908），赵家堰村民毛玉汉将从南方商贾处学得的草编技术同当地的苇帘编织相融合，形成独具地方特色的苇帘编织技艺，并世代相传。生于光绪二十五年（1899）的毛玉汉之子毛中地，自幼随父学习苇帘编织。其子毛方全生于1918年，也随父学习苇帘编织，并于30年代末，与村人胡高德等七八家村民率先开设苇帘作坊。毛方全之子、孙继承祖业，从事苇帘编织。中华人民共和国成立后至80年代，苇帘编织处于鼎盛时期，赵家堰、毛家屋子、徐家屋子等村庄的村民因生活困难，家家户户编织苇帘等草编制品，或由供销合作社收购，或到集市出售，远销即墨、平度、掖县、莱阳、黄县等胶东地区，成为众多草编制品的知名品牌。90年代后，由于人们多务工经商，从事苇帘编织的从业人员少了，但赵家堰、毛家屋子等社区仍有居民从业。2010年，赵家堰芦苇帘编织技艺列入城阳区第三批区级非物质文化遗产名录。

蒲鞋 俗称“蒲袜”，是一种御寒保暖的草鞋。桃源河畔地势涝洼，河汊沟塘较多，野生多种水草，是草编织品的理想原料。每年秋天，沿河的徐家屋子、毛家屋子、赵家堰等村庄把蒲草收割回家，将柔韧性较强，较为粗壮结实被称之为“蒲白”的蒲草水下生长部分铡裁下来，晾晒后单独保存，秋末冬初，编织蒲鞋。蒲鞋编织首先要

蒲鞋

“打底”，即先将蒲草扭成粗绳，后按草鞋大小扭编成牢固的鞋底，上收后留有接茬，用蒲草层层编织。这种蒲鞋编织难度大，数量较少，多出自草编老手，具有厚度大、穿着舒适、保暖性强的特点，多自穿或馈赠邻里亲朋。蒲鞋编织还可用木头制成模具，自设程序进行。这种蒲鞋编织难度小，产量较多，多在集市交易。另一种蒲鞋，是在蒲鞋基础上将俗称“苇英”的芦苇花絮部分编成绳索在蒲鞋鞋帮四周缠绕加铺一层，增强保暖性，因其外表毛茸茸的，俗称“毛窝子”。蒲鞋编好后，采用土法硝制的猪、狗等动物皮做鞋底，以增加耐磨性，延长蒲鞋的寿命，鞋帮用杂布包裹，鞋内填充俗称“麦秧”的经碾压致细的小麦秸秆，即可穿用。这种蒲鞋虽不美观，但却经久耐用，穿着实惠，具有棉靴之功效，穿上后在冰天雪地双脚无寒冷之感。中华人民共和国成立前，贫困人家冬天做不起、更买不起棉鞋棉靴，蒲鞋就成了冬季御寒保暖的靴鞋。毛家屋子、徐家屋子、赵家堰等沿河村庄娴熟草编工艺的手艺人，在满足自己和邻里亲友穿着的同时，将所编蒲鞋或到蓝村、南泉、棘洪滩等周边集市和即墨、平度、掖县、莱阳、黄县等胶东地区出售，或由供销合作社收购，以换取油盐柴米之资，补贴家中所用。1984 年之后，随着经济的发展，人们的生活水平逐步提高，蒲鞋被棉鞋、皮靴替代。

蒲席　俗称“蒲垫”，是用蒲草编织而成的一种既防风防潮，又保温保暖的铺席。秋末冬初，黄家庄、魏家庄、张家庄、小胡埠、中华埠、毛家屋子、徐家屋子、西毛家庄、赵家堰等桃源河沿河村庄的村民用秋后收割的蒲草编织蒲席，除自用之

蒲席（1995 年）

外，多到集市出售。蒲席既可在冬、春、秋季铺于炕上，防潮保暖，又可在夏天纳凉消暑所用，还可在寒冷之冬或悬挂于门窗之外，或覆盖于菜蔬、地瓜之上防风御寒。1956年农业合作化后，毛家屋子、徐家屋子、赵家堰等村每到农闲季节，组织专人编织蒲席，除供集体使用外，或到集市出售，或由供销合作社收购，成为一项副业收入。进入21世纪，还有老年人使用蒲席，赵家堰、毛家、徐家屋子等社区仍有人从事蒲席编织。

镶边 俗称“花边”。明清时期，民间就广泛流传着“捏绣”的“小扣锁”、刺绣等手工工艺。广大农村妇女绣织的鞋面、枕头、嫁衣、戏装等，做工精巧，花样繁多。后不断对工艺和针法进行改进，使之互为异化，相互交融，逐渐衍生形成一套独特的具有民族传统特色和地方艺术风格的工艺针法。由于这种工艺针法演变形成于民间，人们就把这种针法织成的花边称之为“手拿花边”，这便是“镶边”的雏形。此后，手工艺人在继承传统技艺基础上，通过不断创新，逐渐发展成为品种繁多、用途广泛、绚丽多姿的“镶边”。镶边是一种单线织绣的花边，主要采用21/4、21/6、20/4等不同股数的丝光线和优质亚麻布为原料，集锁、编、织、缠、拉、露、镶等20多种工艺和80余种针法为一体，达到平、薄、光、匀、齐、净的工艺技术要求。织边的主要针法有锁灯笼扣、织密布、绞柱搁边、二针网、三针网等50余种，刺绣的主要针法有插花、行梗、纳底、抽经（纬）、锁边、掏眼、扒丝、抽勒、切勾等24种。无论织边或刺绣均须拉线松紧一致，底线适宜，用线不碾不毛，网眼均匀清晰，针码平均。对织

镶边

出的图案要求角尖、弧圆、边齐，整体平整，不卷不曲。镶边不论产品规格大小，纹样长短，都要综合运用各种工艺和针法，经过镶拼，把花边和刺绣连缀成套，使两种不同的工艺针法虚实照应、和谐统一，达到左右对称、层次分明、色泽清秀，具有强烈浮雕感的艺术效果。镶边在国际上有着“抽纱瑰珍”的美誉，以出口为主，产品销往欧美、东南亚和中国香港等地区。1956 年之后，有条件的农业生产合作社、生产大队或生产队组织妇女成立花边加工组，为即墨或崂山花边厂加工镶边，作为农村集体的副业收入。1958 年，棘洪滩公社建起花边厂，从事镶边生产。也有妇女利用闲暇工余绣织镶边，收入补贴家用。农业生产责任制实行后，由于镶边绣织费时耗工，收入较低，妇女的择业之路拓宽，多务工经商，加之镶边生产淘汰人力手工绣织，改为机绣、机织，再无人从业。

磨石 港北出产，是较负盛名的土产品。在地下七八米深处，色泽浅白带红、白中泛青、光洁细腻、沙细粒微，是打磨刀、剪、镰等的理想石料，磨出的刀刃锋利耐用，深受人们的喜爱。中华人民共和国成立前，该村就有人发掘出售，但批少量微。1958 年，棘洪滩公社在港北村后建起磨石厂，所开采的磨石按斤论价，火车装载批量运往青岛、济宁等地的火柴厂家，用来打磨切割火柴杆的刀具。1961 年，棘洪滩公社磨石厂在国民经济调整中关闭后，港北生产大队组织劳力有所开采，但数量有限。70 年代，青岛的商店有少量港北磨石出售，但多为假货。80 年代后，由于实行严格的耕地保护政策，加之刀具打磨不再仅靠磨石，港北磨石不再开采，但港北居民家中仍有少量磨石，用来打磨刀具等。

泥瓦工具 东毛家庄有着近 60 年的泥瓦工具生产历史，其生产的建筑泥板、瓦刀、压刀、铲等泥瓦工具系列产品畅销海内外，饮誉遐迩。1956 年，东毛家庄由高级农业生产合作社的七八名社员组成铁业组，从事小型农机具的生产维修兼泥瓦工具生产。1961 年，专营泥瓦工具生产。1977 年，企业定名为崂山县锦红滩公社五金厂。1983 年，更名为青岛泥瓦工具厂。1984 年生产的压刀注册为“青山”牌商标，1985 年生产的压刀、瓦刀、泥板和铲等泥瓦工具系列产品注册为“海厦”牌商标。青岛泥瓦工厂生产的泥瓦工具系列产品用料精湛、工艺独特，具有不崩、不卷、不走形，刚柔适中、得心应手的特点，用该厂生产的泥瓦工具所抹墙体保浆、保光性强，成为畅销中国江北的驰名泥瓦工具品牌。1986 年，产品打入国际市场。进入 21 世纪，产品仍畅销不衰。

方言俗语

棘洪滩方言属于汉语北方方言的胶辽官话，具有胶东方言的明显特征。普通话有阴平、阳平、上声、去声 4 个调类，棘洪滩方言只有 3 个调类，没有去声。棘洪滩方言不计声调在内，共有音节 414 个，其中开口呼 186 个、齐齿呼 107 个、合口呼 91 个、撮口呼 30 个。棘洪滩方言有 28 个声母，比普通话 22 个声母多 6 个。两者一一对应的有 21 个，不对应的有 8 个。其方言域内基本一致，但仍有些差异，主要表现在东、西部个别称谓和名词、代词差异。称谓差异其声母相同，韵母、声调和 r 化有别。名词、代词差异在一些名词、代词的读音上，东部儿化韵较重，且又发复合元音，西部无儿化韵，又发单元音。

方言与普通话对照表

天文地理

表 7

方言	普通话	方言	普通话
日头	太阳	么臧改儿	时间不长
勺子星	北斗星	傍瞎黑儿	傍晚
打闪	闪电	成天价	整天
倒照	霞	二月二	龙抬头节
前日	前天	大寒食	清明节前一天
歪后日	大后天	小年儿	农历腊月二十三
月明	月亮	灶马	灶君
绛	彩虹	烟台	烽火台
呼雷	惊雷	雨星星	毛毛雨
夜来	昨天	傍明天儿	黎明
头晌儿	上午	半宿拉夜	半夜三更
七月七	七夕	年除日	除夕

续表 7

方言	普通话	方言	普通话
寒食	清明节	头年	去年
辞灶	小年儿	打春	立春

动作行为

表 8

方言	普通话	方言	普通话
划拉	归拢、捞取	暴	尘土呛人
扎固	修理、诊治、惩治	闯	棍棒等竖放
豁罗	搅拌、搅动	摆甩	摆动、摇摆
掂对	掂掇、斟酌	歪块	斜靠着东西躺下
窝搓	揉绉	嘘嗬	大声喊叫
侈侈	骄傲自满	插把人	故弄陷阱、戏弄人
稳	放	掉蛋	偷懒
排	由上往下踢	巴数	批评、责备
蹽	用脚尖向上踢，引申为讽刺挖苦	诰说	言语暗示
影	噪音刺耳	重念	挂念
抱	禽孵蛋，畜产仔	欢气	高兴、愉快
箍巴	抱紧	困觉	睡觉
拉趴	叉开双腿	涨颠	炫耀
蛤爬	俯卧	看喜	贺喜
睽儿	窥视	送汤米	给生孩子的亲友或人家送贺礼
嘎茬子	吝啬、小气	撒谎刁皮	不诚实、说谎
拱送	钻营、投机	噘	骂
央及	央告	相付	端详
固束	收缩	挖吼	斜视
鼓捣	反复摆弄	呕吼	吆喝
和调	搅拌、调和	撇	忘记或来不及带走东西
掇弄	整理、拨弄	掬	紧紧攀附在物体上
泚	溅喷	磕倒	摔倒、跌倒
窝囊	不卫生、胆小	鼓拥	蠕动
抬杠	争论、争吵	朴蹚	践踏
莽	轻蹬、轻踢	柳光	奉迎、拍马
颠鲜（踝蹬）	献殷勤	撂	扔、丢
踩践	设法贬低别人，欺负、欺压	招着	扶着
乍煞（觰沙）	张开、得意忘形	旯拉	绕圈、溜达

续表 8

方言	普通话	方言	普通话
死撑	硬撑	鼓拽	走路摇摆
谝弄	夸耀、显示	添么	讨好、巴结
背讳	重复别人的语言、胡乱猜测	膈应	恶心、讨厌
告讼	背后说人坏话	驴东狗西	胡说八道
发熊	找别扭	摆坏	显示、炫耀
嫌候	嫌弃	烧包	得意、自我膨胀
肮脏	扫兴、讨厌	周溜	周正、惩治
巴望	盼望	鬼花虎	耍花招
远路风程	路途遥远	混理	不讲道理、蛮横
闯门子	串门	癞怠	令人生厌、窝囊
造	挥霍	煞实	厉害、扎实
发付闺女	女儿出嫁	谋量	考虑、思量
含着	拿着	志验	试验、验证
办弄	搅拌、搅动	咬嘎	咀嚼、争论
打动	搜寻	打钩压	打秋千
蔑屑	眼不正视	演当	试验、比量
聊	不实际、吹牛	戗促	抢白
约	折	唧嘎	吵嘴
撂	扔石头打人、捶、打	二二次次	犹豫、踌躇

性质状态

表 9

方言	普通话	方言	普通话
混是	可能、大概	发几时	从什么时候
其必	很可能	朝价	经常地
害咔	口渴	管几时	无论什么时候
罢式的	作罢、罢了	好上地	仔细、认真
爹煞	放纵、娇纵	倘上	遇上、摊上
赶自	马上、很快、敢情	单为	故意
直愣争儿的	突然	挤束	紧凑
才么儿么儿	刚才	备不住	说不定
摩拉嘎	拖拉	齐截	整齐
相应儿	合适、便宜、恰到好处	拉嘎	摩擦

续表 9

方言	普通话	方言	普通话
么点儿	很小	次毛	质量差、差劲
合个儿	整个儿、完全	江江儿	刚刚、稍微
大共总	总共	一拢总	从来
大约模	大概、可能	大概起	大略、大约
撸了	撤了，事情没办成	行宜	习惯、流行
艮	物品受潮、食物不脆、人的性格绵缠	不返乏儿	太多、量大、承受不了
超盈	轻松、宽裕、富裕	扛不泛	承受不住
埴	松软	杂马	质量、人品不好
离靶	差劲、过分	神琐	顽皮、乱动乱拿
赶忙儿	马上、立刻	亡魂失道	神志恍惚、容易忘记事物
急溜溜的	赶快、急匆匆的	道三不着两	说话颠三倒四
仄棱	斜	淡莫唆的	尴尬、难为情
傍附	将近	旺醒	有精神、茂盛
慌忙急促	慌张、急忙	不济	不好
近三火的	赶紧	够呛	支持不住了、没把握
武良	懂事、有礼貌	埋汰	难看、不卫生、不周正
情好儿	放心	皮脸擦滑	顽皮过度令人讨厌
就手儿	顺便、把柄	毛浪	睡眠中不自主的言行或哭闹
不管事儿	不要紧、没关系	不果睬	不注意、出乎意料
瘪约	变形	挺托	结实、牢固

农事生物

表 10

方言	普通话	方言	普通话
营生儿	活儿、事儿	支生	有生气
庄稼把式	农事行家	暄吞	松软
犋	农户的牲口合伙使用	繁生	繁殖
畦子	长方形的菜圃	巴棍子	木棍
公子	雄性动物	黄老鼠	黄鼠狼
杌子	方凳	瓜齑	萝卜淹的咸菜
埝儿	场地	地场	地方

续表 10

方言	普通话	方言	普通话
皮嗖子	弹弓	蛤蟆过当子	蛤蟆的卵
马蛇子	蜥蜴	泥狗	泥鳅
末蠖儿	白磷虾	猫耳头	猫头鹰
捣打木子	啄木鸟	锄古	布谷鸟
胡黍	高粱	乌麦	小麦、玉米、高粱黑穗病
山草	萱草	浮台	烟囱
狗奶子	枸杞子	蓬子菜	海蓬菜
蚂蚱菜	马齿苋	花卜都儿	花蕾
觅汉	长工	芫荽	香菜
驴具	犁	爬古	小公牛
麻山	豆饼	脚猪	种猪
畦	播种蔬菜	步嘎	鸽子
馕	稀软	瞎撞	金龟子
踩	泥泞	咩子	牛犊
坡兔子	野兔	马虎	狼
母子	雌性动物	爬蚂	一种海蟹

谚语

生活谚语 眼经不如手经，手经不如常掇弄。

行下春风，才有秋雨。

远亲不如近邻，近邻不如对门。

葫秫穇子不是粮，大娘婶子不是娘。

种地不施粪，等于瞎胡混。

地里铺上粪，家里备粮囤。

吃不穷，喝不穷，打算不到一世穷。

千人千模样，万人万长相。

人心齐，泰山移。

一亩地要个场，一百岁要个娘。

气象谚语 气象谚语是人们在长期的生产生活实践中，观察天气动态变化所积累下来的经验结晶。是根据天气、景物的反常现象，作为气象变化的预报推测未来天气变化，具有一定的地域性和经验性。

日落北风死，北风不死刮三日。

双日刮当日，单日刮三日。

日落西天云，明日北风临。

月亮带晕圈，一刮两三天。

不刮北风不下雨，不起北风不晴天。

水缸穿裙，大雨临门。

东虹（音：浆）雾露西虹雨。

红云变成黑，当日就是水。

星儿稀，没有期；星儿密，雨三日。

有钱难买五月旱，六月连阴吃饱饭。

不怕初一下，就怕初二阴。

早晨雾露，晌午晒破葫芦。

八月十五云遮月，正月十五雪打灯。

歇后语

阴天竖地溜儿——没影儿

阴天打孩子——闲着也是闲着

裁缝掉了剪子——光剩尺（吃）了

拖拉机上炕——耕（惊）人

虾皮子锅腰儿——净（穷）礼道

马虎啃天——没地场下口

猪八戒的脊梁——悟能（无能）之背（辈）

蟹子过河——随大流

黄鼠狼给鸡拜年——没安好心

民间传说

摩天岭的传说

铁家庄村坐落的那道土岭子名叫“摩天岭”。说起摩天岭来，还有一段故事呢。

相传，清朝乾隆皇帝曾七次巡视江南游山玩水。可回到皇宫后，仍觉得虽深居宫中有享不尽的荣华富贵，却高墙大院相阻，好像与世隔绝，使人心烦意乱，还是外面海阔天空，山清水秀，鸟语花香，使人心情舒畅。

可是，再到哪里游玩呢？乾隆爷苦思苦想了大半天终于想到：当年秦始皇曾在众臣陪伴下游玩东海崂山，听说那里是神窟仙宅，山海奇观，气象万千，风光无限，朕何不效仿始皇，到崂山去畅游一番呢？主意打定，便派人传山东籍京官刘墉，向他打探崂山一带的风土人情。

刘墉可是个清官啊！他闻听皇上要游览崂山，顿时吃了一惊，心里想：乾隆爷要游崂山，这不是糟蹋百姓吗？他这一去必定又是车马仪仗前呼后拥、浩浩荡荡，走州过县，惊动官府，迎来送往，铺张派场耗费银钱不说，还必定铺路架桥，毁坏庄稼，增加税赋，劳民伤财。我得想个法子，千方百计阻止他的崂山之游。可有什么好法子能阻挡乾隆爷不去游崂山呢？刘墉眉头一皱，灵机一动，进了金銮殿后，不慌不忙地跪奏道：“万岁爷，崂山那地方儿的风物人情，是天底下最坏的，可万万去不得！”

乾隆爷一愣，纳闷地问道：“刘爱卿，朕去过各地的名山大川，为什么这崂山就偏偏去不得？”

刘墉说：“万岁爷，您有所不知。您去崂山，必定经过山东即墨县。那县城南有一座古庙，名叫五龙庙，庙里的和尚不是惯匪出身，就是江洋大盗，他们见官就杀，见东西就抢，莱州府和即墨县虽多次派兵征讨，但都无功而返，大败而归。这还不算，过了五龙庙，有一座月牙桥，桥面宽不过三寸，人车难行。更可怕的是，桥下有一条河，名叫横江河，水深没底儿，白浪滔天，河里有千年老鳖，人若从桥上掉下去，连个尸影儿也找不着。最险恶的要数横江河旁边的摩天岭。这摩天岭涧深崖陡峰险千丈高，离天三尺三，站在岭顶上，伸手能够着天。人要打此过，不能直立着走，一不小心，不是叫天碰破头，就是叫峰挂破肉，岭上岭下不光没有人烟，而且天天海雾弥漫，狼虫虎豹成群出没。你就是翻过了摩天岭，也难得活命，岭下荆棘丛生，洪荒无际，这就是棘洪滩。滩里到处都是难以行走的绊马索，天上飞舞着遮天蔽日的食人蚊。这蚊子小鸡般大小，其凶如虎，奇毒无比，一旦被它叮咬，毒性发作，性命难保……"

刘墉滔滔不绝地说个不停，把个乾隆爷惊得目瞪口呆，心想：如果崂山真的是如此凶险之地，自己前去不是送死吗？可他转念一想：人说刘墉足智多谋，能言善辩，谁知道他说的是真是假。于是，便叫刘墉把摩天岭下的绊马索取来，把棘洪滩的食人蚊捉来，他要亲眼看看。

其实刘墉刚才的一番高谈阔论，纯属海吹神侃、胡说八道。他所说的五龙庙，不过是即墨城南一座只有五根窗棂子的小土地庙；月牙桥也不过是城阳西城汇村头的一座早已废弃的月牙形小桥；横江河本名洪江河，只是摩天岭下的一条无名小河沟；摩天岭也不过是洪江河边的一座光秃秃的小山岭；棘洪滩却是摩天岭下的一片荒滩；至于绊马索、食人蚊，更是没影儿的事儿。如今，皇上要他把绊马索、食人蚊拿给他看，刘墉傻了眼，上哪去找啊！

刘墉回到家里，眼珠子转了几转，便有了主意。他立刻吩咐家人骑上快马，飞快地向山东即墨县西南摩天岭奔去……

几天后，又是三、六、九上朝日。刘墉带上家人从摩天岭、棘洪滩弄来的"绊马索"和"食人蚊"上了朝，对乾隆爷启奏道："万岁爷，您要的绊马索和食人蚊，我带来了，请您过目。"

乾隆爷一看那"绊马索"，是一根根手指头粗、长约丈余的草绳子，这些草绳子别说绊倒马，就是人叫它缠住也寸步难行。再看那"食人蚊"，有小公鸡般大小，灰色长翅短尾巴，长着半尺长的尖嘴巴，关在笼子里还啄得竹笼子"吧嗒""吧嗒"直响，真要被它咬上一口，不连筋带肉叼出来一大块才怪呢！

乾隆爷看罢，挥了挥手说："算了，崂山就不去了。"

你道这绊马索和食人蚊是什么？原来，那绊马索就是摩天岭下海滩上生长的一种带刺的爬蔓草。刘墉先派人把几根爬蔓草搓成手指头粗、丈余长的绊马索，又从海边捉了一种名叫“鸡隹隹”的长着大长嘴专吃鱼虾的海鸟，充做食人蚊。

就这样，刘墉用自己的精明和才智，使乾隆皇帝打消了游崂山的念头，沿路的黎民百姓免遭了一回祸害。

打那以后，崂山西海边的那座高不过十几米的秃坡矮岭，得了个雄伟壮观的美名，人们叫它“摩天岭”。

讲述人：刘永禄，男，66岁，青岛南万盐场退休职工

搜集时间：1985年冬

搜集地点：古岛村

流传地区：即墨、崂山一带

下崖的传说

下崖孙姓人家的祖辈原居住于胶州东石河庄。那么，他们是怎么来到胶州湾北岸的海崖之上、羊毛沟西岸定居立村的呢？

相传，胶州东石河庄有一个人叫孙爱磬，祖上的日子原本就十分殷实，到了他这一辈儿，靠着勤于耕作，广开财路，经营有道，精打细算，勤俭持家，更是家财万贯，田多地广，人丁兴旺，家大业大，成为富甲一方的豪绅大户。孙爱磬发家后，既不巧取豪夺，为富不仁，也不爱财如命，一毛不拔，而是耕读乡里，仗义疏财，乐善好施，救困济贫，遇有灾荒的饥馑年头，更是开仓放粮，赈济灾民，因而官府倚重，百姓爱戴，深得民心。

可人怕出名猪怕壮。孙爱磬家境巨富声名远扬，为他招来了愁苦和烦恼。他家隔三岔五收到官府的公文，不是叫他出钱出粮，就是叫他出夫派丁。那些聚啸山林，打家劫舍，杀人越货的土匪，也冷不丁到他家抓人绑票，叫他花钱赎人消灾。那些昼伏夜出的盗寇窃贼，更是把他盯上了，觉得他就是一块肥肉，不吃白不吃，时不时地光顾他家，少钱丢粮的事不时发生。官府的敲诈、土匪的勒索、贼寇的骚扰，使孙爱磬如鲠在喉、似芒在背，整天坐立不稳、寝食难安。他看看身边的黎民，瞅瞅周围的百姓，觉得他们虽然吃了上顿愁下顿，日子过得十分拮据，但却安安乐乐、无忧无虑、悠然自在，既不用担惊受怕，也没有心事担忧。自己虽然万贯缠身，衣食无忧，可天天过得这是什么日子，连个穷人都不如，自己要是个穷人该多好啊！孙爱磬羡慕起穷人来，巴望着自己成为一个穷人。可怎么才能成为一个穷人呢？他日思夜想，一连想了七七四十九天，也没

想出个好方良法、称心如意的门道来。

这一天，他家来了一个探查地理的风水先生，孙爱磬待他如上宾，肉山酒海地伺候着。好吃海喝了有些日子，风水先生见他一不请看风水，二不叫看地理，心里十分纳闷，便问孙爱磬有何所求，孙爱磬便把自己想当穷人的念头和盘托出。

风水先生闻听，哈哈大笑着说："掌柜的啊掌柜的，人往高处走，水往低处流。别人挖空心思做梦都想由穷变富，你这是犯得哪门子邪劲儿想由富变穷。我看，你这名字别叫孙爱磬，干脆改名叫孙爱穷吧！"

孙爱磬闻听连声称好，当即改名叫孙爱穷。

风水先生围着孙爱穷家房前屋后、院内门外仔仔细细看了个遍，也没看出个子丑寅卯。他见在孙爱穷家里看不出个由富变穷的道道儿来，便由孙爱穷领着来到祖坟。

风水先生来到孙爱穷家的祖坟，不由得手指祖坟大叫起来："原来这由富变穷的根儿在这地方啊！"

你知道这是个什么情况吗？原来，孙爱穷家祖坟旁边埋着一条石龙，这石龙守护着孙家的风水，祖祖辈辈家业兴旺。风水先生说是只要将石龙挖出来錾断，破坏了祖坟的风水地气，孙家就家道败落，由富变穷了。

孙爱穷听了，按照风水先生的指点，派人挖地三尺，果真挖出了一条石龙，立刻叫人把石龙錾断。

可奇怪的是，石龙白天刚錾断，夜晚又会自己连接起来，和好如初。第二天，孙爱穷又派人将石龙錾断，可夜间又神不知、鬼不觉地连接起来。一连三天，天天如此。

孙爱穷没咒念了，只好去讨教风水先生。风水先生指点他说："要想彻底把石龙錾断，得用掺了黑狗血的黑毛驴的干粪，在錾断的石龙上烧。"

这黑狗血好找，抓一只黑狗杀了就行，可要找到浑身没有杂毛的黑毛驴，可就不那么轻松了。功夫不负有心人。孙爱穷东跑西窜费了好大的劲儿，找到了一头浑身黑毛的驴子。他杀了一只黑狗，将狗血淋到黑毛驴拉的晒干了的驴粪上，又把石龙錾断，将掺了黑狗血的干驴粪在石龙上烧，果然那錾断的石龙再也没有接合起来。若干年后，在錾断的石龙附近新立了一个村子，名叫"石龙屯"。

说来也真怪，自从石龙被挖出錾断后，孙爱穷家莫名其妙地起了几把天火，把一大片宅院烧得剩不下多少，接着又连着摊上好几场官司，紧跟着一连几年天道不好，非旱即涝，要不就是眼看庄稼该收割了，突遭飓风暴雨、霜降冰雹，外面的生意也不尽如人意，店铺几次遭土匪盗贼哄抢，那通达四海、财源茂盛的生意一落千丈，真是喝凉水也塞牙！无论怎么大的家业，哪扛得住这么折腾。没几年的工夫儿，孙爱穷家业就败落了，真穷了。苦熬苦撑若干年后，到了孙廷槐、孙廷柏哥儿俩这辈上，家里一贫如洗，穷的揭不开锅。在东石河庄实在过不下去了，哥儿俩便收拾收拾家里的零碎儿东西，推车挑担，拖家带口一路向东寻找活路。

天无绝人之路。当孙廷槐、孙廷柏兄弟俩走到即墨县西南、胶州湾北岸、羊毛沟西岸一个土崖之上时，见这里地广沃壤，可傍海渔盐，便在这里立村定居下来，村名依地势起名“上崖”。

常言道：穷不过三代，富扎不下根。孙廷槐、孙廷柏兄弟立村上崖后，由于天下太平，风调雨顺，兄弟俩舍得辛苦，勤劳肯干，对农事精耕细作，五谷丰登，加之傍海渔盐，若干年后不但家业大，日子过得滋滋润润的，而且人口也一年比一年多，家口越来越大。家大人多，真够当家的操心的；人多嘴杂，自然就不能再挤巴在一起过日子。当家的聚集在一起喝了个酒儿商议了一下，分家吧。

于是，上崖村孙家一部分人家分家后，在距村北不远处比上崖地势低下的地场，另建了一个村庄，取名“下崖”。

讲述人：孙丕琢，男，69岁，下崖社区居民

搜集时间：2015年12月18日

搜集地点：下崖社区居委会办公室

流传范围：下崖、上崖一带

院后庄的来历

也不知哪朝哪代，即墨县西南边有一个寺院，名叫洪门寺。一些身背人命的要犯、杀人越货的江洋大盗和占山为王、落草为寇的惯匪，为逃避朝廷追捕，隐姓埋名，削发为僧。

按理说他们已经出家了，应该洗心革面，放下屠刀，重新做人。可他们是一伙浪荡惯了的混世魔王，哪能守得住佛门的清规戒律。于是贼心不死，淫性难改，不但在周围村庄打家劫舍，欺男霸女，而且对南来北往的客商是男人先抢劫财物，后取人性命；是女人便抢入寺院，糟蹋后杀人灭口。洪门寺周围村庄的人们怨声载道，民愤鼎沸，黎民百姓对他们咬牙切齿、恨之入骨，他们多次联名到州县告状，怎奈州县衙门上上下下都接受了洪门寺的银钱，官府与和尚早已是官匪一家，这官司还有平头百姓赢的？前去告

状的百姓轻的挨板子，重的定个诬告之罪下了大狱。和尚们有官府撑腰，更加有恃无恐，为所欲为，变本加厉，无法无天。

这一年是大比之年。有一个秀才北上赶考，傍晚时路过洪门寺，被和尚们抓住。他们见是一个穷秀才，身上没什么油水，本来打算一刀结果了他，但见天色已晚，心里想：先关他一宿，明日再杀也不迟，反正他也跑不了。于是，便把他抓回寺院，交给一个老头儿看着，和尚们就到上房喝酒去了。

这个老头儿是邻近村子的人，被和尚们抓来给庙里挑水扫地。他见今天抓来的是一个赶考的秀才，料定天明之后性命难保，便打定主意救秀才一命。

一更天刚过，老头儿便给秀才解开了绳子，叫秀才赶紧逃命。秀才知道碰上了好人，正欲逃走，但转念一想，自己走了，老人定受连累。老头儿猜透秀才的心思说："别耽搁了，咱俩一块走，我到远处投亲去。"说完，老头儿便领着秀才偷偷出了庙门，两人各奔东西。

秀才逃出洪门寺，进了京城，考取了头名状元。皇上封他为钦差大臣，赐给尚方宝剑，叫他到地方了解民情，体察疾苦，复察疑案，平反冤狱。金銮殿上，状元当即把洪门寺和尚的恶行禀奏朝廷，请求朝廷裁决。

皇上闻奏后心想：如今又不是太平盛世，通天的大案还管不过来呢，哪有闲工夫儿管这些不够碟子不够碗儿的鸡毛蒜皮小事儿，便摆摆手说："罢了。"

状元闻听皇上说"罢了"，明白皇上的意思是算了，不要去理会这事儿，心里顿时凉了半截。可他灵机一动，计上心头，赶忙冲皇上磕头："臣遵旨！"

状元出了金銮殿，立即点齐人马，带上尚方宝剑，披星戴月，日夜兼程，直奔即墨县西南而来。到了洪门寺，大队人马把寺院围了个风雨不透，水泄不通，寺内的和尚全部被擒，无一漏网。状元叫人打制了一盘铜耙，又挖了一条大沟，把和尚们押到沟里填土埋到脖子根，只露着光溜溜的秃头，然后叫手下人套上牲口，像庄户人耙地一样，把这些和尚耙了个精光。耙了和尚，将和尚们打劫的财物全部没收充公，临走放了一把火，把洪门寺烧了个片瓦不留，茬子不剩。

回到京城，见了皇上，状元启奏道："臣已奉旨行事，把即墨县西南洪门寺的和尚全耙了。"

皇上不解地问："朕什么时候叫你耙和尚来的？"

"万岁，前几天臣历数洪门寺和尚的罪恶，您不是说'罢（耙）了'吗？"

皇上想起来了，他哭笑不得："咳，朕说'罢了'，就是'算了''别管了'，谁让你去耙什么和尚呢？"

状元却认真地说："皇上，洪门寺的和尚盘踞一方，横行不法，滥杀无辜，残害百姓，他们一个个恶贯满盈，十恶不赦，不杀不平民愤，不耙对不起那些死去的冤魂，不除难还即墨西南百姓一方太平。清平世界，岂容恶人当道；朗朗乾坤，怎叫百姓遭殃。万岁，臣耙了这些恶僧，即墨西南百姓万民称颂，说您是有道的明君，山呼万岁呢。"

一席话，说的皇上美滋滋的。于是连声道："耙得好！耙得好！"

也不知过了多少年、多少代，在原来洪门寺的后边，有了一个村子，因这个村子在寺院的后面，就起名叫"院后庄"。

讲述人：刘云田，男，49 岁，院后庄村农民

搜集时间：2001 年 8 月 16 日

搜集地点：院后庄村委办公室

流传地区：即墨、城阳一带

铭心斋的传说

早年间，中华埠村有一家姓赵的大户人家，堂号叫"铭心斋"。说起这铭心斋的来历，还有一段故事呢。

相传，清朝道光年间，中华埠村有一家姓赵的，是个家业不大的小财主，家里雇着一个长工。这长工为人厚道，干活勤快，很得东家的赏识。东家很少让他下坡干活，只让他干些饲养牲畜、打扫庭院的轻快活儿。长工呢，每天勤劳惯了，除了喂饱牲畜、打扫好庭院之外，闲来无事，就在东家的房前屋后、院里庭外的空闲地场种些瓜菜，一来自己有点儿活干，二来补贴东家家里的瓜菜之缺。

有一年霜降过后，长工在收拾庭院时，在财主家场院的一个大草垛后，发现一棵大甜瓜苗。因它长在草垛南侧，阳光充足，四周又有草堆遮挡着，因而即使下了霜，寒霜也打不着它。这甜瓜苗不光蔓叶长得十分水灵，还结了三个小小的瓜蒂。长工把甜瓜周围仔细地拾掇了一下，用草木树枝给甜瓜搭了一个瓜棚，四周用草挡着遮风避雨。晚上天气寒冷，长工就用草苫搭在瓜棚顶上，为甜瓜遮挡风寒；白天太阳出来，就把草苫拿掉，让瓜秧晒晒日头。在他的悉心照料下，进了腊月门儿，瓜藤上结了三个黄澄澄的大甜瓜。长工心里十分高兴，想等到年关，把甜瓜摘下来送给东家，让东家高兴高兴。

渐渐地年关到了。这天是腊月十七，东家叫长工到胶州城去赶集，置办盐油酱醋。长工一早备好毛驴，上了路。

来到胶州城，还没进集市，长工就看见在一个高大的屋山前，黑压压地围着一大群人，边看屋山上贴着的一张纸，边交头接耳议论纷纷。长工十分好奇，就下了毛驴找个地场把驴拴好，挤进人群，因他不识字，就打听人们在议论什么。

原来，这屋山上贴着的是胶州知府的榜文。知府的母亲得了一种怪病，多方医治不见疗效。近日他从济南请了个名医给母亲治病，药方开出后，需用甜瓜做药引子。眼下正是寒冬腊月，上哪找甜瓜去？知府无奈，贴出榜文，若谁有甜瓜，重金酬谢。人们看了榜文，都觉得发财的时机来了，但又纷纷埋怨自己的运气不济，家里没有可做药引子的甜瓜。

长工把事情打听明白了后，集也不赶了，骑驴回到了家，把这一消息告诉了东家。东家闻听，也觉得这是天大的好事，可上哪弄甜瓜去？长工就把场院草垛旁种有甜瓜的事儿告诉了东家。东家急忙赶到场院一看，三个已经熟透了的甜瓜在那儿躺着呢。东家的高兴劲儿就别提了。他怕夜长梦多，生出是非，连夜备上快马，带上甜瓜，赶赴胶州，把三个大甜瓜交给了知府。

胶州知府照方抓药，用甜瓜做药引子，服侍母亲连服几副汤药后，母亲的疾病得到了彻底治愈。

胶州知府的母亲病治好之后，也不食言，备上金银，来到中华埠赵财主家重谢。知府为了表示将赵财主寒冬腊月赠送甜瓜当药引子，治好母亲的疾病铭记在心，亲书“铭心斋”匾额一块，赠予赵财主。

就这样，赵财主靠着知府的赏赐，置房子买地发了家。他将题匾“铭心斋”作为自己的堂号，成了即墨县西南一带的大家富户。

讲述人：侯成诰，男，60 岁，退休教师

搜集时间：2007 年 12 月 18 日

搜集地点：棘洪滩街道史志办公室

流传地区：棘洪滩一带

孙琄告官

孙琄是清代上崖村人，生就一副犟脾气，好管闲事。至今，仍流传着他跟官府打官司的故事。

棘洪滩这地方，自古以来就产盐。早年间制盐全用大锅煎熬。煎盐耗费柴草，产少本重，获利太少，加上历年砍伐，柴山草荡快用完了。到了清朝，有的人偷着用改煎为晒的新法制盐，不光可以节省柴草，还能增加盐的产量。可是，官府却不准使用新法制盐。这还不算，他们还把以前不用纳税吃官盐的包括即墨在内的东海盐区的十八个州县，全部改为不再吃官盐，而是在买盐的时候，摊入税赋，这下可苦了盐区百姓。人们知道，自古以来，盐为官有，税大于利，不准盐区的老百姓吃官盐，就是老百姓每吃一斤盐，得多掏十几斤盐钱，盐区老百姓的日子本来就过得清苦，这一不准吃官盐更是雪上加霜。

晒盐好于煎盐却不准晒，盐区的老百姓吃不上便宜官盐，这是哪门子道理，谁家的王法？孙琱不服，他打定主意，豁出家底儿，打这场民告官的官司。

孙琱先具状进了即墨县。县官看了他的状子，说这些事是上面定的，他管不了，把他的状子扔到地上，就退了堂。

孙琱又拿着状子进了莱州府衙。知府看完状子，火冒三丈地说他瞎叨叨，是以小犯上，胆敢状告官府。案子没审，就叫人打了他一顿板子，把他赶出公堂。

孙琱回到家里，养好了伤，又来到省城巡抚衙门。他实指望着能从这里讨个公道。谁知道，巡抚老爷更糊涂，在大堂上问着案子，就睡着了。

孙琱在山东没法儿告了，卷起铺盖，要进京城到户部衙门问个明白。乡亲们早就听说孙琱为大伙的事儿吃了苦，遭了罪，得知孙王同要进京打官司，纷纷拿出自家的积蓄，交给孙琱作盘缠。

户部衙门可不是那么好进的。凡是想告状的，要先吃一顿杀威棒。什么是杀威棒？就是告状的人还没进衙门，先打你一顿板子，看你再敢告状。二十板子抽下去，孙琱顿时皮开肉绽，鲜血淋漓。他找了个地方，把屁股上的血水洗了洗，换上一条干净裤子，挣扎着来到户部衙门，仍旧擂鼓鸣冤。

户部大人一看，暗自佩服：孙琱啊孙琱，你可真是条汉子。我这二十板子杀威棒下去，再硬的汉子也对我这户部衙门望而生畏了，可你却不怕死，还敢来告，我倒要看看你的骨头有多硬。想罢，他一拍惊堂木，高声喊喝道："胆大孙琱，你一介草民，屡告官府，该当何罪？来人，给我再重责二十大板，将刁民孙琱轰出公堂。"

衙役们又噼里啪啦打了孙琱二十大板，把他打昏过去，拖出大堂扔到衙门之外。

半晌，孙琱醒了过来，他爬着来到户部衙门，继续喊冤。

户部大人一看喊冤的还是孙琊，心里更是竖大拇指。他叫人把孙琊架进来，对他说："孙琊啊，你的案子我早已从地方调卷看过了，你告得不无道理。只是我免了东海盐区十八个州县的税银，朝廷国库里短缺的银子我到哪里弄去？"

孙琊说："大人，要是能将制盐之法由煎改晒，让百姓吃上平价官盐，把盐税按亩数均摊入粮田即可。"

户部大人点头称是，但仍面有难色："只是这制盐之法自古以来都是铁锅熬制，想改煎为晒，除非有太后老佛爷的御批才行。"

孙琊闻听，说道："大人，那我明天到金銮殿告御状去。"

户部大人摇了摇头，说："你压根儿就进不了金銮殿。"

"那我瞅空子拦圣驾告御状。"

"你拦驾告状？"户部大人冷笑着说："白日做梦！你还到不了圣驾跟前，就叫侍卫剁成肉泥烂酱了。"

"那就一点法子都没有了？"孙琊焦急地问。

户部大人沉吟半天，说："这样吧，明天上朝我奏明太后老佛爷，请她降旨，将制盐之法改煎为晒。"

孙琊知道碰上好官了，忙连声致谢。

第二天，户部大人上朝回来，带回一道圣旨。圣旨上慈禧太后亲笔御批：准晒不准煎。孙琊喜出望外，赶忙行大礼谢过户部大人。

谁知，户部大人把脸一沉，断喝道："孙琊，你可知罪？"

孙王同一愣，莫名其妙地问："大人，草民何罪之有？"

"孙琊，你在我这里告倒山东省衙和州县三级衙门，你的罪还小吗？"

孙琊诚实地说："只要能为东海十八个州县的百姓赢了官司，我孙琊任凭大人发落。"

户部大人说："自古以来，官贵民贱。民告官，是要治罪的，更何况你一连告倒三级衙门。按大清律法，该送你到刑部衙门治罪。这刑部衙门可不比我的户部衙门，要滚钉子板才能进去。你恐怕进不了衙门口，就把命搭上了。不过，我已替你向刑部大人求过情，赦免了你，你快回家去吧。"

孙琊磕头谢过户部大人，踏上了返乡的路程。

从此，东海十八个州县制盐由煎改为晒，老百姓吃上不用纳税的便宜官盐，人们打心眼里感激孙琊。

多少年过去了，孙琍告官的故事，仍在东海十八个州县的盐民和百姓中流传着。

讲述人：孙志昂，男，上崖村人
孙志密，男，下崖村人
搜集时间：2000 年 5 月
搜集地点：上崖、下崖村
流传地区：青岛等地盐区

末蠖的传说

胶州湾一带的海里，有一样小海货，名叫末蠖。末蠖像虾子，可比虾子小得多，味道十分鲜美。末蠖不仅是平头百姓日常吃饭的小菜，还是待客佐酒的上等佳肴。在胶州湾的海产末蠖中，海西的末蠖最为有名。

胶州湾自古海产丰富，是渔家养家糊口的聚宝盆。多少年来，渔民们世代出海，驶船撒网，捕鱼捞虾，虽说不能发家，却也过着吃穿不愁的安稳日子。

在渔民捕捞的渔货中，海西末蠖是其中的珍品。每逢海西渔民捕捞末蠖的渔船靠岸，海货贩子不大工夫儿就把末蠖抢购一空。到了集市上，人们听说是海西末蠖上市了，纷纷购买，不是回家尝鲜，就是孝敬老人，再不就是送给沾亲带故的人吃，一时间，海西末蠖名声远扬。

那年头，百姓处处受气，好人不得好报。有一个渔霸，见海西的渔民靠捕捞末蠖小日子过得滋滋润润的，十分眼红，就仗势把海西捕捞末蠖的海域强抢硬霸了过去。这还不算，他还不准海西渔民到胶州湾下海，一看见海西的渔民出海，不是砸烂渔船，撕毁渔网，就是打伤渔民。渔民们不能下海，就如同断了活路。他们没法儿，便具状到莱州、即墨等州县衙门告状。可州县衙门早收了渔霸的黑钱，官吏们都叫渔霸买通了，这官司渔民哪里能打得赢呢？海西渔民叫天天不灵、呼地地不应，一天到晚，愁苦不堪。

就在这时候，有一个渔民猛然想起，海西村有一个人在京城做买卖，不如找他试一试，看能不能帮上忙。于是，有几个人带上末蠖，进了京城。

要说京城里的人，生在皇城根旁，长在天子脚下，神通就是广大。一个普通的老百姓，都比地方上的官儿有本事，更何况是在京城做大买卖的呢。海西村的老少爷们带着末蠖，经过拐弯抹角一番打听，终于找到了在京城做买卖的老乡。那人听了老家来人的哭诉，十分气愤，答应帮老家的人们想想法子。

这一天，京城做买卖的海西人把掌管海事的朝廷官员都请到了家里，摆上酒宴。酒过三巡，菜过五味，他叫人端上一盘末蠖。来客吃着，齐声说好，问道这是哪里出产的海货，叫什么名儿。京城做买卖的海西人如实地回答后，叹了口气说：“只可惜，这么好的海货，只能吃这最后一回了。”

官员们忙问是怎么回事，京城做买卖的海西人就把事情一五一十从头至尾说了一遍。官员们听后，叫他写个状子递上来，吃饱喝足就回去了。

住了些日子，京城做买卖的海西人对进京的海西渔民说：“你们回去吧，可以下海了。”

海西渔民回家后得知，那个渔霸早已被抓了起来，充军发配到边疆，海西渔民不光能在胶州湾下海，而且愿到哪下海，就到哪下海。

从那时起，海西末蠖的名声更是家喻户晓，名扬四方。

讲述人：冯先德，男，前海西村农民

搜集时间：2001 年 8 月 13 日

搜集地点：棘洪滩镇志办公室

流传地区：胶州湾沿岸一带

鱿鱼的传说

胶州湾海边有一种鱼，名叫鱿鱼。它一辈子长不大，最长不过尺把儿，第一年春天出生，第二年春天死去，这是个什么原因呢？

很早很早以前，龙王被玉皇大帝封为九江八河主、五湖四海神。他心里明白，水族中的鱼鳖虾蟹中肯定有不服气的，更何况自己管着那么多的江河湖海，光靠自己也忙活不过来，得有帮手才是。可它们中谁长着反骨，有着反心，谁对自己忠奸，龙王心里没底儿。那么，怎么才能摸清水族们的底子，知道哪个忠奸，既让自己服众，又重用一批心腹，成为自己的左膀右臂呢？诡计多端的龙王眼珠一转，计上心头。他传令下去，龙宫大摆酒席，宴请各路水族。

水族们听说龙王设席宴请，齐聚龙宫。龙王高高端坐在龙墩之上，虚情假意地说：“今天咱们是大年五更吃饺子——没有外私角儿，大伙尽管放开肚量吃喝。不过在开席之前，本王有几句话要说，请各位掂量掂量。”

水族们听后，大眼瞪小眼，你看我，我瞅你，谁也不知龙王葫芦里卖的是什么药，没有端杯动筷的，全都竖起耳朵想听听龙王说些什么。

龙王说：“本王一大把年纪，既无广大神通，又无骇世贤德。玉帝抬举，封为龙王，实在惭愧。你们当中若有德才超群者，可当场自荐，本王定当辞去王位，甘为手下。”说完，端起酒杯，一饮而尽。

水族们一看龙王把酒干了，便纷纷提筷举杯，放开肚皮狂吃海喝起来。

水族中老龟最年长，不愧老奸巨猾。它把龙王说的话一琢磨，心里想：老龙王一向是个吝啬鬼，从来不设宴请客。今天无缘无故的宴请，早猜到有光景，原来他是想探风摸底，设的是鸿门宴啊。今日说话，得千分小心、万分留神，否则，脑袋就搬家了。想罢，它将杯中的酒一口喝干，跪下冲着龙王磕头道：“龙王爷，此言差矣。玉皇大帝在那么多的神仙里面，封您做龙王，分明是您神通广大，人神共敬，封得无愧，当得其所。老龟也懂些文韬武略，甘愿为您出谋划策！”

龙王闻听，正合自己的心思，当即封老龟为丞相。

虾早从龙宫当差的亲戚那里知道了龙王设宴的真心实意。它见老龟昧着良心溜须拍马讨得丞相官位，急忙也将一杯酒一口喝光，朝龙王作揖道：“龙王爷，俺虽识不了几个字，不像老龟鬼精蛤蟆眼的，但俺的虾枪勇冠三军，俺愿追随您的左右，陪王护驾！”

龙王听了十分高兴，立即封虾为值殿护卫。

螃蟹一看老龟和虾都封了官，连忙冲龙王叩拜道：“俺虽不才，愿为龙王爷领兵带将！”

龙王爷哈哈大笑：“好！本王拜你为水族大元帅！”

水族中鲨鱼是最想造反的。它本想今天借着酒力擒了龙王反出龙宫，自立为王，可如今见老龟、虾蟹都归顺龙王封了高官，自知自己势单力薄，一旦擒不了龙王反不出龙宫，那可是灭门之灾、诛族之祸。它收起造反的野心，一口喝干了一碗酒，朝龙王连连磕头道：“龙王爷，鲨鱼愿为您效犬马之劳！”

龙王本来担心鲨鱼造反，如今见它口吐此言，可欢喜极了：“从今天起，你就是本王的巡海大将军了！”

鱿鱼在水族中是个犟脾气、直性子。它见此情景，心里暗自思量：这老龟一肚子坏水，谁不骂它。虾目不识丁，有勇无谋。蟹子连路都走不稳，还领兵挂帅呢。更可气的是鲨鱼，谁不知道它浑身是反骨，生性凶残，兴风浪掀渔船，不知欠人世间多少人命。就这些熊玩意儿，一个个封了高官，这狗屁龙王，着实昏庸。鱿鱼越思越生气，越想越上火。也该着出事儿，鱿鱼一口气把一海碗酒喝了个底儿朝天，借酒壮胆，手拍桌子，指着龙王大声喝道：“呔！你真是一个昏王！你这样不分青红皂白地乱封一通，怎能服众！像你这般昏庸，龙墩谁都能坐，龙王谁都能当！”

龙王朝它挥了挥手，一副宽宏大量的样子说："你喝多了，本王不和你计较。本王不在这坐龙墩当龙王，谁来坐龙墩当龙王？"

鱿鱼断言道："我就能坐得了龙墩，当得了龙王！"

龙王冷笑道："瞧你这小身子骨，怎能坐得了龙墩，当得了龙王！"

鱿鱼本来就生性暴躁，何况今天是喝了酒，更是天老爷老大它老二，没不敢说的。它闻听龙王说它长得身小体弱，更是来了气："我身子骨小怎么的？我一年长一尺，十年长一丈，一百年超过你老龙王。我怎么就坐不了龙墩，当不了龙王？"

龙王气得龙须乱抖，手指着鱿鱼，咆哮如雷："小小鱿鱼，不自量力！想坐龙墩当龙王，真是胆大包天！本王叫你当年生当年死！"

从此之后，鱿鱼便是头年春天生，第二年春天死去，其他也就是当年生、当年死，每年只长一尺来长。它因为得罪了龙王，从来不在深海里居住，只是生长在近海浅水岸边，为的是不和龙王见面。

讲述人：孙林正，男，78岁，下崖社区居民

孙沧正，男，72岁，下崖社区居民

搜集时间：2015年12月12日

搜集地点：下崖社区居委会办公室

流传范围：青岛一带沿海渔村

《罗衫记》的传说

有一出古装戏，叫《罗衫记》。传说戏中的故事，就发生在古岛村附近。

很久以前，刺洪滩这地方是一片海水，古岛村是海里的一个小岛。探亲访友、走南闯北的人们因没有陆路可行，只有搭船过往。因岛上荒无人烟，船少人稀，月黑风高的时候，就成了海匪强盗出没，杀人劫财的地方。

小岛远处的海边，有一家客栈。这一天，客栈里来了一位带着家眷的客官，这客官二十多岁，相貌堂堂，一表人才。他的家眷长得更是如花似玉，容貌出众。除了他两人之外，还有十几个家丁、丫鬟随从。店家见他们郎才女貌，又不是本地人，便私下打听这客官姓字名谁，是干什么的。家丁告诉店家，他们的男主人叫苏玉，夫人叫郑月素，是到外地做官赴任的。今日路过这里，天色已晚，在此歇息一宿，明日再乘船赶路。

第二天早晨，苏玉和郑月素离开客栈，雇了一条船，向远处驶去。

他们做梦都没有想到，他们上的是一条贼船。船掌柜的是海边程哥庄村的徐能。这

徐能明里安分守己，靠接送过往客商、运输来往货物挣些脚钱为生，暗地里却干着打劫钱物、杀人越货的海匪勾当。苏玉他们上船后，他见郑月素长得十分美貌，便起了歹心。当船驶离小岛时，徐能抽刀亮剑，把苏玉和十几个家丁、丫鬟全部斩尽杀绝，抛尸海中，然后把郑月素抢回家中，强逼郑月素和他成亲。

徐能没有想到，郑月素已经有了几个月的身孕。见徐能逼她成亲，郑月素又哭又闹，以死相拼。徐能见她不从，知道再强逼下去也没用，便把她关进后花园，想等她把孩子生下来后，再与她成亲。

郑月素被徐能关进后花园不久，孩子要出生了。为了保全苏玉的骨血，使孩子免遭毒手，郑月素趁黑夜没命地逃出徐家后花园。当逃到一片坟墓时，孩子出生了。

徐能闻听郑月素不见了，骑马连夜带人搜寻。郑月素从身上撕下一块罗衫，把孩子包了包。她知道，孩子出生之后，徐能又该逼她成亲了，她怎能与杀夫的仇人成亲呢？见徐能带人追来，她把孩子抱起放在一条大路旁，寻思要是孩子命大，叫人拣了去，就有了活路。然后，为保全清白，拔腿向海边跑去……

徐能带人四处追寻郑月素，却只在海边拣到她的一只鞋，便认定郑月素投海身亡，起身往回走。当走到大路上时，听见路旁有小孩的啼哭声，便下马拣起孩子。他知道这孩子是郑月素刚生下的，本想斩草除根，杀了孩子，可一想起自己人到中年，仍无儿无女，就把孩子带回家中，交给一个奶娘喂养。奶娘见徐能深更半夜抱回个刚生下的孩子，知道他又干了伤天害理的事儿，但又不敢多问。她把包孩子的罗衫换下来收藏好，给孩子换上新衣裳，一门心思哺育起孩子来。

随着孩子一天天长大，徐能见这孩子伶俐可爱，心里倒也喜欢，便把他当作自己的亲生儿子，给孩子取名“徐继祖”。孩子稍微懂事后，就把他送到学屋念书。

一晃十八年过去了，徐继祖长大了。这年正是朝廷开科，徐继祖便去赶考。

这一天，徐继祖走得口干舌燥，来到一户人家找水喝。这户人家只有一个老嬷嬷，听徐继祖说明来意，舀水给他喝了。老人见眼前的书生是赶考之人，便把十八年前儿子苏玉和儿媳郑月素离家赴任杳无音信之事，从头到尾说了一遍。徐继祖临走时，老人又拿出一件罗衫告诉徐继祖，这罗衫一共两件，是她儿媳郑月素亲手所缝，一件穿在儿媳郑月素身上，一件放在家中。老人叫徐继祖带上罗衫，帮着访听一下，若碰上穿这罗衫的或认得这罗衫之人，让他捎个话儿，说家里母亲挂念他们，徐继祖带上罗衫上了路。

徐继祖下科场考取了头名状元，朝廷封了他高官，准许他回乡祭祖。

徐继祖带人走到离程哥庄不远海边的一个客栈时，突然有一个道姑拦轿喊冤。徐继祖接过状纸，看罢不由得冷汗直冒：只见状子上清清楚楚地写着他爹徐能残杀朝廷命官苏玉和他家十几条人命的经过。徐继祖叫人把道姑暂且收留，日后问话。

原来，这告状的道姑正是徐继祖大难不死的生身母亲郑月素。当年，她跳海后，被下夜海的渔船救起隐匿到一家道观安下身来。几天前，她到海边的这家客栈化缘，被店家认出。问起事由，郑月素哭诉了一番。店家告诉他，徐继祖明天打这儿经过，叫她拦轿告状。郑月素按照店家的主意，拦轿喊冤。

徐继祖经过三堂会审，终于撕下了徐能这个海匪的画皮。公堂之上，当年包裹他的那块罗衫与郑月素保留下的罗衫严丝合缝。徐继祖拿出另一件罗衫，郑月素认出是自己当年亲手缝制，母子两人当堂相认，得以团聚。徐能被下了大狱，活活饿死在狱中。

后来，写戏的人根据这个故事，编了一出戏，叫作《罗衫记》。这出戏至今在各地演出，人们争相观看呢。

讲述人：孙徐氏，女，72 岁，古岛村农民

搜集时间：2001 年 8 月

搜集地点：古岛村

流传地区：棘洪滩、上马一带

“大年初一请狗”的来历

棘洪滩有个风俗，每年的大年初一早晨，都要用白面馒头喂狗，人们把这一风俗叫作“请狗”。那么，这个风俗是怎么来的呢？

从前，麦子秀七个穗儿，连年风调雨顺，收成挺好。

有一天，玉皇大帝派了个神仙，下凡察看凡间的民情。那神仙变做一个化缘的老道士来到一个村子，见一个小媳妇正在门口纳鞋底，她的身旁有一个小孩，屁股下垫着个漂白的大发面饼。小媳妇见老道士上门，便问道：“师傅，你想化什么？”

老道士说：“我不化米、不化面、不化银子、不化钱，只因肚里饿得慌，到你门口化口饭。”

小媳妇说：“你等着。”她放下手中的针线活儿，起身到屋里拿出一个黑面饼递给老道士。

老道士接过黑面饼，看了看小孩屁股下垫的白面饼，对小媳妇说：“咱能不能把这两个饼换换，你使这个黑面饼给孩子垫屁股，我吃那个白面饼？”

小媳妇把脸一翻，说："那不行，给我孩子刺了屁股怎么办？"

老道士仰天长叹一声，说道："人间不配有麦子这种庄稼啊。"说完，他转过身去，变回原来模样，拔腿就走。他要回到天宫，奏明玉皇大帝，叫麦子在人间绝种灭迹。

这一切，都被小媳妇家养的一条狗看了个一清二楚，猜了个明明白白。它见神仙拔腿就走，撒腿就撵。神仙一看有狗追来，知道狗识破了他的真相，明白了他的心思，急忙撒腿就跑。就这样，神仙在前边跑，狗在后面撵。到了一块地头上，狗看快撵不上神仙了，脱下鞋来接着撵，这就是咱常说的"脱了鞋撵"的由来。神仙看狗快撵上他了，施展神通，腾空驾云，向天宫飘去，狗也紧跟着拔地而起，穷追不舍。

快到南天门了，狗撵上了神仙，挡住了他的去路。神仙怒喝道："畜生，你老跟着我干什么？"

狗哀求道："神仙，求你嘴上留情，别在玉帝面前告状了，饶过人这一回吧。"

神仙口气不容商量："不行，人也太丧尽天良了。那小媳妇宁肯用白面大饼给孩子垫屁股，也不肯打发要饭的。"

"神仙，人里面还是好人多，你碰见的是少有的品性不好的人。求您别在玉帝面前动本，把麦子留在人间吧。"

神仙仍然不依不饶："你就别求情了，麦子一粒不能留在人间！"

狗仍然不死心，哭着哀求道："您不看僧面看佛面，凡间的年轻人不懂事得罪了您，可老人、孩子是无辜的。麦子是老人、孩子最好的饭食，您不留麦子，让老人、孩子吃什么啊！神仙，看在老人、孩子的份上，您把麦子留下来吧！"

神仙一听，觉得狗说得有道理。是啊，人间的年轻人得罪了我，我怎么能迁怒于老人、孩子呢。可他转念又一想，要是让麦子一棵还秀七个穗儿，凡间有些人吃饱了撑的，又该不知天高地厚了。于是，就对狗说："我就依了你。不过，只能给麦子留一个穗儿，养活老人、孩子。"

狗看再求情也无济于事，便谢过神仙，返回凡间。

神仙奏明玉皇大帝，说是凡间的麦子多得是，压根儿吃不了，每棵麦子不用秀七个穗儿，就是秀一个穗儿，也够人吃的。玉皇大帝闻奏传旨，叫麦子只秀一个穗儿。打那，麦子就只秀一个穗儿了。

狗回到了脱鞋的地场儿，左寻右找也见不着自己的鞋。这时兔子走来，狗一看，它的鞋子穿在了兔子脚上。狗向兔子要鞋，兔子撒腿就跑，狗生气地赶紧去撵。它撵了长长一段路程也没撵上。打那以后，狗每当看到兔子，就撵着向它要鞋，这就是狗撵兔子的来历。

后来，人们知道了能吃上麦子全是狗的功劳，打心里感激它。除了平日善待狗外，每年新年的头一天大年初一，就用白面馒头请狗，这个风俗一直流传到今天。

讲述人：宋克峰，男，71岁，青岛公交公司退休职工

搜集时间：2001年5月11日

搜集地点：古岛村

流传地区：青岛地区农村

“太公在此”的来历

相传，姜太公年轻时，因家里太穷，只好成天挑着担子走街串巷卖火烧。

这一天，他又来到崂山一个山村里卖火烧。卖着，卖着，老天爷下起了大雨，他便跑到一家财主的屋檐下避起雨来。

这时，从屋里走出一个老头儿，见姜太公浑身上下都叫雨水淋透了，冻得直打哆嗦，就把他让到屋里，给他换了一身干净衣裳。姜太公换好衣裳后，便和那老头儿说起话来。当老头儿得知面前坐着的人就是姜太公时，心里欢喜得不得了。他早听说姜太公是能掐会算、降妖除怪的世外高人，便吩咐家人酒饭侍候。老头儿见姜太公酒足饭饱，便让姜太公在他家住几天，姜太公一听毫不客气满口答应下来。

这一天，姜太公和老头儿吃完了晚饭，溜溜达达地来到后花园。姜太公见后花园里有一块空闲地场，心里想：这里要是能盖上栋房屋就太好了。便指着那地场问道：“老人家，这可是块风水宝地，你为什么不盖上几间房屋呢？”

老头儿听后，叹了口气说：“唉，我不是不想盖，是盖不起来呀！”

“怎么能盖不起来呢？”

“我在这里盖了好几遭屋，可每逢刚刚上好了屋瓦，屋上就烧起无名大火，把快要完工的房屋烧成一堆破砖烂瓦。”

姜太公听后，仔细一寻思，明白这里面是有个原因的，就说：“老人家，你再盖一遭房屋吧！这回儿，我在这里给你掌着个眼色，保准不会再起火！”

第二天，老头儿就又叫人在后花园的空闲地场盖起屋来。

到了上梁这天，姜太公叫人在后花园设了法坛，他身披法衣手执钢鞭，站在法坛上，两只铮亮的大眼，紧瞅着快要完工的房屋。突然，他看见有几个小鬼手里拿着火

把，往梁头上点火。姜太公一见怒火满胸，大喝一声：“孽种大胆，俺姜太公在此，看你们哪个敢胡作非为！”小鬼们听说姜太公在这里，吓得一个个丢下火把就跑了，再也没敢来捣乱。就这样，老头儿家的房屋顺顺当当地盖了起来。

打这以后，姜太公就出了名。谁家建屋盖房，都要请他去照看着点。这消息越传越远，请姜太公看着盖屋的人也越来越多。后来，这话渐渐地传出了崂山，传出了山东，传到了渭水河边，姜太公便被人请到了陕西地界。

这时，正赶上周公用人，在天下招贤纳士。他听说渭水河边出了这么个能人，就亲自找到姜太公，非要姜太公帮着他打天下不可。姜太公没法儿，只好答应了。临走时，又有一家人家要盖房屋，跑来请他去照看着儿。姜太公寻思了一会儿，便拿出笔，在一块木板上写了“太公在此”四个大字，交给那人说：“往后我不能亲自到场照看了，你把这块木板拿回家去，把它钉到正屋房梁上，就和我在那里一样，能逢凶化吉、遇难呈祥。”

从那以后，庄户人家盖房屋，不是使木板子，就是裁一块红纸条子，写上“太公在此”四个大字，贴到正间的屋梁上，这个风俗一直流传到今天。

讲述人：宋克显，男，59 岁，古岛村农民

搜集时间：1983 年 9 月 16 日

搜集地点：古岛村

流传地区：胶东地区农村

向阳花田

名人与棘洪滩

人才之生，钟灵川岳；精英蕴蓄，郁为国华。

棘洪滩地处角隅，先民在此刀耕火种，播种文化，收获着古老的文明，在创造生活、创造历史的同时，涌现出诸多值得铭记的优秀人物，诠释着人杰地灵的名言。尽管时代不同，职业不同，但他们同样闪耀在历史的星空，成为当地的骄傲。

人物传略

孙琱（生卒年不详）字同玉，上崖村人。清雍正年间（1723—1735），胶东地区盐商猖獗。他们勾结官府，取得食盐贸易垄断权，包揽盐税，哄抬盐价，加重对盐民和百姓的剥削，致使盐区百姓吃不上平价官盐，只得改吃高价盐。其中登州、莱州府十八州县盐民和百姓受害最深。各个州县富绅和百姓联名上书，要求政府革除盐商，但一直没能实现。即墨的盐商特别奸恶，盐户和百姓都不堪重负。即使经过多次状告，对簿公堂，却一直未能告赢盐商。孙琱为人仗义，他和堂弟、侄子等，于雍正八年（1730）继续联名状告盐商。他在诉状中强烈要求胶东十八州县应当听从民意，革除盐商；建议将盐税摊入田亩缴纳。这样既没有亏空国家赋税，又能减轻百姓负担。官司最后逐级上转到户部。雍正九年（1731），清政府下令，将胶东十八州县盐商尽数革除，盐税摊入地粮征收。

隋永泰（生卒年不详） 大胡埠村人。家境殷实，急难济困。清道光十七年（1837），域内遭遇饥荒，即墨县流亭、丹山、小水一带的灾民到桃源河畔挖水草菜根充饥。因灾民来自山区，所带工具不适合荒滩水泊挖土掘泥。隋永泰从集市购回 1000 多件俗称“扶锸”的三股铁叉，供灾民使用，并赈济灾民粗粮。即墨王姓知县闻知大为感动，题赠 2 米多长的“耨冀遗风”匾额，人称“善人匾”，供奉于隋氏祠堂。此后，隋永泰享受官俸，每月到即墨县衙领取俸禄，直至辞世。

魏电光（？—1939） 榜名曜堂，字显廷，号适园，魏家庄村人，生于清末，同盟会会员。清光绪三十三年（1907），魏电光创办胶莱公学，任副监督，进行反清革命宣传，培养革命人才。1912 年 1 月，与同盟会会员 20 多人于即墨成立保安会，27 日夜，参加即墨县反清武装起义；2 月，当选为山东省第一届议会议员。1916 年，在桃源河疏浚工程中，任监修员，河工告竣后，“民受益，喜于歌”。先后任山东省省长公署第四科科员、华北办事处特务员、山东先烈公葬筹备会委员等职。1939 年，在王林庄集市上遭日军乱枪射杀。

宋金氏（生卒年不详） 古岛村乡绅“守璞堂”宋希祥之遗孀，生于清末。丈夫去世后，她孤苦伶仃，寡居40余载，但勤俭持家，辛勤操劳，终使家境殷富。适逢废科举兴学校，她慨然资助。清光绪三十三年（1907），同盟会会员魏电光等在即墨县蓝村创办胶莱公学，她捐资纹银千两。民国初期，即墨县创办县立高等小学，她捐助京钱千缗后，又捐即墨县巡警费用两千缗。1919年，北洋政府教育部根据山东省省长转呈即墨县《关于宋金氏捐资兴学的报告》，依照1918年修订的《捐资兴学褒奖条例》，奖其三等金质奖章。又因事出巾帼，实足钦佩，准在县立高等小学门前立碑，以资纪念，即墨县劝学所所长高焕章撰写碑文。

孙毓坦（1887—1961） 字水平，号养云，上崖村人。1908年，自北京中学堂毕业后赴日留学并加入同盟会。1912年1月27日夜，即墨县在山东首举反清义旗，成立临时领导机构，孙毓坦为民政长（县长）。后单人赴会，与德军管带进行谈判，义正辞严指出即墨起义反清是人民的正当权利，独立政府是秉承民意，以革命维护和平，与德军及其总督衙门无涉。德军退让，宣布不予干涉。后清军反扑。即墨县城被攻陷，革命党有17人被捕杀。孙毓坦遂于当年夏返日，入东京明治大学法科继续学习，以等待新的革命高潮到来。1914年7月，参加中华革命党，任山东省党代表，并当选中国留日学生总会政治部部长。1915年，回国任教于山东公立法政专门学校，继续从事讨袁斗争。1916年袁世凯败亡，他连任5年山东公立法政专门学校校长。1922年12月，孙毓坦应邀协助山东省省长熊炳琦接管青岛政务，组建胶澳商埠督办公署，任法审处长，兼任山东省省长公署顾问、陆军部直辖第九师顾问、胶澳善后事宜公署顾问、胶澳商埠督办公署参议、联军总司令部参议、军官团中队教官等职。1927年，主持即墨县修志工作。同年秋，任北京大学法学院院长兼法学教授。1932年，返乡筹建即墨县上下崖孙氏私立小学。1938年，侵华日军邀其担任伪山东省政府秘书长，被其断然拒绝。遂被捕入狱，受到日军宪兵队严刑拷打。但他宁死不当汉奸，服毒药自杀明志未果。约一年后，在友人帮助下越狱，一直藏匿至日军投降。抗日战争胜利后，国民党要员邀其出山，被其凛然拒绝。新中国成立后，孙毓坦被特邀为青岛市政协委员。1961年12月，病逝。其主要著作有《山西省省政调查报告》（上下册，1921年著）、《山西纪游》（1921年著）、《崂山纪游》（1924年著）、《水平索古》（古文字研究著作，未刊稿）、《养云文稿》（包括文电、书信、笔记等手稿18册）、《养云诗词》（六卷本）、《读书杂抄》（草书手稿本，1949年著）、《岛上题衿集》（新中国成立后与政协同仁的诗词唱和稿）等，另有1910—1930年日记约20册。

孙希朋（1901—1960） 本名孙志好，字希朋，下崖村人。1927年7月，毕业于北京大学英文系。1923年，胶澳民户盐田联合会成立，其父孙毓樟任会长，孙希朋休学回家协理会务，联系盐户与青岛永裕盐业公司垄断青盐输出权和增加盐民赋税做斗争。1928年，积极参加中共领导的即墨县西南一带盐业反垄断斗争，在斗争中由中共山东省委书记邓恩铭和蓝志政介绍加入中国共产党；10月，参与创建中共即墨支部。1929年，与党组织失去联系，自行脱党。抗日战争期间，先在国民党赵世恪部任参议员，后在姜黎川部任游击总队总队长、特务营营长等职。1941年，创办马哥庄小学并任校长。1943年夏，在胶县姜黎川的故乡大店一带，创办沽滨中学（更名为黎明中学）。抗日战争胜利后，孙希朋任姜黎川部驻青岛办事处主任。1946年4月，任国民党青岛市台西区区长。1946年10月至1949年5月，任国民党即墨县议长，兼任国民党即墨县戡乱委员会、慰劳会、救济会委员和国民党即墨县军民合作总站站长等职。新中国成立后，任青岛崇德中学（现青岛第十一中学）教员。1958年，被以反革命罪逮捕。1960年12月，病逝于青岛劳改支队。1985年，青岛市中级人民法院提起再审，宣告其无罪，发还没收的财物。

矫炬业（1916—1981） 后海西村人。1951年4月，任即墨县第十五区后海西乡乡长。由于工作业绩突出，1953年4月4日，中共即墨县委发出《向全心全意为人民服务的模范乡长矫炬业学习》的号召；4月20日，山东省人民政府胶州专署通令嘉奖模范乡长矫炬业，其成为即墨县唯一被胶州专署通令嘉奖的模范乡长；4月30日，中共即墨县委对矫炬业通令嘉奖，号召全县各级人民政府工作人员向模范乡长矫炬业学习，团结广大人民群众为完成大规模国家建设而奋斗。随后，矫炬业被评为即墨县农业劳动模范，出席全国农业展览会，其事迹先后被《青岛日报》《大众日报》宣传。1956年11月至1958年8月，任即墨县中华埠区南万乡党总支书记兼民兵指导员。1958年9月至1961年10月，任棘洪滩公社党委副书记。1961年，离职返乡任后海西生产大队党支部书记。他始终保持共产党员和劳动人民的本色，积极带头参加农业生产劳动，带领社员发展农渔业生产。同时，寻找门路发展副业生产。1965年，先后组织青壮年劳力到沙岭庄火车站、青岛红星造船厂、青岛国棉三厂等从事货物搬运、土木建筑和勤杂业务等副业生产，增加了集体和社员收入。“文化大革命”期间，被剥夺职务。1971年1月，担任生产大队党支部委员，积极支持年轻党支部书记的工作，尽职尽责做好本职工作，即使在1979年病重期间，仍然为恢复生产大队的贫协工作而操劳。1981年2月，因病去世。

王敦修（1919—1982） 棘洪滩村人。1956年，棘洪滩村高级农业生产合作社成立后，王敦修被社员们推选为饲养员。1961 年，由于严重生活困难，牲畜草料奇缺。王敦修主动把家里能饲喂牲畜的饲草，甚至连捆扎在门上遮风挡雨的谷秸也拿下来喂了牲畜。将家里节省下来的口粮（地瓜干）碾碎熬成稀粥掺拌在饲料中。对病弱的牲畜，他总是蹲在牲畜旁，一把草、一把料亲自饲喂。对因病站不起来的牲畜，他同妻儿一起把牲畜拉起来，扶着头艰难活动。为使病弱牲畜安全过冬，他把家里仅有的几条麻袋拿出来，用火烤暖披在牲畜身上。在他的精心照料下，原来奄奄一息的病畜，不仅奇迹般活了下来，而且长得膘肥体壮。为此，生产队奖励他现金 400 元，但他分文不取。1963 年，生产队给王敦修确定 572 车的积肥任务，可他积肥 1000 车，超额完成任务 75%，获奖粮食 428 千克，可他全部捐献给集体。同年，当选为崂山县和青岛市劳动模范。1964 年 10 月 10 日，出席山东省贫下中农代表大会。1978 年 5 月，当选为崂山县第八届人民代表大会代表。同年 7 月，任政协青岛市第五届委员会委员。1982 年 2 月，病逝。

赵玉璞（1922—1947） 即墨市七级镇毛子埠村人。1938 年 8 月参加革命，10 月加入中国共产党。抗日战争时期，任即墨县抗日民主政府第六区区长，在蓝村、七级、普东、王村、店集一带领导抗日斗争，于南沙岭一带袭击日伪军。1944 年，被日伪抓捕到胶州监狱，后越狱逃脱，在棘洪滩、马哥庄和河套一带开展敌后工作。1946 年 9 月，赵玉璞先后任中共即墨县中华埠区分区委副书记、书记。1947 年 7 月 15 日，赵玉璞带领区中队战士在七级镇北张院村组织召开群众大会时，被国民党七级乡队包围，壮烈牺牲。

魏国华（1935—1989） 本名魏纯邦，中华埠村人。1959 年 8 月，于山东农学院园艺系果树专业毕业后，分配到山东省果树研究所工作，历任山东省果树研究所水果研究室副主任、副所长、所长。魏国华潜心钻研果树科学，跋涉北方数省，博采万家之长，精练发展修剪技术。1957 年，他创下成龄果树亩产万斤的全国纪录。20 世纪 60 年代初至“文化大革命”前，他的修剪技艺独树一帜，每年都参加全国果树修剪技术擂台赛，均夺得冠军。1974 年，他编写的《苹果树整形修剪》印制 2.5 万份，赠送全国各地。“文化大革命”期间，他多次前往山西省昔阳县大寨生产大队协助果树修剪，使果树年产量大幅度提高，受到国务院副总理陈永贵的多次接见。20 世纪 70 年代，他先后主持、参加国家、省重点攻关课题 5 项，参加完成的成龄苹果 20 年稳定亩产万斤技术创全国纪录。1978 年，获山东省科学大会奖和省政府奖，同年 3 月，出席全国科技大会，受到邓小平副主席等党和国家领导人的接见。与他人合作的山东苹果砧木资源研究项目，获农牧渔业部一等奖、国家科委二等奖。他主持全省苹果良种选育协作研究，选育的优良短枝苹果“玫瑰红”“烟红”“锦丽”新品种和优质、晚熟、耐藏苹果新品种“秀水”及苹果优良短枝新品种“岱红”，于1981年、1983年、1991年分别获得山东省科技改进三等奖、山东省科技进步三等奖、山东省科技进步一等奖，并在山东等17个省市推广，促进了中国苹果品种的更新换代。他先后撰写多篇科技论文及科普文章，参加编写《苹果栽培》一书，主持《落叶苹果》杂志的编辑出版，并多次组织山东及北方果树学术交流、技术培训工作，成为全国果树科技界的领军人物，为山东省及北方果树事业的发展做出了重大贡献。1984年5月、1987年5月先后任泰安市第十、十一届人大常委会委员，是泰安市经济和社会发展战略研究委员会委员、山东省农业厅果树顾问组副组长、山东省自然科学研究职务高级评审委员会委员、山东省科技咨询中心生物开发技术顾问。1989年10月，在泰安病逝。

人物简介

毛秀美（1929— ） 女，东毛家庄社区人。20岁时，拜柳腔名伶、人称“戏母子”艺名刘森的即墨县挪城刘村人刘作廉为师学艺，是其关门弟子和得意门生，三年后登台演出成为主角，在崂山、即墨、平度一带享有极高声誉。1953年，毛秀美参加胶州专署组织的文艺会演，演出的《十八相送》获演员二等奖。1954年，参与组建即墨民艺柳腔剧团。1956年8月，参加莱阳专署举办的第一届戏曲观摩演出大会，参演的《画皮》《茶瓶记》获得三等奖。她在即墨县柳腔剧团期间，除先后参加“四大京”和“八大记”传统剧目和折子戏及移植剧目《逼婚记》《秦香莲》《打金枝》《宝莲灯》《凤还巢》等传统剧目演出外，还参加《江姐》《星火燎原》《夺印》《焦裕禄》《春暖花开》等现代剧目的演出。1980年，毛秀美从即墨县柳腔剧团退休后，仍活跃在家乡地方戏曲舞台上，培养了大批的柳腔演员，为传统戏剧的传承做出巨大贡献。

矫学臣（1958— ） 前海西社区人，前海西社区党总支书记、居民委员会主任。1984年，与人合建养虾池130亩，开棘洪滩镇海水对虾人工养殖的先河，从而带动了全镇海虾养殖业的发展，使海水对虾养殖成为沿海村庄的支柱产业之一。1988 年，建起 800 立方米立体暖棚式对虾育苗场，自行繁育幼虾 1 亿多尾，缓解了虾农购置虾苗难。1989 年，获青岛市崂山区农业高产奖，是全区唯一的获奖者。1990 年 11 月，获山东省农民科技状元称号。1991 年，被评为青岛市崂山区优秀科技工作者和优秀青年星火带头人。1998 年 10 月 10 日，获中华农业科教基金会颁发的“中华神农奖”，位列全国 50 名“中华神农奖”得主之首，是青岛市唯一的获得者，成为当地群众致富的领头人。

王吉安（1962— ） 棘洪滩村社区人。1981 年 10 月，应征入伍。1987 年退伍后，进入四方机车车辆工厂工作，历任四方机车车辆厂棘洪滩客车分厂电修站工人，四方机车车辆厂客车制造本部总装分厂重电班班长、工段长，中车青岛四方机车车辆股份有限公司工段长等。王吉安爱岗敬业，刻苦钻研业务技术。他在工作中提出“99+1=0”的质量管理口号，使产品交验合格率达 100%。1988 年始，他先后 13 次获得工厂和公司先进生产工作者称号，9 次获得工厂和公司优秀共产党员称号。1995 年，被派往德国学习技术，为中国工人赢得荣誉，获得山东省劳动模范称号。1998 年，获得全国“五一劳动奖章”；4 月 30 日，《青岛日报》以《布衣金领》为题发表该报记者采写的人物通讯，介绍王吉安的先进事迹；6 月26 日，四方机车车辆厂客车分厂党委作出《关于开展向全国“五一”劳动奖章获得者、优秀共产党员王吉安同志学习活动的决定》，号召客车分厂广大共产党员和全体职工向王吉安学习。2001 年，王吉安分别获得中国机车车辆工业总公司和青岛市公交系统优秀共产党员称号。2009 年，被评为中国南车集团改革开放 30 年最具影响力的 30 名劳动模范之一。

魏元邦（1971— ） 小胡埠社区人。12 岁时因燃放爆竹不慎致残，左手截肢。就读初中始，坚持长跑锻炼，终年不辍。1993 年，打破山东省残疾人运动会 400 米、800 米和 1500 米 3 项记录。1994 年后，先后夺得第六届远东和南太平洋地区残疾人运会 5000 米亚军，第五届全国残疾人运动会 800 米金牌、1500 米和 5000 米银牌，第十一届世界残疾人奥运会 1500 米和 5000 米第 7 名，第八届远东及南太平洋地区残疾人运动会 T46 级 1500 米和 5000 米 2 枚金牌，雅典第十二届残疾人奥运会 T45、T46 级 1500 米第 7 名和 4×400 米接力第 4 名，全国残疾人田径锦标赛 T46 级 1500 米金牌、5000 米银牌。2002 年 4 月，被评为青岛市自强先进个人。2003 年 5 月、12 月，被山东省人民政府各记一等功 1 次。2004 年 10 月，被评为山东省和青岛市新长征突击手，并被山东省人事厅、省残疾人联合会记二等功。2008 年，作为北京奥运会火炬手参加奥运圣火传递，12 月，被评为山东省自强模范。2009 年，被评为青岛市城阳区“十佳”青年。

大事纪略

自古以来，人类就没有停止对美好生活的追求。勤劳质朴的棘洪滩人筚路蓝缕，以非凡的气魄和百折不挠的韧性，不断创造美好的新生活，谱写历史的新篇章，推动着经济社会的进步。

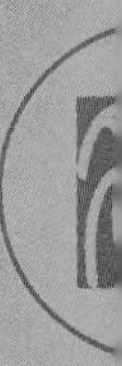

1923—1924 年盐政风潮

1922 年 9 月，中国化学工业的开拓者、天津久大精盐公司经理范旭东与青岛胶澳盐商张成勋等，同济南东纲公所合资共同创办青岛永裕盐业公司。

1923 年 4 月 10 日，北洋政府盐务总署登报发布《胶澳盐业投标规则》，将所收回的日本盐商经营的盐田 1377 副、工厂 17 处及附属之土地、器具及事业，招商承办。招标揭晓，青岛永裕盐业公司以国币 300 万元得标。9 月 5 日，青岛永裕盐业公司与中国盐务总署签订合同，300 万元分 15 年缴纳，并规定获得三项权利：一是政府赎回之胶澳盐田、工厂，按日本移交清册图样，点交青岛永裕公司，并免租税；二是政府指定青岛永裕盐业公司为胶澳食盐输出日本专商，每担税率银圆 3 分；三是青岛永裕盐业公司的精制盐除远销日本外，准销国内各通商口岸。以胶澳商埠总商会会长隋石卿为首的地方势力，在胶澳盐业公开招标时，“既不照章投标，又乏资产信用”，而青岛永裕盐业公司中标后，又急功近利，煽动闹事，图谋盐的产权、盐利。

胶澳盐民原本就对青岛永裕盐业公司垄断青盐输出权，抬高民用盐价和增加盐民赋税强烈不满，经隋石卿等煽风点火，7 月，下崖盐民孙毓樟、南万盐民万耀卿等联合棘洪滩、马哥庄、阴岛、河套一带的滩主盐户，成立胶澳民户盐田联合会，孙毓樟、万耀卿分任会长、副会长。因孙毓樟年迈有病，便让他在北京大学读书的儿子孙希朋休学留青，协助办理会务。胶澳民户盐田联合会成立后，要求北洋政府胶澳商埠督办公署取消青盐输出包办，开通青盐销路，以济盐民困苦，未果。胶澳民户盐田联合会组织滩主盐户到青岛游行，赴胶澳商埠督办公署请愿，并多次袭击青岛永裕盐业公司在青的股东，聚众焚毁青岛永裕盐业公司董事丁敬臣的住宅，殴伤丁敬臣。9 月，胶澳民户盐田联合会又联络即墨、莱阳等地滩主盐户约 300 人，继续开展与青岛永裕盐业公司的斗争。他们手执“盐户请愿、驱逐奸商”及“力争输出”等字样的小旗，到胶澳商埠督办公署请愿，沿途散发传单，反对包办盐务输出。

1924年7月12日，胶澳民户盐田联合会以武力突袭青岛永裕盐业公司第一次股东大会，除董事长范旭东被救出外，其他董事重、轻伤各1人，并捣毁大宗杂器，损失逾万元。胶澳商埠督办公署对此进行镇压，孙毓樟被看管，孙希朋等7人被捕。

1945—1949年中华埠区武工队对敌斗争

1945年8月，中共即墨县委、县民主政府在组建中共中华埠分区委、区公所的同时，组建中华埠区中队，由赵玉璞、罗竹亭、苏圣训、王凤亭、张玉斌、徐文兴、孙良庆、于中平、王择志、赵福昌、于永光、赵玉哲12人组成。他们除担任分区委、区公所的职务外，全部为区中队的干部战士，其中分区委副书记赵玉璞兼任区中队指导员，区长罗竹亭兼任区中队队长，副区长王凤亭兼任区中队副队长。

中华埠区中队成立后，立即与区党政机关一起，投入全区的工作，宣传革命真理，开展对汉奸、恶霸、地主的斗争，打击反动势力的嚣张气焰。1945年11月14日，国民党第八军在青岛登陆后，沿胶济铁路西侵，中华埠区又沦为敌占区。区中队立即转入敌后斗争，以胶济铁路以北的七级等解放区为立足点，越过国民党军队严密封锁的铁路线，到中华埠一带开展敌后工作，打击和分化、瓦解国民党乡村政权及武装。

1946年4月，中华埠区中队改称既是战斗队、又是工作队的武装工作队，简称“武工队”，编入南海军分区领导的南海铁路武工队，以团旺、东七级一带为驻地，活跃在蓝村以东，胶济铁路以南，桃源河畔的中华埠区。

1947年6月，罗竹亭调任马哥庄区分区委书记、区武工队队长。7月15日，中华埠区武工队指导员赵玉璞在七级区北张院村开展工作中牺牲，新任分区委书记孙立范继任区武工队指导员。12月，南海铁路武工队撤销，中华埠区武工队转移到以胶县麻湾、店口、三官庙等地为驻地，开展敌后武装斗争。

1949 年 1 月，区长宋宝进继任中华埠区武工队队长。在烽火硝烟中，中华埠区武工队积极配合解放军和兄弟区武工队，多次对胶济铁路进行破袭，炸毁铁路桥涵，破除道轨，使国民党军队的铁路运输多次中断，有力地支援了解放战争。同时，深入敌后打击国民党区、乡、村武装，屡建奇功，成为中国共产党领导的一支威震敌胆、遐迩闻名的敌后人民武装。6 月，中华埠区武工队完成历史使命后撤销。

1950—1951 年中华埠区试点土地改革

1950 年 3 月，中共南海地委、即墨县委抽调胶东建设学校的干部和中共中华埠分区委、区公所的干部组成土地改革工作队进驻上崖村，在即墨县新解放区进行土地改革试点，该村的土地改革试点工作于冬季结束。

同年 10 月，中共即墨县委根据上崖村土地改革取得的经验，派出工作队与中共中华埠分区委、区公所和各村农会一道，带领广大农民掀起轰轰烈烈的土地改革运动。

域内共划分地主 169 户、富农 91 户、资本家 13 户、小土地出租者 78 户、暴发户和反动富农等剥削者 10 户、中农 1768 户、雇贫农 4157 户，共 6286 户、30686 人，征收没收地主、富农、资本家等剥削阶级的耕地 16563.25 亩、非耕地 540.16 亩、房屋 2537 间、耕牛 73.5 头、驴 70.5 头、骡马 53 头、犁耙耧等主要农具 286 件、锄镰锨镢等次要农具 849 件、粮食 233429.3 千克、大小车辆 172 部、水车 1 部、枪支 2 支。除枪支上缴外，所有征收和没收剥削阶级的土地财产，全部分给贫苦农民。

1951 年 5 月 2 日，土地改革结束，即墨县人民政府向土地拥有者颁发土地证，使贫困农民第一次实现“耕者有其田”，广大农民，尤其是贫下中农成为土地的主人。

1951—1995 年棘洪滩万亩排灌工程建设

1951—1956 年，开挖、疏浚桃源河、洪江河，筑培、加固堤坝，使水流畅通。

1956 年，韩洼、南万、河南头在洪江河东岸开挖长 3 千米、宽 20 米、深达 3 米的被称作“干河子”的壕沟，将韩洼、南万的雨后田间积水排入海中。张家庄为使村东良田免受大胡埠夏秋汛期西下的洪水之害，开挖长 350 米、宽 7 米、深 2 米的壕沟，与青胶公路南侧的排水沟相接，引农田积水西下入桃源河。

1957 年，棘洪滩村在农田顺水沟基础上，在涝洼农田开挖排水沟。

1962 年，小胡埠在全社带头大搞条田试验。翌年全面规划，系统治理，按 3 年一遇排涝标准，扩建排水沟，使其沟沟相连，雨后田间积水经条田沟汇入排水沟，农田不积水。

1976 年春，在中华埠西北桃源河东岸建起棘洪滩公社排涝站，将低于河床的田间积水排向河内，实现自然排水和机械排水相结合。

1994 年 10 月 22 日至 1995 年 2 月 15 日，建设棘洪滩镇万亩排灌工程，整建道路 9 条、7000 米，开挖疏通排水沟 14 条、12000 米，建筑防渗渠 1 条、1000 米，新建桥涵 10 座，治理涝洼地 3500 亩。

1956—1983 年前海西海运队事略

1956 年 8 月 23 日，在农业合作化高潮中，前海西村船户组织成立海西木帆船运输合作社，入社船只 44 条、631 个吨位，从业人员 115 人，其中管理人员 4 人。

1960 年 1 月，加入青岛市木帆船运输合作社，船只充公，人员转为国家正式职工。因船只上调，船工家属留村，给生产队带来极大困难。经交通部批准，1961 年 1 月，将上调的船只、人员全部退回。船只、人员下放回生产大队后，由生产大队组成海上运输队，命名为崂山县前海西海运队，有船只 42 条、720 个吨位，主要向连云港、秦皇岛运送煤炭和建筑材料，返回载运粮食。

20 世纪 60—70 年代，主要向青岛港运送原盐，或从崂山运回砂石、鱼虾，也从青岛运粪肥田，挖蛤蜊、海沙子沤积海肥。

1983 年，农业生产责任制实行后，船只或承包，或转卖，或转行渔业捕捞，海运队解体。

20 世纪 60 年代中期开始锦红滩整地改土会战

20 世纪 60 年代中期开始，各生产大队对农田统一规划，为增加作物的通风、透光条件，把耕地或改成南北阡，或改为东西阡，每阡长 100 ~ 200 米，宽 10 ~ 20 米，阡与阡之间开挖深 0.8 ~ 1.0 米、宽 2 米的排水渠，称“机耕沟”，并修筑 5 米宽的机耕路，路旁栽植乔灌树木，对农田则深翻土层，开挖“三合土”，建“三合一”农田。

1971—1972 年，锦红滩公社在农业学大寨运动中，利用冬春季节改造盐碱地 266 亩，建造台田 18593 亩，深翻改土 14600 亩，开挖平塘 16 个，修建水库库容 34000 立方米，使全社水浇地面积扩大到 18100 亩。

1975 年 11 月 28 日，锦红滩公社开展“队自为战”，大搞以“丰产方”为内容的农田改造。县委书记王启文带领县农业学大寨工作队进驻中华埠、下崖等重点生产大队，与社员同吃、同住、同劳动。这些丰产方深翻土地 0.4 米，将第一层熟土约 0.2 米翻到地面，再在下部深翻 0.2 米土层整平，每阡地之间开挖宽 2.5 米、深 0.8 ~ 1.0 米的条田沟，建造丰产方粮田。经深翻、整平、改造的土地，翌年种植玉米，获得亩产 350 ~ 400 千克的好收成。至 1980 年，全社开展以治土改水为中心、建旱涝保收高产稳产田为主攻方向、水田林路统一规划、综合治理的农业学大寨农田水利基本建设。每年秋收秋种结束后，公社成立会战指挥部组织施工，共搬动土石方 310 万立方米，增加水利资源 100 多万立方米，扩大水浇地万余亩。

1976 年，锦红滩公社成立简称“农建队”的农田水利基本建设专业队，由从各生产大队选拔的优秀男女青年 400 余人组成，分为 4 个连，承担全社农田水利基本建设任务，与各生产大队一道，完成一大批整地改土和农田水利基本建设任务。1976 年冬，锦红滩公社组织“大兵团”作战，全社划分为西南、西北两大“战区”。西南“战区”由前海西、后海西、南万、北万、韩洼、河南头、铁家庄、锦红滩、下崖、上崖、古岛、大胡埠、张家庄、魏家庄、黄家庄、沈家庄 16 个生产大队组成，吃住于上崖、下崖生产大队，主攻上崖、下崖、锦红滩西岭综合整治，奋战 40 天，修筑道路 20 余条、3 万多米，深翻土地 4000 余亩、构筑出该区域沟、路、渠、林、田网络化格局；西北“战区”由院后庄、港东、港北、小胡埠、中华埠、段家庄、东毛家庄、西毛家庄、毛家屋子、徐家屋子、赵家堰 11 个生产大队组成，就近居住，主攻排涝改土，大干 40 天，建成旱能灌、涝能排的“大寨田”万余亩。1977 年，全社动用工日 40 万个，深翻土地 4500 亩、平整土地 7500 亩、1978 年，全社动用工日 42 万个，深翻土地 3960 亩，平整土地 9558 亩。

1975—1980 年，开展以整地改土为主要内容的农田水利基本建设，使全社农田有效灌溉面积达到 23640 亩、机电井全部效益面积达 12200 亩，旱涝保收高产稳产田达

14855 亩，兴建机电井、扬水站、水库、塘坝等一批水利设施，提高粮食产量，为农业丰产丰收发挥积极作用。

1976—1982 年华支睾吸虫病防治

华支睾吸虫病亦称“肝吸虫病”，是一种危害身体健康较重的地方性寄生虫病。

棘洪滩域内由于地处沿海，河流沟塘较多，群众有捕食鱼虾，并在下小海时有生食虾蟹贝类的习惯，有“生吃爬蚂活吃虾”的民谚，且农家厕所简陋，粪便不做无害化处理，狗猫饲养较多，是肝吸虫病多发地域。

1975 年 6 月，崂山县卫生防疫站组成肝吸虫病防治专业队，到锦红滩公社检查 21837 人，抗原（浓度 1：2000）皮内变态反应阳性 5284 人、粪检阳性 1134 人。对查出的肝吸虫感染者进行病史询问、查体，免费驱虫治疗。

1976 年 1—3 月，崂山县卫生防疫站在中华埠生产大队对肝吸虫病感染人群及 1975 年查出的病人治疗效果进行调查。被调查的 1958 人中，221 人感染，感染率 11.28%。通过对阳性者查体，除 75 名感染者无症状外，其余都有不同的症状和体征。崂山县卫生防疫站对中华埠学校 228 名肝吸虫感染者，进行血防——846 胶丸调剂驱虫治疗。

1979 年 10 月，崂山县卫生防疫站对锦红滩公社 587 例原诊断为肝胆疾病的病例进行临床检查和肝吸虫卵粪检，发现其中 104 例为现症肝吸虫病，误诊率为 17.72%，其中男性 49 例、女性 55 例，年龄最大的 64 岁、最小的 4 岁。经用血防——846 胶丸系统治疗 10 天后，97 例患者粪检阴性，转阴率 93.27%。

1982 年，崂山县卫生防疫站又对棘洪滩公社 27014 人进行肝吸虫病调查，共查出病人 237 人，对 228 例肝吸虫病人进行了药物治疗和肝吸虫病研究。

1983—1986年推广旱薄低产田小麦增产技术

1983年秋种，棘洪滩公社针对土壤砂礓黑土较多，土层瘠薄，1米深处显露红浆板石，地下水缺少严重，土壤耕作层多为黑黏土，缺氮又缺磷的状况，在崂山县科委、县农牧局的帮助指导下，进行万亩旱薄低产田开发试验。首先增施肥料，培肥地力，尤其是增施磷肥，补施氮肥，有机肥、速效氮、磷肥配合使用。小麦每亩增施磷肥25千克，亩产达280千克，比不施磷肥的亩增55千克，增产24.7%。

1985年秋季播种时，狠抓肥料增施，特别是增施磷肥，一般亩施土杂肥2500千克、磷肥20千克、标准氮肥17.5千克。在施肥上，采用把土杂肥、氮肥、磷肥等所有肥料在播种前耕地时一次施足的“一炮轰”方法，使肥料集中，养分充足，培育幼壮苗，增强小麦的抗旱能力；其次针对旱薄地的特点，选用抗旱耐瘠的优良品种。在试验示范基础上，选出适合旱薄地栽培的良种。同年秋，推广抗旱耐瘠的科红1号、韩杂5号小麦良种达2万亩，引进试种小麦新品种秦麦3号。这些小麦品种在雨水充足的年份，增产潜力很大。1985年，在“丰产方”粮田中播种的韩杂5号小麦品种，单产368.5千克，比小农辐63增产26%；再次蓄水保墒，加强管理。旱薄地抗旱的主要手段是蓄水保墒。通过深耕打破土壤犁底层，加深活土层，提高土壤蓄水能力，增加小麦产量。在耕地方法上，掌握足墒深耕，天旱适当浅耕，提高土壤蓄水能力。在冬春小麦的管理上，采取划锄镇压的保墒措施，尽量减少土壤水分散失。1985年冬和1986年春，对小麦管理主要采取划锄镇压进行保墒。年前对麦田进行镇压，20厘米深的土壤含水量14.5%，而不镇压的土壤含水量12.9%。

1986年，全镇95%的麦田都进行划锄镇压，有效控制了土壤水分的蒸发，提高土壤水分的利用率。1982年，棘洪滩公社因严重干旱，小麦单产只有35千克。由于推广小麦旱薄地栽培技术，1984年，小麦平均单产108千克，1985年，跃升到232.5千克。1986年，在严重春旱的情况下，全镇32160亩小麦，单产201.5千克，总产6480240千克，是历史上第二个小麦丰收年。

2006 年创建国家卫生镇

2006 年 4 月 12 日上午，棘洪滩街道召开创建国家卫生镇动员大会，全街道掀起全民性打造生态家园、创建优美环境热潮。街道机关干部、社区两委成员和工作人员及广大居民积极投身国家卫生镇创建活动之中，深入社区大街小巷，大搞环境综合整治，清除生活垃圾，铲除杂草杂物，植树种花，拆除违章建筑。各社区纷纷组建卫生保洁和协管员队伍，添置环卫保洁设施，建立环卫保洁的长效机制。至 11 月，全街道共投入资金 7790 万元，下发倡议书、公开信 38000 余份，动用大型机械 1600 多台次，清运垃圾 8600 余吨，查处违章建筑 2000 余处、8.3 万余平方米，拆除乱搭乱建 1000 余处、3 万余平方米，取缔南万非法市场 1 处，对港北农贸市场进行规范经营，清理占路经营摊点 110 个，没收非法广告牌 390 块，规范户外门头广告 1500 处，清理非法洗车点、修车点、废品收购点 74 处，整修道路 4.8 万平方米，整修河道、水沟 2.2 万米，粉刷、换装墙壁 7.1 万平方米。11 月 19 日，通过国家卫生镇验收。

2011 年开始打造世界级动车小镇

2011 年 4 月 25 日，青岛市城阳区政府成立由区长任组长的青岛市城阳区动车小镇建设工作领导小组，12 月 23 日举行动车小镇奠基仪式。2011 年、2013 年，棘洪滩街道先后 2 次对动车小镇建设作出规划，将其定位为现代化、世界级动车小镇，加速实现新型工业化、新型城镇化，以产兴城、产城结合、镇园一体，突出自然化、生态化、人性化，成为胶州湾北岸最具活力的经济聚集带和宜业宜居的现代化产业新城。

动车小镇总面积27.3平方千米，按功能划分为核心产业区、城市生活区、基础产业区、产业服务区，其中以街道驻地为中心的城市生活区又分为生活区、商贸区和文教区。

至2015年，生活区累计完成拆迁面积8万平方米，新建居民小区28万平方米，城镇化率达62%；星级酒店、特色商业街与分布在街道驻地中心区商业网点、集市相结合的商贸区形成，使街道驻地成为工商贸易、农副产品交流、餐饮娱乐等门类纷呈、功能齐全的商业物资集散、交易流通之地；占地300亩的文教区，集中小学、成人教育中心、文化广场、运动场等文体设施为一体，使动车小镇基础设施更加完善。

2011年开始打造青岛轨道交通产业开发区

2011年后，棘洪滩街道针对轨道交通产业的发展趋势，先后2次对其产业区作出规划。2014年4月17日，《青岛轨道交通产业开发区总体规划（2013—2030年）》通过由国家发展改革委、工业和信息化部和国内知名专家组成的专家组评审。该开发区规划83平方千米，与棘洪滩街道行政边界重合，兼含上马街道部分区域，其中规划产业核心区40平方千米、商务居住配套区17平方千米、辐射产业区26平方千米。

自2011年始，每年投入资金过亿元，对园区进行基础设施建设，使开发区基础设施配套达到水、电、路、通信等“九通一平”标准。重点培育以整车制造、车辆零配件制造、车辆维修、有轨电车全产业链和轨道交通相关产业等为主导，生产性服务业和生活性服务业相结合的现代产业体系，拥有120多家整车装备和零配件企业，成为青岛十大先进制造业功能区之一，拥有青岛市重点培养的一条千亿级产业链，是山东省优质产品基地、国家轨道交通装备产品重要出口基地、中国最大的高速列车产业化基地、全国新型工业化产业示范基地、全国高速列车研发制造产业知名品牌创建示范区。

附录

组织沿革和主要领导

1945 年 8 月至 2016 年 12 月棘洪滩街道（区、公社、镇）党组织沿革和主要领导一览表

表 11

名 称	书 记	任职时间
中华埠区分区委	赵玉璞	1947 年 1 月—1947 年 7 月
	刘志俭	1950 年 8 月—1950 年 11 月
第十区区委	刘志俭	1950 年 11 月—1951 年 10 月
	刘宝恩	1951 年 10 月—1955 年 9 月
中华埠区区委	刘宝恩	1955 年 9 月—1956 年 2 月
	祝连玉	1956 年 2 月—1958 年 9 月
棘洪滩公社党委	姜德恒	1958 年 9 月—1961 年 4 月
	张树云	1961 年 4 月—1963 年 4 月
	张同春	1963 年 4 月—1967 年 2 月
锦红滩公社核心领导小组	王松山	1970 年 1 月—1971 年 2 月
棘洪滩（锦红滩）公社党委	王松山	1971 年 2 月—1973 年 5 月
	王恩山	1973 年 5 月—1977 年 1 月
	刘光享	1977 年 1 月—1979 年 11 月
	纪森文	1979 年 11 月—1984 年 6 月
	张道林	1984 年 6 月—1984 年 8 月
棘洪滩镇党委	张道林	1984 年 8 月—1986 年 6 月
	吴永圩	1986 年 6 月—1987 年 9 月
	刘志钦	1987 年 9 月—1993 年 3 月
	徐国启	1993 年 3 月—1998 年 3 月
	李存基	1998 年 3 月—2001 年 2 月
	杨宏生	2001 年 2 月—2001 年 6 月
棘洪滩街道党委	杨宏生	2001 年 6 月—2002 年 12 月
	牛广林	2002 年 12 月—2006 年 6 月
棘洪滩街道党工委	牛广林	2006 年 6 月—2007 年 1 月
	徐正岱	2007 年 4 月—2011 年 12 月
	梁 双	2011 年 12 月—2016 年 4 月
	刘青梅	2016 年 7 月—

1945年8月至2016年12月棘洪滩街道（区、公社、镇）政权组织沿革和主要领导任职一览表

表12

名　称	区长、社长（主任）、镇长、主任	任职时间
中华埠区区公所	罗竹亭	1945年8月—1948年12月
	宋宝进	1949年5月—1950年1月
	李思贤	1950年1月—1950年11月
第十区区公所	李思贤	1950年11月—1952年8月
	王作珩	1952年8月—1954年7月
	孙玉山	1954年7月—1955年4月
	邓文同	1955年4月—1955年9月
中华埠区区公所	隋立平	1955年9月—1956年2月
	李正民	1956年2月—1956年12月
	邢正光	1956年12月—1958年8月
棘洪滩公社管理委员会	邢正光	1958年9月—1961年3月
	高吉章	1961年3月—1963年10月
	李安石	1963年10月—1964年11月
	杨立贵	1964年11月—1967年2月
锦红滩公社革命委员会	宋启连	1969年1月—1970年1月
	王松山	1970年1月—1973年6月
	王恩山	1973年6月—1977年1月
	刘光享	1977年1月—1979年11月
	纪森文	1979年11月—1980年12月
棘洪滩公社管理委员会	刘镇世	1980年12月—1983年4月
	迟文德	1983年4月—1984年7月
棘洪滩镇人民政府	荀密书	1984年7月—1986年6月
	张元福	1986年6月—1987年4月
	王珍琼	1987年4月—1990年4月
	程平基	1990年4月—1992年7月
	徐国启	1992年7月—1993年3月
	曲常兴	1993年3月—1995年10月
	李存基	1995年10月—1998年3月
	王绍鹏	1998年3月—2001年3月
	牛广林	2001年3月—2001年6月

续表 12

名　称	区长、社长（主任）、镇长、主任	任职时间
棘洪滩街道办事处	牛广林	2001 年 6 月—2003 年 1 月
	李　杰	2003 年 5 月—2004 年 5 月
	张新竹	2004 年 5~2004 年 12 月
	矫曙光	2004 年 12 月—2006 年 9 月
	徐正岱	2006 年 11 月—2007 年 7 月
	刘存东	2007 年 7 月—2009 年 5 月
	刘明钢	2009 年 5 月—2011 年 4 月
	于延涛	2011 年 4 月—2011 年 12 月
	刘青梅	2011 年 12 月—2016 年 7 月
	刘学永	2016 年 7 月—

关于高速列车的报刊选载

国家高速列车技术创新中心落户青岛城阳

中新网山东 3 月 19 日电　不久前，科技部、国务院国资委已正式批复由中国中车集团和青岛市共同建设国家高速列车技术创新中心。这是全国首个国家技术创新中心，该中心将以青岛为核心区域，发挥中国中车行业引领作用，集聚全球创新资源，在五年计划期内打造世界高速列车科技创新高地和引领世界高速列车科技与产业发展的“火车头”。

国家高速列车技术创新中心是集政府、科研院所、高校、企业等多方力量共同构建的国际化、专业化创新平台。创新中心规划面积 12 平方公里，按“一心双翼”规划布局。“一心”即：制造中心，以现有的四方股份、四方有限、庞巴迪等骨干企业为核心的制造中心，面积约 4 平方公里。“双翼”即为研发基地和检修基地，其中研发基地占地约 6 平方公里，主要包括创新研发、基础平台、大数据建设以及中试和产业化孵化，检修基地占地约 2 平方公里，主要用于高速动车组检修及相关配套。

创新中心争取至 2020 年，通过五年的系统推进全面创新，全面建成立足中国、面向世界具有“聚智、协同、转移、辐射、合作”功能的国家高速列车技术创新中心，成为高速列车行业重大关键技术的供给源头、主导高速列车技术标准制修订的国际化基地、轨道交通区域产业聚集发展的创新高地，推动高速列车技术创新成为中国高端装备“新名片”和引领世界高速列车科技与产业发展的“火车头”。

首个国家技术创新中心在高铁装备领域率先启动，对城阳而言也是难得的机遇和挑战。根据建设规划，创新中心将在 5 年时间内，围绕国家产业技术创新重大需求，加强重大关键技术源头供给，加强政产学研用协同创新，强化上下游产业链、创新链、资金链的协同联动，在技术、人才、项目、标准等方面与国内外建立创新合作机制，构建面向全球开放的创新网络，建成具有“聚智、协同、转移、辐射、合作”功能的国家高速列车技术创新中心。

据介绍，为全面落实青岛市“三中心一基地”行动计划，加快推进创新中心建设，城阳区专门成立创新中心工作推进委员会，依托国家高速列车技术创新中心，构建“大服务、精行政”的管理服务和开发建设组织管理体系，按照“去行政化”“研发自主创新”的理念，建立企业、高校、科研院所、政府等多方共同建设、共同管理、共同运营、良性互动的治理结构。

加快孵化载体专业化发展。支持龙头骨干企业、高校院所、新型研发机构等建设众创空间、科技企业孵化器和加速器，制定科技企业加速器扶持政策，打造科技创业孵化链条。目前，该区认定的科技企业孵化器达 30 家以上，数量列全市第一；孵化器新增“千帆计划”入库企业 100 家，占全市的 32.2%，列全市第一。2016 年，重点建设了 18 个众创空间和 3 个创业街区。其中，天安“T+ 空间”“WE+ 文化”等 5 家创客空间被认定为国家级众创空间，绿天使环保创业园等 3 家孵化器被认定为市级孵化器。

此外，该区还加大高校院所等高端研发机构引进力度。鼓励和吸引国内外知名科研院所、高等院校和大型企业前来建高端研发机构。目前，与北京交通大学、北京工业大学、石家庄铁道大学等重点项目合作进入正式实施阶段；与重庆大学、中国政法大学、对外经贸大学、哈尔滨工业大学签订了合作框架协议。目前，在谈的大学科研院所等高端研发机构已达到 22 家。

“2017 年，我们将加快高速列车创新中心建设步伐，根据国家批复要求，确定创新中心核心区域‘一心双翼’建设布局，建设具有全球影响力的国家高速列车技术创新中心和产城融合、宜业宜居的世界动车小镇。鼓励科技企业发展创新载体，新认定市级以上科技创新平台10家以上。”城阳区科技局副局长赵化川介绍。

（2017年3月19日，来源：中国新闻网山东新闻）

“青岛高速列车”获全国区域品牌榜三项第一

本报青岛讯　3月21日，中国质量认证中心在北京发布全国知名品牌创建示范区2016年区域品牌价值百强榜、制造业区域品牌30强和最具潜力区域品牌30强等5个榜单。坐落在城阳区的“青岛高速列车”荣获制造业区域品牌30强第一名、最具潜力区域品牌30强第一名和区域品牌价值百强榜第一名。

记者了解到，围绕青岛市建设中国高速列车产业化制造基地的目标，城阳区现已形成集高速动车组、城市轨道车辆、铁路客车、高原客车于一体的完整终端产品结构，拥有中车青岛四方机车车辆股份有限公司等规模以上企业40余家，生产的高速列车占全国份额的66%以上。

此外，城阳还拥有国家高速动车组总成工程技术研究中心、高速列车系统集成国家工程实验室、国家级技术中心和博士后科研工作站四个国家级研发试验机构，形成了基地强大的技术创新能力。目前，城阳生产的高速列车、城轨地铁车辆出口世界20个国家。2016年，城阳区轨道交通装备产业产值近700亿元。

（2017年3月30日，作者：肖芳，通讯员：矫超，报道来源：《大众日报》）

“中车制造”深耕美国市场

当地时间4月3日，美国波士顿市政广场，一辆由中国中车股份有限公司（简称中车）制造的波士顿橙线地铁列车吸引大批民众驻足。这是“中车制造”首次和其未来乘客见面。波士顿市所在的马萨诸塞州交通局官员当天亲自为这辆中国制造的地铁列车剪彩。

开拓市场，从“走出去”到“留下来”

随着高铁“走出去”步伐的加快，中国轨道交通装备频频“出海”。自2014年登陆美国市场以来，“中车制造”已进入波士顿、芝加哥、洛杉矶、费城四大城市，获得的地铁和通勤客车订单达1359辆。仅在最近半年内，就先后在波士顿、洛杉矶获得184辆地铁列车订单，在费城获得45辆通勤客车订单。“中车在美国市场实现了从‘走出去’到‘留下来’，并成为‘座上宾’，成为一家颇有口碑的国际化大企业。”中车董事长、党委书记刘化龙说，“这主要得益于商业模式的创新，我们不仅实现了整车产品的输出，还实现了核心部件的输出；不仅实现了产品的输出，还实现了产品、技术和资本的全要素输出；不仅拓展了中车的市场，也实现了中美在轨道交通领域的合作共享。”

马萨诸塞州的春田市，曾是美国工业制造的中心，也曾是中国早期留学生容闳、詹天佑开启留学生涯的地方。2015年9月3日，在中车春田工厂动工的当天，美国老人麦克在自己的酒吧面向大街的墙壁上，打出了“Welcome CRRC”（欢迎中国中车）的标语。而中车在春田工厂里保留下有着百年历史的老厂房的举动，充分尊重当地传统和文化，赢得当地居民的交口称赞。

“我们将是中车四方的推销员。”3月16日，在中车子公司中车青岛四方机车车辆股份有限公司（简称中车四方）芝加哥建厂动工仪式现场，芝加哥市市长伊曼纽尔一边竖起自己的大拇指，一边向到场的宾客说道，“中车四方项目采用芝加哥的制造标准，为芝加哥创造就业机会，芝加哥市和中车将实现互利共赢；中车不仅能够通过项目服务芝加哥地区，而且可以借此拓展美国中西部地区甚至全国市场，为更多的城市提供芝加哥制造的产品。”让伊曼纽尔如此兴奋的，正是中车四方于2016年3月中标芝加哥846辆、金额总计13亿美元的地铁车辆项目，这是迄今为止中国地铁出口发达国家的最高纪录订单。

芝加哥东南部的老工业区曾是这座城市的骄傲，它见证了芝加哥制造业的辉煌时刻，也经历了美国“铁锈带”的漫长衰落，中车的到来让已在芝加哥沉寂36年的铁路机车制造业“枯木逢春”。“这么多年了，非常感谢中车把地铁制造项目带回了芝加哥。”家里三代从事铁路机车制造的肖恩·威廉姆斯带着已经退休的兄弟来到开工现场，“我们一直以芝加哥的地铁为傲，在不远的将来，铁路上将飞驰芝加哥本地组装的列车，这将更让我们自豪。”

“芝加哥市作为美国立体交通的枢纽，带动了大芝加哥地区的经济发展。50年前这里曾是轨道列车的制造基地，50年后中车为我们续写了美好未来！”美国联邦参议员理查德·杜宾表示。

共享机遇，让合作走得更好更远

为了更深入地融入美国市场，中车在美国建立轨道交通研发制造基地，招募和培训美国工人。其中，春田工厂预计在2017年内建成，波士顿项目两笔订单共418辆地铁列车将全部在此生产。芝加哥工厂正式投产后，每年产能将不低于168辆地铁列车，至少为当地创造169个就业机会。中车扎根美国，未来出现在美国的中国机车，也从此拥有“中美两国血统”。中车四方美国公司总经理刘成永说，这将让拥有地铁线路125年的芝加哥重新焕发活力，带动轨道交通上下游产业的共同繁荣。

芝加哥地处北纬41.8度，气候寒冷。为适应芝加哥地铁特殊的运营环境，中车兰新高铁耐高寒动车组的相关技术将应用于芝加哥地铁车辆，确保地铁的安全运行和乘客的乘坐体验。

在洛杉矶，中车还引入了中国广州、深圳等地多家轨道交通装备配件企业的产品，带动了中国轨道交通产业链的整体出口。这些企业为美国各地轨道交通整车制造提供牵引、加热、通风、空调、照明等配件的同时，创造了就业岗位，为中国企业在美发展赢得了广阔空间。

美国是世界上最大的轨道交通市场之一，中车在美国市场不仅收获了接踵而来的订单，而且展示了“中国风采”，为美国轨道交通提供“中国方案”，贡献“中国经验”，输出“中国技术”。

芝加哥地铁局主席卡特对记者表示，中车吸引芝加哥地铁局的不仅是优质的产品和悉心的服务，更是共享的精神和融入的态度，“中车用创造性的工作，为芝加哥带来了发展机遇”。

中车副董事长、总经理奚国华表示：“共享让中车走得更远、走得更好。在美国，中车与当地企业共享机遇，使他们变成合作伙伴；与客户共享理念，为他们创造价值；与当地政府和民众共享发展成果，为他们创造就业和税收；与欧美大学和科研机构共享知识，开辟轨道交通设备行业新疆域。”

中国中车已与美国伊利诺伊大学香槟分校合作建设“中美轨道交通研究院”，与密歇根大学共同设立先进制造联合研发中心和焊接结构研发中心，已成为中美行业学术和技术交流平台，促进双方轨道交通装备技术共同发展。

“我对美中之间，包括轨道交通在内的经济合作非常乐观。”美国铁路交通专业咨询公司总裁威廉姆·穆尼对记者说，“中车人聪明、勤奋，相信他们会在美国取得出色的工作成绩。我非常高兴他们能来到这里，希望他们能拿到更多订单”。

（2017年4月5日，作者：本报驻美国记者高石，报道来源：《人民日报》）

旅游线路

羊毛沟花海湿地旅游线路指南

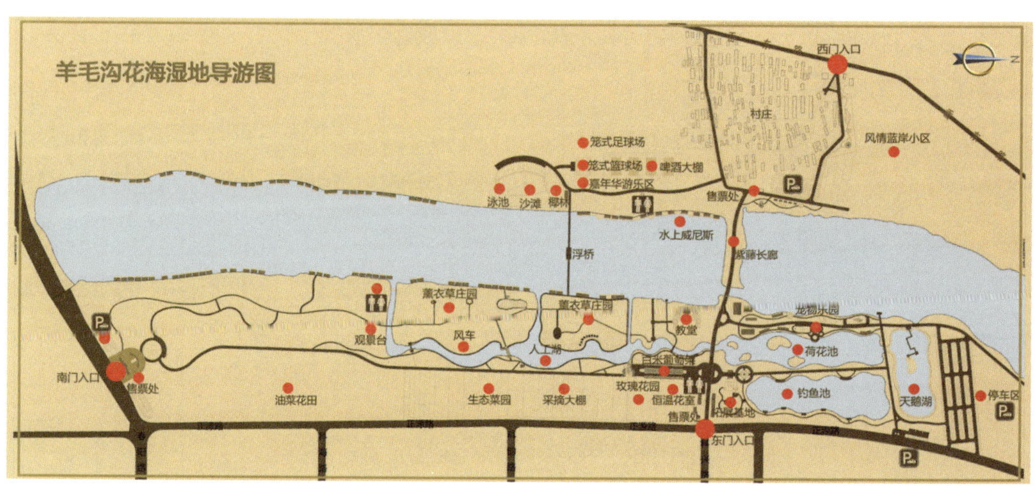

第一条线路：

东门→真人 cs →宠物乐园→教堂→向阳花

第二条线路：

西门→啤酒节会场→娱乐区→沙滩浴场

第三条线路：

西门→宠物园→ cs 基地→教堂→采摘大棚→向阳花

第四条线路：

南门→向阳花→采摘大棚→葡萄长廊→ cs 基地→航模基地

第五条线路：

南门→向阳花→百米浮桥→啤酒节会场→娱乐区→沙滩浴场

主要参考文献

中共青岛铁路地区工作委员会编:《胶济铁路史》，山东人民出版社，1961 年。
崂山县地方志编纂委员会编:《崂山县志》，青岛出版社，1990 年。
青岛市史志办公室编:《青岛市志・水利志》，新华出版社，1995 年。
青岛市史志办公室编:《青岛市志・盐业志》，中国大百科全书出版社，1996 年。
安作璋主编:《山东通史・先秦卷》，山东人民出版社，1993 年。
李树编:《上古名城即墨兴废考略》，山东人民出版社，2002 年。
吴绍田主编:《源远流长的东莱文明》，山东人民出版社，2002 年。
青岛市城阳区地方志编纂委员会编:《城阳区志》，中华书局出版社，2007 年。
王献唐著:《山东古国考》，青岛人民出版社，2007 年。
即墨市史志编纂委员会编:《即墨市志》，方志出版社，2008 年。
《棘洪滩镇志》编纂委员会编:《棘洪滩镇志》，黄河出版社，2009 年。
青岛市档案馆编:《青岛通鉴》，中国文史出版社，2010 年。
《棘洪滩街道志》编纂委员会编:《棘洪滩街道志》，黄河出版社，2012 年。

编纂始末

城阳区是1994年新建区。1999年全国第二轮修志工作启动后，城阳区史志办成立，负责全区修志工作的统筹指导。2000年3月，城阳区史志办召开镇志编纂动员会，时城阳区所辖8个镇同时启动镇志编修工作。2001年6月，城阳区撤镇改设街道，8个镇均改为街道。

2009年12月,《棘洪滩镇志》正式出版。该志书上限自明洪武三年（1370）移民立村伊始，下限至2001年6月撤镇设街道。该书先后获得青岛市2008—2009年度优秀地方志成果特等奖、第24次青岛市社会科学优秀成果三等奖、山东省“齐鲁新方志奖”优秀基层志书奖等。

棘洪滩撤镇设街道后，10年间经济社会进入快速发展期，发生了巨大变化。为全面翔实记载历史进程，于2010年启动《棘洪滩街道志》编修工作。该志书在《棘洪滩镇志》的基础上，重点对棘洪滩街道2001年6月至2010年12月的文字资料进行了增补。2012年6月,《棘洪滩街道志》正式出版，全书共27篇、168万字。

两本传统志书的编修，为棘洪滩名镇志的编纂打下了坚实的基础。2015年2月,《棘洪滩镇志》入选中国名镇志丛书。接到通知后，城阳区史志办高度重视，及时与棘洪滩街道党工委、办事处联系，阐明编修名镇志的意义，取得街道党工委、办事处的支持，确定编修人员，成立名镇志编修办公室。

2015年7月，城阳区史志办安排工作人员和棘洪滩街道名镇志编修人员参加了中国地方志指导小组办公室（以下简称中指办）在北京举办的名镇志编修培训班，进一步明确了编修要求和思路，并在城阳区史志办的指导、协调下展开资料征集。

2016年，城阳区史志办又组织参加了山东省史志办组织的相关业务培训，并专程赴临朐学习名镇志的编修经验，进一步明确了名镇志与传统志书的区别。编纂人员对掌握的大量基础资料去“芜”存“菁”，突出名、优，确定编写篇目及内容，并在编写过程中数易其稿，多次调整。

2017 年年初，志稿经城阳区、青岛市史志办审核修改完成，于 3 月底报送山东省史志办终审；4 月，通过省专家组审核并根据审核意见进一步修改整理；6 月，通过中指组专家审核；编纂人员根据审核意见再次进行修改完善。

棘洪滩名镇志中突出记述了渔盐古镇、交通要镇和经济强镇，同时记述了基本域情和极具地方特色的文化生活、风俗民情等，语言简练，注重彰显时代特点和地域特色。

棘洪滩名镇志在编修过程中，得到街道党工委、办事处的高度重视，也得到城阳区史志办和青岛市史志办的大力支持和指导，特别是省史志办和中指组组织专家对志稿进行评审、方志出版社对志稿进行精心审读，为提高志书质量奠定坚实基础，在此一并表示感谢。

编修名镇志是一次难得的学习机会，无奈心有余而力不足，虽然我们做了很大努力，但由于编辑水平有限，收集的资料不很充足，难免有失误、漏记之处，恳请各级领导、专家、同仁以及读者谅解并指正。

编　者

2017 年 6 月

薰衣草